KB078083

독자의 1초를 아껴주는 정성!

세상이 아무리 바쁘게 돌아가더라도
책까지 아무렇게나 빨리 만들 수는 없습니다.
인스턴트 식품 같은 책보다는
오래 익힌 술이나 장맛이 밴 책을 만들고 싶습니다.

땀 흘리며 일하는 당신을 위해
한 권 한 권 마음을 다해 만들겠습니다.
마지막 페이지에서 만날 새로운 당신을 위해
더 나은 길을 준비하겠습니다.

독자의 1초를 아껴주는
정성을 만나보십시오.

미리 책을 읽고 따라해 본 2만 베타테스터 여러분과
무따기 체험단, 길벗스쿨 엄마 기획단,
시나공 평가단, 토익 배틀, 대학생 기자단까지!

믿을 수 있는 책을 함께 만들어주신 독자 여러분께 감사드립니다.

(주)도서출판 길벗 www.gilbut.co.kr
길벗이지톡 www.eztok.co.kr
길벗스쿨 www.gilbutschool.co.kr

월급쟁이
노후준비

무작정 따라하기

월급쟁이 노후준비 무작정 따라하기

The Cakewalk Series – Retirement Plan

초판 발행 · 2020년 7월 10일
초판 2쇄 발행 · 2020년 12월 31일

지은이 · 허태호
발행인 · 이종원
발행처 · (주)도서출판 길벗
출판사 등록일 · 1990년 12월 24일
주소 · 서울시 마포구 월드컵로 10길 56(서교동)
대표 전화 · 02) 332-0931 | **팩스** · 02) 323-0586
홈페이지 · www.gilbut.co.kr | **이메일** · gilbut@gilbut.co.kr

담당 편집 · 김동섭(dseop@gilbut.co.kr) | **기획** · 오시정 | **영업마케팅** · 최명주, 전예진 | **디자인** · 강은경
웹마케팅 · 이정, 김진영 | **제작** · 이준호, 손일순, 이진혁 | **영업관리** · 김명자 | **독자지원** · 송혜란, 홍혜진

교정교열 · 안종군 | **일러스트** · 정민영 | **전산편집** · 김정미 | **CTP 출력 및 인쇄** · 북토리 | **제본** · 신정문화사

ISBN   979-11-6521-209-4 13320
(길벗도서번호 070397)

정가 17,500원

· ·

독자의 1초를 아껴주는 정성 길벗출판사

길벗 | IT실용서, IT/일반 수험서, IT전문서, 경제실용서, 취미실용서, 건강실용서, 자녀교육서
더퀘스트 | 인문교양서, 비즈니스서
길벗이지톡 | 어학단행본, 어학수험서
길벗스쿨 | 국어학습서, 수학학습서, 유아학습서, 어학학습서, 어린이교양서, 교과서

네이버포스트 · https://post.naver.com/gilbutzigy
유튜브 · https://www.youtube.com/ilovegilbut
페이스북 · https://www.facebook.com/gilbutzigy

월급쟁이
노후준비
무작정 따라하기

허태호 지음

길벗

최후에 웃는 자가
진정한 승리자다

과거에는 노후준비의 필요성을 느끼는 사람이 많지 않았지만 최근 들어 은퇴를 앞둔 인구가 폭발적으로 늘어나면서 많은 사람이 관심을 갖기 시작했습니다. 기업들 또한 노후와 관련된 교육을 하기 시작했고, 심지어 노후 설계 상담사라는 직업도 생겼습니다.

저는 지난 13년 동안 재무설계사, 자산관리사로 활동하면서 노후준비가 부족해 인생의 황혼기에 힘든 삶을 사는 사람들을 많이 목격했습니다. 은퇴는 결코 남의 일이 아니라 누구나 겪어야 하는 통과의례입니다. '어찌 되겠지' 하는 마음가짐으로는 결코 은퇴 후에 느끼는 현실의 벽을 뛰어넘을 수 없습니다.

이 책에는 '준비되지 않은 은퇴가 장차 노후에 어떤 결과를 초래하는지', '노후는 어떻게 준비해야 하는지', '잘못된 노후준비란 어떤 것인지', '당장 무엇부터 시작해야 하는지'에 대한 구체적이고 강력한 메시지가 담겨 있습니다. 내 자신이 실패한 노후의 주인공이 되고 싶지 않다면 이 책에 담긴 노후준비 방법을 곧바로 실천에 옮기시길 바랍니다.

학문에 왕도가 없듯이 노후준비에도 특별한 노하우가 있는 것이 아닙니다. 그저 현실의 소비 욕구를 조금 뒤로 미루고 차근차근 준비만 하면 됩니다. 이 책에서 언급하고 있는 많은 사례를 독자 개개인의 삶에 똑같이 적용할 수는 없겠지만 약간 변형하거나 응용하면 여러분이 원하는 목적지에 무사히 도착할 수 있을 것입니다.

노후준비는 막연히 머릿속에서만 생각하고 잊고 살아야 하는 일이 아니라 지금 당장 시작해야 하는 현실적인 과제입니다. 현실을 받아들이고 인정해야 합니다. 나는 남과 같지 않을 것이라는 생각, 누군가 도와줄 것이라는 착각 속에 빠져 살다 보면 어느 순간 암울한 미래가 눈앞에 펼쳐질 것입니다.

노후준비에 있어서만큼은 '최후에 웃는 자가 진정한 승리자다.'라는 말이 진리입니다. 이 책에 담겨 있는 여러 사례를 자신의 삶과 비교해 본 후 이를 바탕으로 현재의 잘못된 방법들을 바로잡고, 방향을 재설정하면 성공적인 인생의 길에 접어들 것이라 확신합니다.

'젊어서 고생은 사서 한다.'라는 말이 있습니다. 하지만 나이가 들었을 때의 고통의 무게는 상상을 초월합니다. 공부의 필요성을 먼저 느낀 사람이 성공하듯 노후준비의 필요성을 먼저 느낀 사람만이 편안하고 안정된 노후를 보낼 수 있습니다.

이 책을 집필하면서 가장 신경 썼던 부분은 다양한 상황에 적용할 수 있는 지식을 전달하는 것이었습니다. 세법이나 정책 등은 시기에 따라 달라질 수 있겠지만 방법론적인 부분은 결코 변치 않을 것입니다. 이 책이 독자 여러분의 노후준비에 조금이나마 도움이 되길 바랍니다.

책을 쓰는 시기에 사랑하는 딸을 만나게 됐고, 이사를 했으며, 건강이 악화돼 수술을 받는 등 여러 가지 일들이 있었습니다. 이때마다 든든한 버팀목이 돼 준 소중한 분들께 지면을 빌어 깊은 감사를 드립니다. 원고를 집필할 때 많은 조언을 해 주신 길벗출판사 관계자분들과 항상 응원해 준 찬익이형에게 감사드립니다. 마지막으로 항상 곁에 있는 가족에게 고맙다는 말을 전하고 싶습니다.

허태호

| 차례 |

둘째
마당

내게 필요한 노후자금은 얼마이고
어떻게 준비해야 할까?

셋째
마당

든든한 친구, 보험과 연금

넷째
마당

소심하고 안전하게, 노후준비 투자법

| 7장 | 노후준비를 위한 주식투자법은 따로 있다 198

다섯째 마당

나에게 딱 맞는 포트폴리오

첫째
마당

| 서론 & 목표 제시 |

당신의 노후는
안녕하십니까?

1
장

당신이 은퇴를
준비해야 하는 이유

노인을 위한 나라는 없다

국가에서 노후를 책임져 줄 것이라는 착각

많은 사람이 알고 있으면서도 실천하지 못하는 것 중 하나가 바로 노후준비일 것입니다. 노후준비의 필요성은 느끼고 있지만 당장 급하고 중요하다고 생각하는 소비부터 하게 되는 것이 인지상정이지요. 그래서인지 은퇴 이후를 위한 저축은 후순위로 밀려나기 일쑤입니다.

제 직업이 재무설계사라서 고객들과 노후에 관련된 이야기를 나눌 기회가 많은데 어떤 고객은 "설마 산 입에 거미줄이야 치겠어요?"라고 말하기도 하고 "그때쯤이면 복지 제도가 잘 갖춰져 있을 테니 어찌 되겠죠."라고 말하기도 합니다.

하루가 멀다 하고 보도되는 '노후' 관련 뉴스에서 "수많은 사람이 노후준비를 하기 어렵기 때문에 국가가 나서서 국민의 노후를 책임져야 한다."라는 주장을 종종 들을 수 있습니다. 반면, 지금은 한국뿐 아니라 전 세계가 의료 기술의 발달에 따른 '인간 수명의 연장'으로 노후준비의 심각성을 느끼고 있는 상황이기 때문에 예전과 같이 고령화 문제를 국가에만 의존해서는 은퇴 이후의 생활이 어려울 것이라는 주장도 대두되고 있습니다.

연금 제도가 잘 갖춰져 있다고 알려져 있는 유럽조차 연금 수령 시기를 늦추거나 삭감하고 있고 우리나라에서도 저출산의 영향으로 이대로 가다가는 1명의 청·장년이 2~3명의 노인을 부양해야 할지 모른다는 예측이 대두되고 있습니다.

21~22쪽의 전국 인구 추계 피라미드(2019년 7월 기준 인구 성장 가정 '중위')를 살펴보면 이를 좀 더 확실하게 유추해 볼 수 있습니다. 최근에는 국민연금의 수령 시기를 늦추고 보험료율을 인상하겠다는 개편안이 계속 발표되고 있어 국민들의 불안감이 더욱 커지고 있습니다.

누구나 알고 있는 뻔한 이야기를 군이 언급하는 이유는 많은 사람이 이를 심각하게 받아들이지 않고 국가를 최후의 보루로 삼고 있기 때문입니다. 노후준비의 첫걸음은 더 이상 국가에 의존하면 안 된다는 사실을 받아들이고 이제부터라도 적극적으로 노후에 필요한 자금을 스스로 준비해야겠다는 마음가짐을 갖는 것입니다.

출산율 1 미만의 시대

2019년 8월, 통계청 발표에 따르면 2018년 합계출산율[*]은 0.98명으로, 통계 집계가 시작된 1970년 이후 처음으로 1명 미만으로 떨어졌습니다.

보통 인구수를 적정 수준으로 유지하는 데 필요한 합계출산율은 2.1명입니다. 하지만 한국은 그 절반에도 미치지 못하고 있습니다.

이는 경제협력개발기구(OECD) 회원국 중에서도 가장 낮은 수준이며, 심지어 첫 번째 인구 소멸 국가로 지목되기도 했습니다. 즉, 2명의 성인 남녀가 1명 미만의 아이를 낳는 상황이므로 인구수를 적정하게 유지할 수 없는 것이지요.

❖ 전국 인구 추계 피라미드

기준년도 2019년

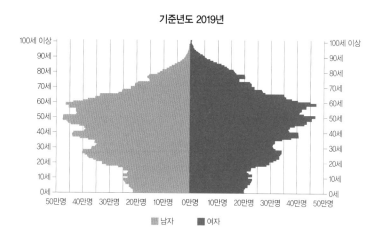

기준년도 2029년

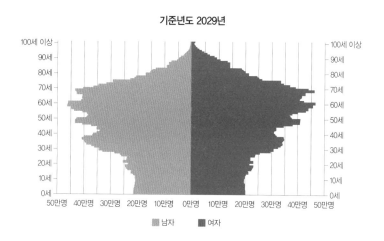

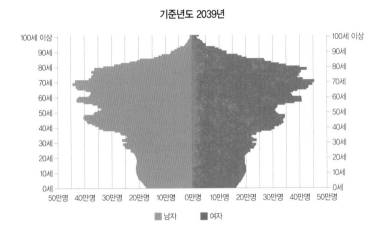

기준년도 2039년

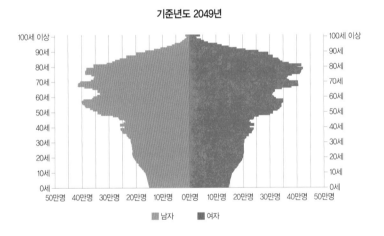

기준년도 2049년

출처: 통계청

노후와 합계출산율이 무슨 상관이냐고요? 전국 인구 추계 피라미드를 살펴보면 현재의 인구 상태가 그대로 유지된다 하더라도 내 자녀를 포함한 젊은 사람들이 노인을 부양하기 어려운 상황이라는 것을 쉽게 알 수 있습니다. 따라서 노후준비는 하루라도 빨리 시작하는 것이 좋습니다.

❖ 출생아 수와 합계출산율(예측값 포함)

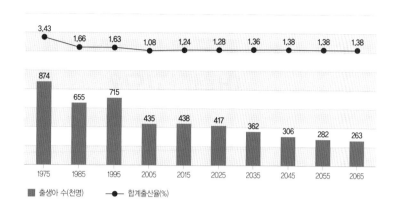

출처: 통계청

❖ 총인구와 인구 성장률(예측값 포함)

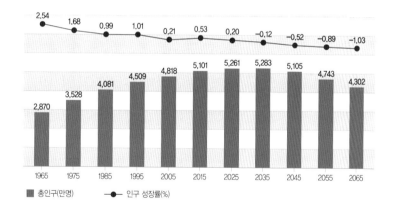

출처: 통계청

02

지금은 노후준비가 어렵다고요?

경제활동을 하는 지금이 경제적으로 가장 풍족할 때

언제부턴가 '경제난'은 우리에게 익숙한 단어가 돼버렸습니다. 2008년 세계 금융 위기 이후(또는 IMF 외환 위기 이후) 경제가 좋아졌다는 이야기는 들어본 적이 없을 것입니다. 요즘은 코로나19의 여파로 새로운 경제 위기설까지 대두되고 있지요.

2018년 8월 9일 '사람인'에서 발표한 설문조사에서는 직장인의 51.3%가 '노후준비를 하지 않는다.'라고 답했고 이들 중 79.7%가 노후준비를 하지 않는 이유를 '경제적인 여유가 없어서'라고 답했습니다. 하지만 소득이 있는 지금도 경제적인 여유가 없다고 느낀다면 소득이 현격히 줄어들거나 없어지는 노후에는 어떨까요?

앞으로도 '경제난'이라는 단어는 쉽게 사라지지 않을지도 모릅니다. 그렇다고 해서 무작정 노후준비를 미룰 수는 없습니다. 내가 준비하지 않는 이 시간에도 누군가는 현재의 소비를 조금씩 포기하면서 미래를 준비하고 있습니다. 이제 더 이상 경제난을 핑계 삼아 노후준비를 하지 않는 사람이 돼서는 안 됩니다.

직장인 51.3%, 노후준비는 꿈!

| 노후준비 **하지 않는다** | 51.3% | 하고 있다 | 48.7% |

* 노후준비를 하지 않는 이유(복수 응답)

경제적인 여유가 없어서	79.7%
어떻게 준비해야 할지 몰라서	28.9%
준비하기에 이르다고 생각해서	23.3%
미래보다 현재를 즐기는 것이 중요해서	14%

출처: 사람인

찾아보면 지출을 줄일 방법이 있다

노후준비의 시작은 '저축'입니다. 하지만 노후준비를 위한 저축은 고사하고 평상시에도 저축을 하기 힘들다고 느끼는 분들이 많습니다. 하지만 좀 더 냉정하게 생각해 보면 저축할 수 있는 길이 보입니다. 신한은행의 〈보통사람 금융생활 보고서 2018〉에 나타난 '직장인의 예·적금 비가입 이유'에 따르면, '저축할 목돈이 없어서'와 '금리가 낮아서'라고 답한 사람이 전체의 68%를 차지했습니다(26쪽 참조).

하지만 예·적금 비가입 이유가 '저축할 목돈이 없어서'라면 좀 더 작은 집으로 이사하거나, 좀 더 싼 차량으로 바꾸거나, 외식을 줄이려는 노력을 하고 있어야 하고 '금리가 낮아서'라면 주식, 채권, 펀드, 부동산 등에 투자하고 있어야 합니다.

실제로 많은 사람은 정말 '저축할 돈이 없어서'가 아니라 '나의 미래를 위해 저축하는 것보다 지금의 만족을 위해 돈을 쓰는 것이 더 좋다고 생각해서' 저축을 하지 않고 있습니다. 사람들은 대개 저축은 하지

❖ **직장인의 예·적금 비가입 이유**

(단위: %)

구분	20~40세 미혼 직장인	20~40세 자녀 미취학	20~50세 자녀 학생	40 이상세 자녀 성인기	직장인 전체
저축할 목돈이 없어서	33	39	43	35	37
금리가 낮아서	30	34	29	31	31
정기적인 저축이 부담됨	11	9	10	12	11
저축의 필요성을 느끼지 못해서	5	3	4	5	4
주식/채권/펀드를 선호	2	3	4	4	4
중도인출/해지가 불가능해서	6	6	6	5	6
최근에 만기/중도해지	5	3	2	5	4
정기예·적금에 대해 잘 몰라서	7	2	1	2	3

출처: 신한은행, 〈보통 사람 금융생활 보고서 2018〉

않고 '마법 같은 특별한 방법'만을 찾습니다. 그래서 소위 '급등 대박 종목 찍어 주기' 식의 강연이나 고수익을 낼 수 있는 특별한 투자 방법이라는 달콤한 유혹에 빠지곤 합니다. 하지만 마법 같은 결과는 나타나지 않고 사기로 돈을 잃어 오히려 벼랑 끝으로 내몰리는 경우도 발생합니다.

결혼 준비로 노후준비가 어렵다는 30대 여성의 사례

30대 미혼 여성의 사례를 살펴보겠습니다. 이 여성은 현재 교제 중인 남자 친구와 결혼을 앞두고 있는데 결혼 자금이 부족해 고민을 하고 있습니다. "남들에 비해 소득도 많은 편(월평균 380만원)이고 과소비도 하지 않는데 왜 이리 저축하기가 힘든지 모르겠다."며 제게 상담을 요청했습니다.

❖ 30대 여성의 월 현금흐름

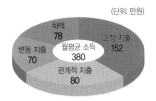

(단위: 만원)

고정 지출(152)	관계적 지출(80)	변동 지출(70)
월세 50	부모님 용돈 30	데이트 40
주택 관리비 20	반려견 15	쇼핑 30
신용대출 상환 30	경조사 20	
자동차 할부금 35	가족 여행 통장 10	
보장성보험료 17	동창 모임 5	

이 여성의 매월 현금흐름을 살펴보니 총 지출이 302만원이었습니다. 소득은 매월 380만원이고, 지출은 302만원이므로 차액은 78만원입니다. 이 돈으로도 얼마든지 미래를 위한 저축을 할 수 있는데 왜 저축할 돈이 없다고 하는 것일까요? 그 답은 의외로 쉽게 찾을 수 있었습니다. 위에 정리한 내용 이외에 본인도 모르게 추가적으로 지출하는 금액이 컸던 것입니다. 이 여성은 매달 남자 친구와 데이트하는데 40만원, 쇼핑을 하는데 30만원을 사용했습니다. 그 외에 추가적으로 외식을 하거나 배달 음식을 시켜먹는데 돈을 쓰고 있었습니다. 또한 1년에 평균 3~4회 정도 해외여행을 하는데 비용을 지출하고 있었습니다. 외식비는 전체 비용에서 차지하는 비중이 적고 식사비는 생존에 관련된 것이므로 그 정도는 당연히 지출해야 하는 것이라 생각하고 있었으며 해외여행 또한 열심히 일한 자신에 대한 보상이라 여기고 있었습니다.

이 고객의 가장 큰 문제점은 소득과 지출 내역을 정확하게 파악하지 못하고 있다는 것입니다. 본인이 전혀 인식하지 못한 상태에서 식비, 해외여행비가 매월 100만원을 초과하고 있었습니다. 이 돈만 저축해도 결혼 자금과 노후준비금은 충분히 모을 수 있습니다. 결국 이 고객은 보장성 보험을 일부 해지해 보험료를 줄이고 부모님 용돈과 경조사 비용을 줄여 확보한 돈(매월 30만원)으로 결혼 자금을 마련하기로 했습니다. 하지만 연평균 3~4회의 해외여행과 외식, 배달 음식비는 절대 줄이고 싶지 않다고 했습니다.

여기서 주목해야 할 점은 저축을 할 수 있는 현금흐름을 찾았는데도 결국 노후준비는 시작조차 하지 못한 채 상담을 종료했다는 것입니다. 이 경우는 오늘의 즐거움을 위해 미래의 풍요로움을 외면해버리는 사례라고 할 수 있습니다.

집 때문에 노후준비를 포기한 40대 부부의 사례

이번에는 초등학교에 입학하는 아이를 둔 40대 부부의 사례입니다. 남편은 공기업에 다니고 있고 아내는 프리랜서로 일하고 있습니다. 남편의 소득으로 생활비의 대부분을 충당하고 있고 아내의 소득은 생활에 도움을 주는 정도입니다. 전체 소득 규모는 평범한 가정에 비해 결코 부족하거나 힘겨울 정도는 아니었습니다. 이 부부의 고민은 경제활동 시기가 앞으로 길어야 20년 미만이라 예상되는데 아무리 고민해 봐도 현재의 저축으로는 미래의 노후생활비를 충당하기 어렵다는 것이었습니다.

더욱이 집을 구입한 지도 얼마 지나지 않은 상태였습니다. TV 뉴스에서 연일 보도하는 부동산 폭등 소식을 듣고 이제라도 집을 사지 않으면 안 될 것 같은 불안감에 시달렸다고 합니다. 그래서 곧 초등학교에 입학할 자녀를 위해 교육환경이 좋다고 소문난 곳에 있는 아파트를 구입했습니다. 아파트를 구입하면서 자금이 부족해 오랜 기간 노후를 위해 준비해 온 개인연금보험과 연금저축 등을 큰 손해를 감수하고 모두 해지했습니다. 그런데도 자금이 부족해 회사에서 추가 대출까지 받아 겨우 주택을 구입했다고 합니다.

이 부부의 가장 큰 문제는 '현금 부족으로 쌓이고 있던 카드 빚'이었습니다. 가끔 결제 대금이 부족할 때는 주변으로부터 돈을 빌리기까지 했습니다. 이로 인한 스트레스는 점점 쌓여갔고 이러다가는 큰일나겠다 싶어 상담을 요청해 온 것입니다. 부부와 함께 월 현금흐름을 정리해 봤습니다. 독자 여러분도 함께 살펴보시기 바랍니다.

❖ 40대 부부의 월 현금흐름

(단위: 만원)

차액 −161
고정 지출 396
변동 지출 160
월평균 소득 515
관계적 지출 120

고정 지출(396)	관계적 지출(120)	변동 지출(160)
주택담보대출 200	휴가비 25	생활비 100
주택 관리비 30	기부금 50	쇼핑 30
회사 신용대출 50	동창 모임 5	자녀교육 30
차량 유지비 35	부모님 용돈 20	
보장성보험 61	가족행사 20	
저축성보험 15		
청약통장 5		

생활비에는 식비, 통신비 등 기초적인 생활을 유지하기 위한 비용이 포함돼 있기 때문에 세 식구를 기준으로 본다면 변동 지출 내역에서는 크게 과소비라 여겨지는 항목이 없습니다. 관계적 지출 역시 일반적인 수준이고 기부금은 애초에 본인들의 소득이 아니라고 여겼기 때문에 그다지 문제는 없어 보였습니다.

그런데 고정 지출이 매월 소득의 80% 가까이 차지하고 있었고, 이미 매월 약 150만원씩 적자 상태였습니다. 그래서 과소비를 하지 않았음에도 마이너스 상태가 지속됐던 것입니다. 이대로 계속 가다가는 집을 처분해야 하거나 신용 불량 상태에 놓일 수밖에 없습니다. 심지어 지인들과 금융권에서 빌린 금액도 상당한 수준이었습니다.

이 부부의 문제는 바로 '무리한 주택 구입'입니다. 아파트를 투자 겸 거주의 목적으로 매수한 것이 문제가 아니라 예산 계획이 잘못됐던 것입니다. 노후준비를 위해 배분했던 현금성 투자 자산도 모두 포기해 아파트 매수에는 겨우 성공했지만 월 현금흐름까지는 충분히 고려하지 못했던 것입니다.

집을 사고 얼마 지나지 않아 아파트 가격이 상승했다는 뉴스를 듣고 부부는 재테크를 잘했다며 기뻐했습니다. 하지만 집값이 올랐다고 해서 자산이 늘어났다고 생각하면 큰 오산입니다. 아파트 가격이 1억원 올랐다 하더라도 각종 세금과 비용을 제외하면 실제 수익은 10%도 되지 않고, 빚을 상환하면 결국 남는 것은 얼마 되지 않았습니다. 따지고 보면 그 1억원은 내 돈이 아닌 것입니다.

이 부부의 가장 큰 문제는 '현금흐름을 개선하기 어렵다는 것'입니다. 일단 급격한 시장 변화에 따른 정부 대책이 계속 발표돼 매매가 잘 이뤄지지 않는 상황이고 가격을 낮춰서라도 매도를 하자니 너무 손해가 크기 때문입니다. 부동산 상승 분위기에 편승해 아파트 가격은 올랐지만 결국 하우스 푸어가 됐고, 노후를 위한 연금 자산도 모두 제로가 됐습니다. 혹시 독자 여러분도 아파트 매수를 투자라 여기고 모든 초점을 여기에 맞추고 계신 건 아닌지요?

부부는 당장은 힘들더라도 대출만 갚으면 된다고 생각해 무리한 선택을 했습니다. 차라리 형편에 맞게 좀 더 평수가 작거나 다른 지역의 아파트를 매수했더라면 부동산 가격 상승에 따른 기쁨도 누리고 내집 마련의 꿈도 이뤘을 것입니다. 이 부부는 결국 원활하지 않은 현금흐름 때문에 이러지도 저러지도 못하는 상태가 됐고, 다른 부분에서 아무리 지출을 줄인다 하더라도 매월 발생하는 마이너스 금액을 메우기에는 역부족이었기 때문에 그만큼을 더 벌 수 있는 일자리를 찾아야만 했습니다. 이를 위해서는 학교를 마치고 돌아오는 자녀를 반갑게 맞아 주는 일을 포기할 수밖에 없었습니다.

사례들을 통해 알 수 있듯이 많은 사람이 노후준비를 할 여력이 없다고 하지만 진짜 여력이 없는 경우는 많지 않습니다. 잘못된 예산 계획이나 현재의 즐거움을 포기하지 못해 돈이 부족한 것은 아닐까요?

매월 현금흐름 살펴보기

재테크의 시작은 지출과 수입을 정확하게 파악하는 것입니다. 33쪽의 양식을 참고해 자신의 월 현금흐름을 작성해 보시기 바랍니다. 지출을 노트나 종이 또는 엑셀 파일에 꼼꼼히 기록합니다. 기억에는 한계가 있기 때문에 통장과 각종 명세서를 준비합니다. 한 번에 완벽하게 작성하겠다고 생각하지 말고 편안하게 작성해 보시기 바랍니다.

지출의 구분

지출은 크게 매월 일정하게 나가는 '고정 지출'과 불규칙하게 나가는 '변동 지출', 인간 관계를 유지하는 데 필요한 '관계적 지출'로 나눌 수 있습니다.

이렇게 세 가지로 구분해 항목을 하나씩 정리해 봅니다. 월평균 소득은 연소득을 12개월로 나눠 산정합니다. 성과급이나 상여금은 매월 고정적으로 발생하지 않기 때문에 자칫 놓칠 수도 있습니다. 실소득 기준이므로 세금이나 건강보험, 국민연금 등은 모두 제외하고 실제로 내 통장에 들어오는 금액을 기준으로 합니다. 소득을 기록하기 쉬운 방법은 전년도의 연말정산 내역서를 살펴보는 것입니다. 현재 재직 중인 회사에 요청해도 되고 홈택스에 접속해 전년도 '지급명세서 등 제출내역'을 출력하면 됩니다.

국세청 홈택스(www.hometax.go.kr) 화면

지급명세서 해부하기

첫 페이지에는 총소득이 표시돼 있습니다. 첫 페이지 하단의 소득세와 지방소득세, 두 번째 페이지의 4대보험 등 월급에서 자동으로 공제되는 내역을 체크해 총소득에서 제외하면 됩니다.

이것이 나의 연간 실소득이고 이를 12개월로 나누면 월 소득이 되는 것입니다. 지출 내역의 항목은 스스로 분류해 보는 것이 좋습니다. 사람마다 조금씩 분류 기준이 다르거나 항목에 대한 정의가 다를 수도 있기 때문입니다.

- **지출 항목 참고**: 적금 · 펀드 · 보험 · 연금 · 청약 · 주택 관리비, 공과금 · 자동차 할부 · 신용대출, 담보대출 상환 · 자녀교육(양육) · 유류비 · 부모님 생활비(용돈) · 가족 기념일(명절, 각종 잔치) · 경조사 · 기부금 · 휴가 · 쇼핑 · 식비 · 개인 용돈 · 취미, 교육 · 교통 · 미용 · 의료비(건강) · 기타

지급명세서 예시

❖ 나의 월 현금흐름

고정 지출	관계적 지출	변동 지출

월 소득과 월 지출 대조하기

항목을 하나씩 채운 후 월 소득과 월 지출이 일치하는지 살펴봅니다. 만약 일치하지 않는다면 내가 놓친 부분이 있거나 파악하고 있지 못한 소비를 계속하고 있었던 것입니다. 나의 미래를 위해 어느 부분을 조정해야 저축 금액을 늘릴 수 있는지를 고민해 봐야 합니다.

2
장

놓치지 말아야 할
골든타임은 바로 지금!

30년 벌어 60년 산다

평균수명은 늘어났지만 노후준비는 나중에?

❖ 은퇴 희망 나이 vs. 현실적 은퇴 가능 나이

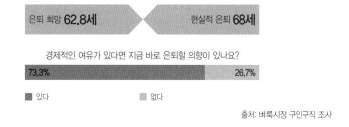

출처: 벼룩시장 구인구직 조사

2019년 '사람인'의 발표에 따르면 신입사원 10명 중 4명은 30대라고 합니다. 아르바이트가 아닌 정식 사원으로 사회생활을 시작해 본격적으로 경제활동을 시작하는 사람들 중 30대의 비율이 점점 늘어나고 있습니다. 그럼 경제활동을 멈추는 시기는 언제일까요?

2019년 벼룩시장의 발표에 따르면 직장인들이 평균적으로 희망하는 나이는 62.8세였습니다. 그러나 이 나이가 돼도 생활비가 필요해 어쩔 수 없이 일해야 하기 때문에 현실적인 은퇴 나이는 68세였습니다. 이들 중 73.3%는 만약 경제적인 여유가 있다면 지금 당장이라도 은퇴할 의향이 있다고 답했습니다.

이처럼 은퇴 시기가 지나도 경제적인 이유로 어쩔 수 없이 일을 할 수밖에 없는 게 현실입니다. 현재 시점을 기준으로 한 평균수명은 82세이며, 미래에는 90세를 넘어 100세까지 예상해야 한다고 합니다. 심지어 통계청의 '2018 인구주택총조사'를 보면, 2018년 11월 1일 기준 100세 이상 인구는 4,232명으로, 2017년(3,908명)보다 8.3%(324명) 증가했습니다. 앞으로는 100세 이상의 노인을 흔히 볼 수 있는 시대가 올 것입니다. 이러한 추세라면 지금의 30~40대가 노인이 됐을 때는 초고령 노인의 나이가 몇 세일지 예측하기 힘들 것입니다.

이렇듯 평균수명은 계속 늘어나고 있지만 여전히 노후준비는 뒷전으로 밀려나고 있습니다. 경제활동 없이 살아가는 기간이 늘어나는데도 준비 기간이 점점 줄어든다면 현실적으로 노후준비는 불가능해질 수 있습니다.

노후준비의 가장 큰 무기는 '시간'

월급쟁이에게 노후준비는 더 이상 꿈이 아니라 현실입니다. 그 이유는 노후준비에서 가장 중요한 '시간'이 존재하기 때문입니다. 제게 이제부터 노후를 준비하겠다며 상담을 요청해 오는 사람들의 평균 연령은 50대 중·후반입니다. 사람들은 그동안 우선순위라 여겼던 것들(내 집마련, 자녀교육 등)을 대부분 이룬 사람들입니다. 당장 노후가 몇 년 남지 않은 상황이 되자 이제라도 노후준비를 시작하려고 저를 찾아온 것입니다.

그런데 이들의 가장 큰 문제는 '시간 부족'입니다. 사람들은 5~10년의 시간이면 노후를 준비하기에 충분하다고 생각했습니다. 그래서 자녀교육이나 내집마련에 전력을 다하고, 이제서야 노후준비를 시작하려 하는 것입니다. 하지만 특별히 재산이 많은 사람을 제외하고 대부분의 사람들은 노후자금이 턱없이 부족한 경우가 많습니다. 또한 갑자기 '자녀결혼'이라는 큰 숙제도 생겨버립니다. 결국 노후준비의 꿈은 다시 한번 멀어지고 그렇게 시간이 흘러 노후를 맞이하게 되는 것입니다.

앞의 이야기에서 알 수 있듯이 '노후준비'는 돈이 없어 못하는 것이 아니라 '덜 중요해서' 안 하는 것입니다. '소득이 있는 시기'에 '소득이 없는 시기'를 대비해야 합니다. 이제라도 노후준비의 중요성을 깨닫고 적은 돈이라도(소비의 10%를 줄이거나 다른 목적을 위한 저축 금액 중 일부를 할애해서라도) 준비를 시작해야 합니다.

 잠깐만요

젊을수록 위험 자산에 투자해야 한다?

'100 − 나이 = 위험 자산 비중 법칙'이라는 것이 있습니다. 보통은 자신의 성향에 따라 투자자산을 배분하지만 이 법칙은 연령을 기준으로 위험 자산을 배분하는 것입니다. 즉, 젊을 때 더 공격적으로 투자해야 한다는 것입니다. 시간이 많기 때문에 혹시 손실이 생겨도 복구할 가능성이 높고 투자 기간이 길어지면 리스크가 점점 줄어들기 때문에 젊을수록 위험 자산 비중을 높게 구성하라는 의미입니다. 숫자 100에서 본인의 나이를 뺀 결괏값을 위험군 투자자산으로 정한 후 투자 비중을 운용하면 됩니다. 예를 들어 나이가 40이라면 100 − 40 = 60이기 때문에 위험 자산은 전체 자산 중 60%만큼 구성하면 됩니다. 매우 간단하죠?

2019년 삼성자산운용이 발간한 보고서인 〈이기는 투자〉에 따르면 1980년부터 2016년까지 어떤 시점에서든 코스피 시장에 하루만 투자했다면 손해 볼 확률은 48.8%입니다. 하지만 투자 기간이 길어질수록 손해 볼 확률은 점점 줄어듭니다. 20년이 되면 손실 확률은 0%에 가까워집니다. 만약 매월 10만원씩 투자했다고 가정해 보면 누적 투자 원금은 4,440만원에 불과하지만 만기 평가 금액은 2억 9,000만원으로, 원금의 6.5배를 달성할 수 있습니다.

시장은 등락을 반복하지만 장기 적립식 투자를 한다면 감정을 배제한 투자를 통해 위험을 감수한 만큼 그에 대한 보상을 얻을 수 있다는 것을 보여 줍니다. 투자 타이밍을 맞추기 위해 노력하는 것보다 시간에 투자하는 것이 훨씬 쉽게 투자 수익을 확보할 수 있다는 것을 보여 주는 자료입니다. 기간이 길어지면 투자 위험이 줄어듭니다. 하루만 투자하면 투기가 되지만 꾸준하게 투자하면 진정한 투자가 됩니다.

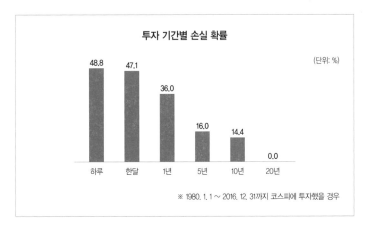

투자 기간별 손실 확률

(단위: %)

하루	한달	1년	5년	10년	20년
48.8	47.1	36.0	16.0	14.4	0.0

※ 1980. 1. 1 ~ 2016. 12. 31까지 코스피에 투자했을 경우

장기투자 원금 및 수익

(단위: 만원)

평가 금액 (NAV)

누적 투자 원금

29,000

4,440

※ 월 10만원씩 1980~2016년까지 투자 가정 시

자료: 삼성자산운용

3.6.9 법칙

우리는 3.6.9 법칙을 명심해야 합니다. 많은 사람이 예전보다 늦게 취업해 경제활동을 일찍 시작하지 못하고 있습니다. 더욱이 과거보다 정년이 빨라져 오래 일하지 못하고 경제활동을 빨리 그만 둬야 합니다. 이 두 가지는 이미 많은 사람이 알고 있습니다. 하지만 취업 이후 약 30년간의 경제활동으로 벌어들인 소득으로 이후 90세까지 60년간 살아야 한다는 사실은 인식하지 못하고 있습니다. 즉, 30세에 취업해 이후 30년간의 경제활동으로 돈을 벌고, 그 돈으로 30세부터 90세까지 60년을 살아야 하는 것입니다.

따라서 노후생활을 실패하지 않으려면 스스로 나의 경제활동 기간과 소비 기간을 미리 체크해 봐야 합니다. 개인에 따라 '현재 나이'와 '경제활동 가능 예상 나이', '사망하는 나이'가 다릅니다. 각자에게 맞춰 쉽고 간단하게 계산할 수 있는 방법을 소개해드리겠습니다.

나의 경제활동 기간과 소비 기간 계산하기

1. 문구점이나 마트에서 판매하는 100cm짜리 줄자와 가위를 준비합니다.

2. 만일 내 나이가 40세라면 40cm에서 자릅니다.

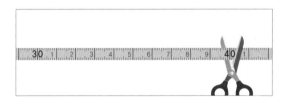

3. 예상되는 평균수명이 90세라면 90cm에서 자릅니다. 이렇게 줄자를 자르면 40cm부터 90cm의 위치까지 50cm가 남겠죠?

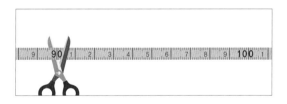

4. 내가 경제활동이 가능하다고 생각되는 나이에서 다시 한번 자릅니다. 여기서는 65세라고 가정해 보겠습니다.

그러면 남은 경제활동 기간과 그 기간 동안 저축해 놓은 돈으로 살아가는 비경제활동 기간을 한눈에 비교할 수 있습니다. 다음 사진에서는 40세부터 65세까지 25년간 일해서 저축한 돈으로 65세부터 90세까지 25년간의 비경제활동 기간 동안 생활해야 한다는 것을 알 수 있습니다.

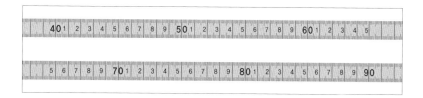

소득 기간에 비해 소비 기간은 두 배입니다. 이렇게 보면 좀 더 현실감 있게 나의 미래를 살펴볼 수 있습니다. 단순 계산이라면 경제활동 기간 동안의 소득 절반을 저축해야 이후의 삶을 현재처럼 살 수 있습니다. 하지만 소득의 50%를 노후를 위해 별도로 저축한다는 건 어려운 일입니다. 그렇다면 현실적으로 어떻게 나의 노후를 준비해야 하는지, 책을 따라가며 확인해 보시죠.

04

나도 제2의 백종원이
될 수 있을까?

너도나도 자영업

'자영업'을 노후준비의 대안으로 선택하는 경우도 많습니다. 우리가 주변에서 흔히 볼 수 있는 치킨이나 커피 전문점, 편의점, 식당 등에서 젊은 사장님보다 50대 사장님을 많이 볼 수 있는 것은 바로 이 때문입니다. 특히 오랫동안 사업을 하던 사람들이 아니라 직장을 다녔던 사람들이라면 퇴직 이후의 삶을 심각하게 고민합니다. 준비된 돈은 부족하고 새로운 직장을 구하기도 어렵기 때문에 결국 '장사'를 선택합니다.

하지만 현실은 그리 만만하지 않습니다. 넉넉하지 못하다고 여겼던 30~50대 시절에 허리를 졸라매는 것보다 훨씬 고통스런 현실이 기다리고 있습니다. 쉽게 선택할 수 있는 업종은 경쟁이 너무 치열해 인건비와 월세 등을 제외하면 남는 것이 없기 때문입니다. 본사에서 지원해 주기 때문에 수월할 거라 생각했던 프랜차이즈도 사정은 이와 다르지 않습니다. 본사에 일정 금액을 내야 하니 오히려 더 어려울지도 모릅니다.

자영업은 노후의 대안이 될 수 없다

통계청 발표 자료에 따르면 2018년 창업자의 74%가 60살 이상입니다. 은퇴 후 창업으로 '인생 2막'을 열어가는 1차 베이비부머 세대들이 빠르게 증가하고 있고, 자영업 시장의 경쟁이 더욱 치열해지고 있습니다. 또한 60살 이상 가구주의 사업소득이 월평균 61만 2,000원인 것으로 나타났습니다. 그런데도 여전히 노후준비를 하지 못한 사람들은 그 대안으로 '자영업'을 해결책으로 내세우고 있습니다.

❖ **60살 가구의 월평균 사업소득 추이**

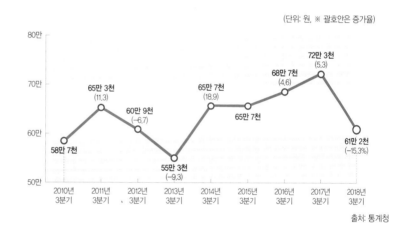

(단위: 원, ※ 괄호안은 증가율)

출처: 통계청

경쟁이 심화돼 소득은 점점 줄어들고 육체 피로는 누적됩니다. 결국 문을 닫거나 폐업 위기에 처해 '세2의 인생'은커녕 점점 빚만 쌓이고 고금리로까지 내몰리고 있습니다. 열정과 전문성으로 사업에 성공하는 사람들도 있지만 사업을 계속 영위하기보다 폐업하는 사람들이 대부분입니다. 통계상 10곳이 문을 열면 40%가 1년 이내에 폐업하고 남은 곳들 중 70%가 5년 이내에 폐업한다고 합니다. 더 이상 자영업이 노후준비의 대안이 돼서는 안 됩니다. 무엇보다 노후의 대안은 노동력을 필요로 하지 않아야 합니다. 내가 일하고 싶어 일하는 것과 생계를 위해 어쩔 수 없이 일하는 것은 전혀 다른 문제입니다.

❖ **국내 자영업 신규 대비 폐업 비율**

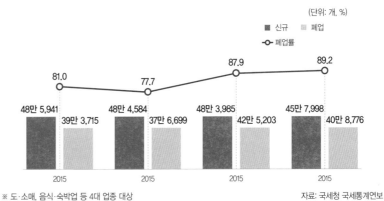

※ 도·소매, 음식·숙박업 등 4대 업종 대상 　　　　　　　　　　　　　　　자료: 국세청 국세통계연보

❖ **대표자 연령대별 사업체 수**

(단위: 개, %, %p)

대표자 연령대별	사업체 수					구성비		
	2016년	2017년	증감	증감률	기여율	2016년	2017년	증감차
합계	3,950,192	4,020,477	70,285	1.8	100.0	100.0	100.0	–
20대 이하 (29세 이하)	91,941	101,706	9,765	10.6	13.9	2.3	2.5	0.2
30대 (30~39세)	515,704	519,733	4,029	0.8	5.7	13.1	12.9	−0.2
40대 (40~49세)	1,127,376	1,127,456	80	0.0	0.1	28.5	28.0	−0.5
50대 (50~59세)	1,391,870	1,396,283	4,413	0.3	6.3	35.2	34.7	−0.5
60대 이상 (69세 이상)	823,301	875,299	51,998	6.3	74.0	20.8	21.8	1.0

출처: 통계청

놓치지 말아야 할 골든타임과 생애주기

'골든타임'은 가장 중요한 시간을 뜻합니다. 노후준비의 골든타임은 일반적인 의미와는 조금 다릅니다. 노후준비가 가능한 '마지막 시기'를 뜻하는 말이기도 하기 때문입니다. 고령화 시대에 돈 없이 노후를 보내는 것은 재앙이나 다름 없습니다. 젊다고 방심하고, 다했다고 착각하고…. 이 시기마저 놓쳐버리면 힘겨운 노후를 맞이해야 할지도 모릅니다. 그럼 언제가 노후준비의 골든타임일까요?

사실 노후준비가 가장 수월한 시기는 20대입니다. 30~40년간의 시간이 있기 때문에 상대적으로 적은 돈으로도 노후준비가 가능합니다. 바로 '시간'이라는 가장 큰 무기를 갖고 있기 때문입니다.

30대가 되면 사회적 위치를 다지기에 바쁩니다. 또한 결혼, 내집마련, 자녀양육 등으로 인한 소비가 활발해집니다. 그래서 점점 노후준비를 할 여유가 없어지기 시작합니다.

40대부터는 소득이 본격적으로 늘어나기 시작합니다. 20, 30대보다 노후를 준비할 시간적 여유는 줄어들었지만 늘어난 소득 때문에 매월 저축할 수 있는 금액이 커집니다. 이때는 교육비를 포함한 지출이 월등히 커진다 하더라도 노후준비를 위한 저축이 가능합니다. 다만 이 사실을 간과하고 오히려 소비를 늘리는 사람이 많습니다. 이때에는 품위 유지를 위한 소비나 남의 눈을 의식한 소비가 늘어납니다. 이렇게 되면 노후준비는 여전히 우선순위가 되지 못합니다.

50대가 되면 생애주기*상 가장 많은 소득이 발생합니다. 하지만 주택의 크기를 늘리거나 자녀교육과 결혼을 준비하느라 노후준비를 할 수 있는 여유가 사라집니다. 그렇게 골든타임을 놓친 후 은퇴 시기가 다 돼서야 노후준비를 시작하려 합니다. 그때가 되면 '왜 이렇게 노후준비가 막막하냐?'며 앓는 소리를 하지만 이미 과거에 달콤한 시절을 보낸 대가이기 때문에 누구도 탓할 수 없습니다.

알아두세요 ●

생애주기
인간의 삶을 유아기부터 노년기까지 연속으로 구분한 것을 말합니다. '라이프사이클'이라고도 합니다.

2018년 국민연금에서 발표한 보고서(46~47쪽 표 참고)에 따르면 50세 미만의 경우 76.9%가 노후준비를 하고 있지 않다고 답했고, 50대 또한 58.8%에 달했습니다. 그나마 준비하고 있는 사람들도 국민연금 이외에는 거의 준비하고 있는 게 없었습니다. 현재 노후를 보내고 있는 사람들의 경우, 생활비 마련 방법이 국민연금이나 개인연금 등과 같은 자산보다는 정부 보조금이나 자식 및 친척들에게 받는 생활비의 비율이 월등히 높았고 근로 활동의 비율도 높았습니다.

이 통계를 보면 대부분의 사람들이 50대가 될 때까지도 노후준비를 거의 하지 않고 있으며 그나마도 국민연금 정도 수준에만 머물고 있다는 것을 알 수 있습니다. 노후준비를 다했다고 생각하지만 실제로는 충분치 않기 때문에 여전히 은퇴하지 못하고 근로 활동을 하거나 자식들에게 의지하고 있는 것입니다.

❖ 노후자금 마련 방법 설문 결과

(단위: %)

구분	1순위	2순위	3순위	다중 응답
일반 적금 및 예금	3.9	11.3	21.4	9.3
주식이나 채권 수익	0.1	0.0	–	0.1
부동산 관련 수익(투자 등)	4.1	3.2	2.7	3.6
근로 활동	18.5	2.7	3.4	10.4
개인연금	0.0	0.2	0.0	0.1
사적 보험(개인연금 제외)	0.0	0.0	0.1	0.0
퇴직금(퇴직연금)	–	0.1	0.1	0.0
자식 및 친척에게 받는 생활비 및 용돈	15.2	27.8	37.6	23.2
본인 및 배우자의 국민연금	12.6	15.1	7.5	12.8
본인 및 배우자의 기타 공적연금(특수연금)	4.4	0.6	0.4	2.4
유산	0.0	0.1	–	0.1
배우자의 소득	16.7	6.1	2.5	10.6
정부 보조금	24.2	32.4	23.5	27.1
사회 단체 보조금	0.0	0.3	0.6	0.2

구분	1순위	2순위	3순위	다중 응답
기타	0.1	0.0	0.1	0.1
전체	100.0	100.0	100.0	100.0

출처: 국민연금(2018년)

❖ 노후준비 여부 설문 결과

(단위: %)

구분		준비하고(돼) 있음	준비하고(돼) 있지 않음
성별	남	46.8	53.2
	여	29.4	70.6
연령대	50세 미만	23.1	76.9
	50대	41.2	58.8
	60대	32.6	67.4
	70대	27.6	72.4
	80세 이상	–	–
최종 학력	무학	10.0	90.0
	초졸	21.7	78.3
	중졸	25.9	74.1
	고졸	37.0	63.0
	대학 재학 이상	60.9	39.1
취업 형태	임금근로자	47.3	52.7
	비임금근로자	38.1	61.9
	비취업자	24.0	76.0
전체		37.1	62.9

출처: 국민연금(2018년)

단리와 복리

예를 들어 100만원으로 이자율이 5%인 예금을 3년간 굴린다고 가정해 봅시다. 단리의 이자는 100만원 × 5% = 5만원이고 3년간 총 이자는 15만원입니다. 복리는 첫 해에는 105만원, 둘째 해에는 105만원 + (105 × 5%) = 110만 2,500원입니다. 셋째 해에는 110만 2,500원 + (110만 2,500원 × 5%) = 115만 7,625원입니다. 복리는 이자에 이자율을 더한 계산을 반복하는 것이므로 시간이 지날수록 단리와 복리의 결과는 엄청난 차이가 납니다.

잠깐만요

재테크에서 알아 둬야 할 72법칙

일찍 시작한 노후준비가 얼마나 큰 도움이 되는지 감이 오시나요? 돈 계산이 필요한 계획을 세울 때 알아 두면 도움이 되는 법칙을 소개하겠습니다. 먼저 단리와 복리®의 차이입니다. 첫 해에는 단리와 복리에 대한 이자가 동일하지만 두 번째 해부터 단리와 복리의 이자 금액 차이는 점점 커집니다. 단리는 매년 이자 금액이 동일하지만 복리는 점점 커지기 때문입니다. 그래서 단리 계산은 매우 간편하지만 복리 계산은 복잡한 편입니다. 예를 들어 100만원으로 연 5% 이자율로 저축한다면 어떤 결과가 나타날까요? 아래 그래프를 참고하세요.

'72법칙'을 알고 있다면 복리 계산을 좀 더 다양하게 활용할 수 있습니다. '72의 법칙'이란, 72를 이자율로 나눴을 때 원금이 두 배가 되는 시간을 뜻합니다. 예를 들어 이자율이 5%라면 72를 5로 나눕니다. 그러면 14.4가 나옵니다. 즉, 이자율 10%의 복리로 계속 운용된다면 원금이 두 배가 되는 데 걸리는 시간은 14.4년이라는 뜻입니다.

다음 표는 5%로 계산한 것입니다. 100만원이 5%의 이자율로 계속 늘어나면 원금의 두 배인 200만원이 넘는 시점이 약 14년째인 것을 그래프에서 확인할 수 있습니다.

요즘 은행의 이자율은 대략 평균 2%입니다. 72의 법칙으로 계산해 보면 72 / 3 = 36입니다. 내가 저축한 돈이 복리로 이자가 붙는다면 36년이 지나야 원금의 두 배가 되는 것입니다. 이 방법으로 나의 노후 자산의 화폐가치를 추측해 볼 수도 있습니다. 내가 현재 30세라면 물가상승률이 2%일 때 현재의 100만원의 화폐는 36년 후에 200만원과 동일한 가치가 있다고 계산할 수도 있습니다. 노후자금을 계산하며 어느 정도의 실질가치를 지녔는지 판단하거나 추측할 때 사용하면 매우 편리합니다.

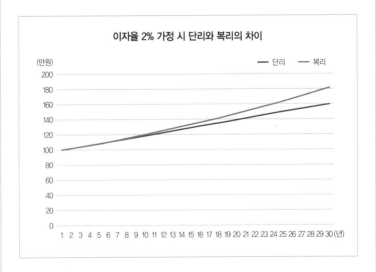

이자율 2% 가정 시 단리와 복리의 차이

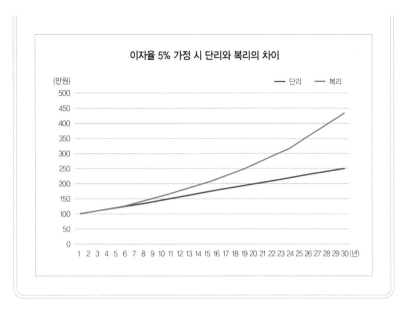

이자율 5% 가정 시 단리와 복리의 차이

자녀교육에 올인하지 마라

노후준비를 하지 못하는 가장 큰 이유 중 하나는 바로 '자녀교육' 때문입니다. "아이 사교육비 때문에 너무 힘들어요. 노후준비는 꿈도 못 꿉니다."라는 이야기는 어린 자녀를 둔 부모에게서 흔히 들을 수 있습니다. 그럼 자녀가 사교육을 끝내고 대학교에 들어가면 여유가 생길까요? 대학 등록금을 보조해 주고 자녀가 대학을 졸업하면 은퇴가 코 앞으로 다가옵니다. 하지만 노후준비를 제대로 시작하지 못했을 뿐 아니라 주택담보대출도 여전히 남아 있습니다.

대부분의 부모는 자식의 교육을 위해 희생했다고 말합니다. 그러나 주변의 청년들을 보면 의외로 상당수가 부모님의 생활비를 보조해 주고 있습니다. 자녀교육에 집중한 나머지 노후준비를 하지 못한 상태에서 은퇴를 맞이했기 때문입니다. 이렇게 자녀에게 짐을 안겨 준 부모는 심적으로 괴롭습니다. 본인의 가정생활을 꾸려나가기에도 벅찬 자녀에게 경제적으로 고통을 안겨 주고 있기 때문입니다. 만일 이 부모가 사교육비를 조금만 줄이고 노후를 위해 저축을 했다면 서로 고통받는 상황은 발생하지 않았을지도 모릅니다.

한 예능 프로의 출연자가 "내 자녀에게 학원을 한군데 더 보낸다고 해서 자녀의 인생이 크게 달라질 가능성은 매우 낮다. 더욱이 미래의 자녀는 경제력 없이 가난한 상태의 늙은 나를 매우 부담스러워할지도 모른다. 하지만 학원 한군데 갈 비용을 눈먼 자식(연금)에 투자하면 이 자식은 늙은 나에게 군말 없이 용돈을 줄 것이다."라는 말을 한 적이 있습니다. 어쩌면 대한민국의 부모들은 자녀의 사교육에 너무 큰 기대를 하고 있는지도 모릅니다.

진정한 골든타임은 언제일까?

은퇴 시점인 60대 이전에 가장 여유 있거나 중요한 시기는 언제일까요? 일반적으로 골든타임은 '50대'라고 합니다. 노후를 준비할 수 있는 마지막 시기이기 때문입니다. 하지만 저는 골든타임을 다르게 정의하고 싶습니다.

바로 한 번 지나가면 다시는 돌아올 수 없는 '당신의 지금'이 골든타임입니다. 지금 이 순간이 최고의 결과를 가져다 줄 수 있는 당신의 '골든타임'인 것입니다. 은퇴 전까지 여유 있는 시기는 찾아오지 않습니다. 앞의 예와 같이 20부터 50대까지 언제 여유가 있던가요?

여유가 있어서 준비를 시작하는 것이 아니라 준비를 시작해야 여유가 생기는 것입니다. 은퇴까지 몇 년이 남았든 오늘 당장 노후준비를 시작하시기 바랍니다.

05

상속·증여세의
골든타임을 잡아라!

때를 놓치면 폭탄이 되는 상속·증여세

골든타임은 노후준비에만 있는 것이 아닙니다. 상속세나 증여세도 미리 준비하지 않으면 무서운 폭탄이 돼 돌아옵니다. 정말 많은 분이 "에이, 우리가 부자도 아닌데 무슨 상속·증여세인가요? 해당 사항 없습니다. 나중에 다 알아서 되겠죠."라고 말씀하십니다. 대부분은 경험이 없거나 주변에서 아직 이런 폭탄에 대한 소문을 듣지 못한 것일 뿐입니다.

과연 이런 세금들은 부자에게만 해당하는 것일까요? 만약 부동산이 있거나 그 외의 재산이 있다면 사망 이후 상속이 개시됩니다. 재산 내역을 피상속인*이 미리 사전에 상속인에게 알려 주는 경우는 매우 드뭅니다. 자녀들이 재산을 탐내거나 뺏어가면 힘을 잃게 된다고 생각하기 때문입니다. 상속 이후에나 그 과정에서 상속인이 모르던 재산 내역 사실을 알게 되기도 합니다. 상속·증여세율은 52쪽의 표와 같습니다.

과세표준	세율	누진 공제액
~ 1억원 이하	10%	–
1억원 초과 ~ 5억원 이하	20%	1,000만원
5억원 초과 ~ 10억원 이하	30%	6,000만원
10억원 초과 ~ 30억원 이하	40%	1억 6,000만원
30억원 초과 ~	50%	4억 6,000만원

출처: 국토교통부(2020)

알아두세요

배우자공제와 일괄상속공제
상속세 계산 시 공제되는 금액입니다. 상속액이 5억원일 경우 공제 금액 5억원을 제외하면 0원이 돼 상속세가 발생하지 않습니다.

2020년 현재 배우자공제와 일괄상속공제˚는 5억원까지입니다. 따라서 5억원까지는 사실상 세금이 거의 없습니다.

상속·증여세, 10년 후를 지금 생각하라

70세의 부모가 있는 40세의 남성이 있습니다. 이 남성은 '우리 부모님 아파트는 5억원이니 나는 그다지 걱정할 건 없겠군.'이라고 생각할지 모릅니다. 그런데 부모님이 내일 당장 돌아가시는 건 아닙니다. 현재 지병이 있으셔서 건강 상태가 매우 좋지 못하시거나 사고가 발생할 경우를 제외하면 적어도 10년 이상은 생존하실 겁니다.

그렇다면 이 남성이 고려해야 하는 상속세 시점은 바로 10년, 20년 후의 일입니다. 왜 10년도 더 남은 상속이 중요할까요? 일단 자산 가치가 상승합니다. 5억원의 아파트가 10년이 넘는다면 부동산 가치 상승으로 5억원이 아니라 7~8억원이 돼 있을지도 모릅니다. 어쩌면 이 남성이 알고 있지 못한 자산까지 합쳐 10억원이 될지도 모릅니다. 만약 상속 시점의 자산이 10억원이라면 상속인이 납부해야 할 상속세는 약 9,000만원에 달합니다.

10억원을 상속받는데 9,000만원을 내는 게 뭐 어렵냐고 하실지도 모

알아두세요

물납
세금을 납부할 때 현금이 아닌 물건(여기서는 부동산)으로 납부하는 것을 말합니다.

릅니다. 세금을 납부하는 방식에는 현금과 물납*이 있습니다. 부모님의 사망 시점에 갑자기 9,000만원을 현금으로 준비하기란 어려운 일입니다. 물납을 하더라도 해당 부동산이 자칫 헐값에 매각돼 시세보다 월등히 적은 유산만 남을지도 모릅니다.

상속·증여를 미리 준비하는 법

금액이나 시점 등 불확실한 미래에 대한 예측이지만 언젠가 상속이 일어난다는 사실은 확실합니다. 그래서 상속은 미리 준비해야 합니다. 언젠가는 상속인과 피상속인이 되기 때문에 그때를 위해 지금부터 조금씩 자산 이전을 하거나 현금을 마련해 둬야 하는 것입니다.

대부분의 부모님은 미리 자녀에게 자산을 물려 줬다가 부모 대우를 받지 못할 것을 두려워해 사전증여*를 꺼려합니다. 하지만 미리 준비하지 않으면 충분히 절세할 수 있었음에도 자칫 세금폭탄에 시달릴지도 모릅니다. 일정 부분의 자산을 미리 이전하고 그 자산으로 재테크를 해서 세금에 대비하는 방법도 있고 증여세 면제 한도를 고려해 여유 있게, 계획적으로 절세하는 방법도 있습니다.

알아두세요

사전증여
피상속인(부모님)이 생전에 상속인(자녀나 배우자 등)에게 재산을 미리 이전해 주는 것을 뜻합니다.

증여세 면제는 10년 이내를 합한 금액이므로 장기간에 걸쳐 이전한다면 많은 세금을 아낄 수 있습니다. 예를 들어 면제 한도인 5,000만원을 증여한 후에 그 돈으로 수익 상승이 예상되는 펀드나 부동산에 투자하는 것입니다. 세월이 흘러 수익까지 더해진 그 자산으로 세금을 해결하면 됩니다. 또 다른 방법은 종신보험이나 연금보험을 활용하는 것입니다. 이는 국세청에서 가장 합법적이고 효율성이 높다고 권장하는 방법입니다.

보험관계자	보험계약자	성명	라****1	성별	여자	가입나이	34
	피보험자1	성명	라****1	성별	여자	가입나이	34
연금전환특약 개시나이	미선택						

※ 상기 보험기간의 계약일자는 (보험증권이 발행되기 전까지) 청약서발행일자로 가정하여 작성되므로 실제 계약일자와 다를 수 있습니다.
　정확한 계약일자는 초회보험료 입금 후 발행되는 보험증권에서 반드시 확인해주시기 바랍니다.
※ 불완전판매요소, 보험계약유지율 등 상기 모집자에 대한 주요정보는 「e-클린보험서비스」(www.e-cleanins.or.kr)에서 조회하실 수 있습니다.

계약사항

피보험자	구분	상품명	가입금액(만원)	보험기간	납입기간	납입주기	보험료(원)
라****1	주계약		5000	종신	12년	월납	101,000
		납입보험료					101,000
		합산 납입보험료					101,000

해지환급금 예시

경과기간	납입보험료(A) (단위:원)	해지환급금(B)(단위:원)	환급률(B/A)(단위:%)	가입금액(단위:원)	사망보험금 예시(단위:원)
3개월	303,000	0	0.0	50,000,000	50,000,000
6개월	606,000	0	0.0	50,000,000	50,000,000
9개월	909,000	0	0.0	50,000,000	50,000,000
1년	1,212,000	0	0.0	50,000,000	50,000,000
2년	2,424,000	0	0.0	50,000,000	50,000,000
3년	3,636,000	0	0.0	50,000,000	50,000,000
5년	6,060,000	0	0.0	50,000,000	50,000,000
10년	12,120,000	0	0.0	50,000,000	50,000,000
12년	14,544,000	17,365,000	119.3	50,000,000	50,000,000
15년	14,544,000	18,597,500	127.8	50,000,000	50,000,000
20년	14,544,000	20,835,000	143.2	50,000,000	50,000,000
30년	14,544,000	26,066,500	179.2	50,000,000	50,000,000
40년	14,544,000	32,142,000	220.9	50,000,000	50,000,000
50년	14,544,000	38,443,000	264.3	50,000,000	50,000,000
60년	14,544,000	43,908,000	301.8	50,000,000	50,000,000
67년	14,544,000	46,710,000	321.1	50,000,000	50,000,000

종신보험 가입 시 해지환급금 예시

예를 들어 34세 여성이 사망보험금 5,000만원의 종신보험에 가입할 경우 납입해야 할 총보험료는 매월 10만원씩 12년간 약 1,450만원입니다. 사망 이후에 받게 될 5,000만원의 약 30%에 해당하는 돈으로 5,000만원을 미리 준비하는 것입니다. 더욱이 이는 전체 보험료를 완납했을 때를 기준으로 한 것입니다. 납입 기간 도중 사망하면 사망 시점 이후의 보험료는 내지 않아도 되기 때문에 더 적은 돈으로 준비할 수 있습니다. 만약 사망하지 않고 상품을 계속 유지한다면 해지환급금이 매년 증가합니다. 연금보험의 경우, 단순 수익률이 아니라 다양한 세금 평가 방식 제도를 활용합니다.

상속·증여세를 줄이는 골든타임

재테크에 열심인 사람들이나 투자자들은 세금을 매우 싫어합니다. 따라서 세금을 줄이고자 많은 노력을 기울이지만 상속세는 놓치는 경우가 많습니다.

안타깝게도 많은 사람이 상속 시점이 다가와서야 방법을 찾으려고 합니다. 물론 유능한 세무사에게 맡겨 잘 해결할 수도 있겠지만 미리 상속을 예상해 준비하는 것만큼 효율적인 방법은 없습니다. 위에서 소개한 방법 이외에도 많은 절세 방법이 있지만 가장 효과가 좋은 방법은 '시간'을 최대한 활용하는 것입니다. 상속이 임박하거나 이미 상속이 개시된 후보다 월등히 많은 세금을 절세할 수 있습니다.

앞으로 상속이나 증여가 예상이 되는 상속인(자녀)이거나 미래의 상속인이 될 피상속인(자녀가 있는 부모)이라면 장기 계획을 세워 확실히 절세하시기 바랍니다.

| 목표 금액 & 저축법 |

내게 필요한
노후자금은 얼마이고
어떻게 준비해야 할까?

3
장

내게 필요한
노후자금 계산하기

목표 없는 준비는
실패한다

내가 중심이 되는 기준점 세우기

인터넷 검색창에 '노후준비'라고 입력해 보면 각종 재테크 방법부터 노후준비 성공 사례에 이르기까지 다양한 자료가 나옵니다. 이러한 사례들을 읽다 보면 나도 뭔가 할 수 있을 것 같습니다. 걱정거리였던 나의 노후를 해결할 수 있는 방법을 찾았다고 생각하기 때문입니다. 하지만 좀 더 냉정하게 생각해 보면 모두 헛된 꿈이라는 것을 알 수 있습니다. 왜 이런 일이 벌어질까요?

일단 이러한 노후준비 방법은 너무 막연하기 때문입니다. 대부분 다른 사람들의 기준에 나를 맞춥니다. 실제 제 고객의 경험담을 예로 들어 설명하겠습니다.

부동산에 올인한 55세 A씨의 잘못된 노후준비 사례

노후준비를 하기 위해 주변을 살펴보던 55세의 A씨는 여러 사례를 접하게 됩니다.

약 1년 후 퇴직 예정인 지인 B씨는 앞으로 매월 330만원의 연금을 사망할 때까지 수령한다고 합니다. 앞으로 마음 편히 평생 연금을 받을 수 있다는 사실은 매우 부럽지만 B씨가 20년 이상 급여에서 30%씩 저축해 만들어 온 결과이기 때문에 지금의 A씨에겐 불가능한 방법입니다.

A씨는 아파트 담보대출금과 퇴직금을 주식으로 운용해 매월 소득을 확보하고 있는 선배 C씨를 만나게 됐습니다. 선배는 너무 큰 욕심만 내지 않으면 주식으로 꾸준히 생활비 정도는 벌 수 있다고 말합니다. 하지만 A씨는 주식을 잘 알지도 못하고 자칫 잘못하다 노후자금을 모두 잃게 될 수도 있을 것 같아 마음을 돌립니다.

그러던 중 인터넷을 검색하다 부동산 상가 투자로 안정적인 노후 소득을 확보한 사례를 접했습니다. 본인에게 딱 맞는 방법이라는 생각이 들어 이후 다양한 부동산 물건들을 살펴보러 다닙니다. 이미 위치가 좋고 월세가 많이 나오는 물건은 매매가격이 높지만 월세수익률은 생각보다 적고, 더욱이 현재의 투자금으로는 충분치 않았습니다.

서울 근교 수도권 지역에서 신규 분양하는 물건을 알아보니 분양사에서 아직 저평가돼 있다고 설명합니다. 벌써 임대 계약도 체결돼 있는 물건이라고 하니 세입자를 구하지 않아도 됩니다. 해당 지역이 앞으로 인구가 점점 늘어나면 부동산 가격과 임대수익 상승이 동시에 기대돼 결국 계약을 하기로 했습니다. 분양받기 전에 완료된 임대차 계약은 아직 신도시인 해당 지역에서 세입자가 잘 자리잡을 수 있도록 6개월은 임대료를 받지 않는 조건이었습니다. 그 대신 5년 후 재계약 시에는 그만큼 월세를 올려 준다는 설명을 들었습니다.

충분히 타당한 내용이라 여겨졌고 현재 발생하는 예상 임대소득에서 세금과 비용, 이자를 제외하면 노후생활비로는 많이 부족했지만 퇴직 시점인 5년 후부터는 좀 더 오른 월세를 받을 수 있을 거라 판단했습니다. 이후 상권 발달로 점차 임대소득이 증가한다고 생각하니 뿌듯한 기분마저 들었습니다.

그리고 5년 후 퇴직 시점이 됐습니다. 예상과 달리 해당 지역은 인구 유입이 크지 않아 상권이 커지지 않았고 기존 세입자도 계약 연장을 하지 않아 새로 세입자를 구해야만 했습니다. 엎친 데 덮친 격으로 상가의 매매가격도 하락했습니다.

5년이 지나는 동안 부동산 정책이 바뀌어 세금 부담이 늘었고 당장 퇴직을 앞둔 시점에 세입자를 구한다고 해도 임대료에서 비용과 세금, 대출 이자를 제하고 나면 생활비로는 턱없이 부족했습니다. 상가를 팔아야겠다고 결심한 A씨는 부동산 중개 사무소에 의뢰했지만 거래가 전혀 없는 상태입니다. A씨는 퇴직금으로 대출이자라도 줄이기 위해 대출금 중 일부를 중도 상환하게 됐고 다시 일자리를 찾아야만 하는 상황이 됐습니다.

벼락치기 말고 꾸준하고 탄탄한 노후준비

A씨의 사례는 나에게도 충분히 일어날 수 있는 일입니다. 왜 이런 일이 발생했을까요? 목표 없이 주변의 이야기와 기대감만으로 노후준비를 했기 때문입니다. 학생이 시험을 잘 준비하려면 우선 시험 범위를 알아야 합니다. 그리고 시험 범위를 기준으로 공부할 양을 정해 시험을 준비해야 합니다. 여기서 분량에 따라 시간을 배분한다면 본인의 목표 수준에 따라 할당이 달라지겠죠?

노후준비도 이와 마찬가지입니다. 먼저 앞에서 소개한 '무작정 따라하기: 나의 경제활동 기간과 소비 기간 계산하기'를 참고해 기간을 파악합니다. 해당 기간 동안 희망하는 수준의 매월 생활비 규모를 책정합니다. 예를 들어 소비 기간이 25년이고 매월 200만원의 생활비가

임대수익
누군가(임차인, 세입자)에게 부동산을 빌려 주고 그 대가로 돈을 받는 것을 말합니다.

매매수익
부동산을 사고팔아 생기는 차익으로 얻는 이익을 말합니다.

💰 잠깐만요 ━━━━━━━━━━

월세와 임대수익률, 매매가의 관계

부동산 투자로 노후준비를 하는 사람은 대개 많은 욕심을 냅니다. 앞으로 임대수익*과 매매수익* 상승이 기대되는 곳만 찾으려 하는 것입니다. 이런 곳은 대개 현재는 불안정하거나 상권이 덜 발달돼 있습니다. 가격은 좀 높지만 상권이 잘 형성돼 있는 안정적인 부동산도 있습니다. 하지만 과도한 욕심이 자칫 나의 노후를 망칠 수도 있다는 것을 명심해야 합니다. 상승을 기대하고 투자했는데 상승하지 않을 수도 있기 때문입니다.

만약 노후를 위해 임대수익이 발생하는 부동산에 투자하고 싶다면 앞으로의 매매수익보다는 월세를 기준으로 판단하는 것이 좋습니다. 이미 상권이 형성돼 안정적이라면 당장 은퇴를 해도 월세를 받을 수 있기 때문에 경제적인 불편함이 없습니다. 만약 예상이 적중하지 않더라도 이미 나오고 있는 월세만으로도 충분히 생활할 수 있기 때문입니다. 물론 부동산 가격은 그만큼 비싸겠지만 노후는 안정적일 것입니다. 그리고 만약 이후에 상권이 좋아져 월세가 오르면 매매차익도 기대해 볼 수 있습니다.

왜 월세가 오르면 매매가격이 올라갈까요? 여기에는 임대수익률이라는 포인트가 숨어 있습니다. 이 임대수익률의 기준점은 지역마다, 분석하는 전문가마다 조금씩 다릅니다.

예를 들어 A라는 지역의 통상적인 임대수익률이 5%라고 가정해보겠습니다. 그런데 이곳은 아직 신생 지역이라 유동인구가 많거나 상권이 좋지 않습니다. 처음 매수한 가격이 1억원이라고 가정해 보면 연간 500만원의 임대수익이 발생하겠죠?

그런데 시간이 흘러 이 상가 주변에 아파트가 들어서고 점점 상권이 좋아지기 시작해 임대료가 1,000만원이 됐다면 단순하게 월세수익률이 5%에서 10%로 높아졌다고 분석할 수도 있습니다. 하지만 부동산 거래 시 통상적으로 판단하는 임대수익률이 있기 때문에 월세수익률이 높아진 것이 아니라 매매가격이 높아진 것으로 해석합니다.

만약 이 지역의 통상 수익률이 5%라면 이 물건만 특별하게 10%가 된 것이 아니라 부동산의 매매가격이 1억원에서 2억원으로 상승한 것으로 판단합니다. 그래야만 1,000만원이라는 월세는 2억원의 5%가 되는 것이기 때문입니다. 즉, 5%는 변하지 않고 매매가격이 상승한 것입니다.

그래서 월세가 높아지면 임대수익률로 환산해 결국 매매가격이 상승하게 되는 것입니다. 해당 지역의 통상 수익률에 따른 환산법을 알고 있다면 부동산 투자 시에 도움이 될 것입니다.

필요하다는 결론이 나온다면 '25(년) × 12(개월) × 200만원 = 6억원'이라는 총 필요 자금의 규모가 결정되겠죠? 이렇게 은퇴 후 매월 생활비와 총 노후자금 규모를 파악합니다.

그런 다음 현실적으로 남은 기간 동안 해당 규모의 노후자금을 내가 준비할 수 있을지에 대한 가능성을 판단해야 합니다. 그리고 앞으로 소개할 다양한 노후준비 방법 중 나에게 맞거나 희망하는 방법들을 선택한 후 해당 자금을 준비할 수 있을지 여부와 준비 방법을 미리 살펴봅니다. 만약 내가 원하는 내 목표와 현실이 다르다면 목표를 수정하거나 달성할 수 있는 현실적인 방법을 찾아 시도해야 합니다.

❖ **노후준비 순서**

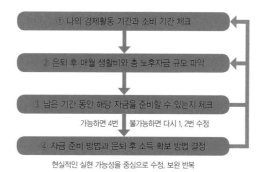

현실적인 실현 가능성을 중심으로 수정, 보완 반복

앞의 예에서 20년 이상 준비해 온 지인 B씨는 노후를 안정적으로 보내게 될 것입니다. A씨가 노후준비에 실패한 이유는 마치 벼락치기처럼 단기간에 노후를 해결하려 했기 때문입니다. 다른 사람의 화려한 성공담에 마음이 흔들릴 수도 있지만 벼락치기를 한 학생이 꾸준히 준비해 온 학생보다 좋은 성적을 꾸준히 거두기 어렵다는 사실을 명심하고 지금부터 노후준비를 시작하기 바랍니다.

노후의 월 생활비 파악해 보기

알아두세요

국민연금공단(https://www.nps.or.kr) 웹 사이트에는 노후준비에 관한 자료가 많으니 틈날 때마다 방문해 보길 권장합니다.

평균 노후 월 생활비는 부부당 250만원

국민연금공단°의 '노후준비 서비스' 이용자 분석 결과, 서비스 이용자들은 월평균 노후생활비가 250만원이 될 것이라 예상했습니다. 이 결과에 동의하는 사람도 있지만 본인의 생활 방식과는 많이 다르다는 이유로 동의하지 않는 사람도 있습니다. 가장 좋은 방법은 세부 항목으로 분류해 나에게 맞는 생활비를 직접 예측해 보는 것입니다.

나의 노후 월 생활비는 얼마?

다음은 실제 노후 재무설계 상담 시에 사용하는 자료입니다. 많은 사람이 월평균 생활비 250만원이 생각보다 너무 많은 것 같다며 동의하지 않았지만 이 표를 직접 작성해 합계를 계산해 보니 오히려 평균인 250만원보다 많았습니다. 독자들께서도 직접 작성해 보시기 바랍니다. 다음은 신한은행에서 발표한 50대 이상의 생활비 지출 패턴입니다.

❖ 50대 이상의 생활비 지출 패턴

항목	금액(단위: 만원)
식비	50
교통비(주유비 포함)	25
공과금/관리비	22
통신비(TV, 인터넷, 휴대폰)	17
주거비	6

항목	금액
여가/취미 및 유흥비	20
경조사	14
용돈	16
의류 및 미용	14
교육비	28
의료 및 건강 보조제	16
기타	44
합계	272

출처: 신한은행

저도 각 항목을 채워 봤습니다. 부부 기준이기 때문에 아내와 상의해 적었습니다. 기본적인 생활만 한다고 가정했는데도 매월 259만원이라는 많은 생활비가 필요했습니다. 이렇게 나의 노후생활비에 대해 막연하게 생각할 것이 아니라 미래를 상상해 구체적으로 적어 보면 좀 더 확실하게 준비할 수 있습니다.

❖ 나의 노후, 월 생활비 계산해 보기

항목	금액(단위: 만원)
식비	
교통비(주유비 포함)	
공과금/관리비	
통신비(TV, 인터넷, 휴대폰)	
주거비	
여가/취미 및 유흥비	
경조사	
용돈	
의류 및 미용	
교육비	
의료 및 건강 보조제	
기타	
합계	

07
타임머신을 타고
미리 가 본 나의 노후

미래의 나를 만나자

노후준비는 구체적이어야 하고 나에게 잘 맞아야 합니다. 치수도 모르고 옷을 구매하는 것과 정확한 치수를 알고 구매하는 것의 차이와 같습니다.

몇 년 전 MBC에서 방영한 '내 인생 미리 보기 프로젝트 – 미래일기'라는 프로그램이 화제가 된 적이 있습니다. 나의 가족, 배우자, 친구와 함께 미래를 살아 봄으로써 후회의 순간을 방지할 수 있는 시간 여행 버라이어티였습니다.

화제가 됐던 이유 중 하나는 노인 모습의 특수 분장 때문이었습니다. 출연자들의 외모를 너무 현실감 있게 분장해 본인과 가족을 포함해 주변인들이 마치 정말 노인이 된 듯한 착각을 하게 만든 것입니다. 그리고 서로의 모습을 보고 눈물을 흘리는 사람들도 많았습니다. 시청자들도 이 모습을 보며 노후를 좀 더 현실적으로 바라볼 수 있었습니다.

65세 이후 나에게 필요한 것

이 TV 프로그램처럼 65세가 됐다고 상상해 봅시다. 행복한 노후를 보내는 데 가장 중요한 것은 무엇일까요? 다음은 KB금융지주 경영연구소가 서울 및 수도권과 광역시 소재 20~74세 가구주 2,000명을 대상으로 실시한 〈KB골든라이프보고서〉의 설문조사 결과입니다. 이 설문조사 결과를 보면 건강과 돈이 가장 중요하다는 것을 확인할 수 있습니다.

❖ 행복한 노후의 요소 중요도

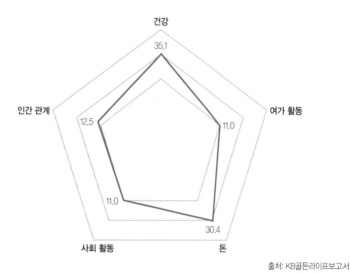

출처: KB골든라이프보고서

❖ 노후준비 시 후회하는 점

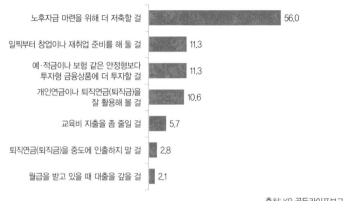

출처: KB 골든라이프보고서

독자들의 예상과 크게 다르지 않을 것입니다. '노후 재무 준비 시 후회하는 점'에서는 56%가 노후자금 마련을 위해 좀 더 저축하지 않은 점을 후회하는 것으로 나타났습니다. 즉, 예상보다 노후에 많은 돈이 필요했고 준비된 자금이 부족하다는 점을 느끼고 있다는 것입니다. 현실이 나의 기대감과는 전혀 달랐던 것이죠. 이처럼 우리가 노후에 사용할 자금을 준비하려면 가장 먼저 미래의 내가 생활하는데 얼마가 필요한지를 파악해야 합니다.

노후자금 직접 계산해 보기

앞에서 '나의 경제활동 기간과 소비 기간' 및 '매월 기준 생활비를 파악하는 방법'을 살펴봤습니다. 이 두 가지를 이용해 좀 더 구체적인 계산을 해 볼 수 있습니다. '소비 기간 × 매월 생활비'를 계산하면 필요한 총 노후자금을 알 수 있겠죠? 다만 이 계산식은 자가 주택을 소유하거나 주택에 따른 별도의 비용이 필요하지 않은 부부를 기준으로 합니다.

예를 들어 설명해 보겠습니다. 여기서는 매우 정확하고 구체적인 데이터를 얻기보다 노후준비에 필요한 자금 규모를 파악한 후 그에 따른 계획을 세우기 위함이기 때문에 투자수익률을 높일 수 있는 방법은 제외합니다. 먼저 물가상승률이 투자수익률과 동일하다고 가정하는 간편 계산법을 소개합니다(현재 40세의 남성이 아내와 함께 65세에 은퇴해 90세까지 사는 것을 기준으로 합니다. 1인 가구라면 절반으로 나눠 생각하면 됩니다).

간편 계산법 활용하기

❖ 평균 노후자금 계산 예시

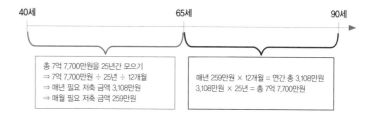

제 기준으로 매월 생활비를 앞의 '무작정 따라하기: 노후의 월 생활비 파악해 보기'를 참조해 계산해 보니 월 259만원이었습니다. 65세부터 매월 259만원씩 생활비를 쓴다면 연간 총 생활비는 3,108만원(매월 259만원 × 12개월)입니다. 제가 앞으로 65세부터 90세까지 25년간 산다고 가정하고 계산하면 총 금액은 7억 7,700만원(매월 259만원 × 12개월 × 25년)입니다. 현재 40세라면 은퇴 시점인 65세까지 25년이 남았습니다. 이 25년 동안 7억 7,700만원(총 필요 노후자금)을 모으려면 매월 259만원(총 필요 노후자금 ÷ 준비 기간 = 7억 7,700만원 ÷ 25년 ÷ 12개월)씩 저축해야 노후자금이 준비됩니다.

매월의 저축 금액이 많죠? 참 부담스러운 금액이라고 생각합니다. 이는 물가상승률과 동일한 투자수익률을 가정했을 때의 계산식이기 때문에 만약 다양한 재테크로 물가상승률보다 높은 수익률을 낼 수 있다면 준비해야 할 매월 저축 금액은 줄어들 것입니다. 만약 물가상승률은 2%인데 나의 저축 방법이 이를 상회한다면 이보다 적은 금액으로 노후준비를 할 수 있을 것입니다. 만일 여기에 투자수익률은 제외하고 물가상승률은 감안한 후에 계산한다면 더 큰 금액이 됩니다. 물론 미래 화폐를 기준으로 한 것이기 때문에 당시의 체감도는 달라지겠지만 현재로선 엄청난 금액으로 느껴집니다. 한번 살펴볼까요?

엑셀 계산법 활용하기

엑셀을 활용하면 간편하게 계산할 수 있습니다. 현재 40세의 259만원에 매년 물가상승률인 2.26%(통계청 기준)씩 이자가 붙는 것처럼 계산하면 됩니다. 휴대폰으로는 계산하기 어려우므로 컴퓨터를 이용하시기 바랍니다.

엑셀을 실행한 후 나이를 적습니다. 위 예시대로라면 40세부터 적어야겠죠? 40세부터 내가 노후를 준비할 수 있는 기간인 65세까지 적습니다. 그리고 각 나이가 적힌 바로 아래 칸에 매월 생활비를 적습니다. 이때 40세의 첫해를 제외하고는 물가상승률만큼 올라간 화폐가치를 적어야 하기 때문에 수식이 필요합니다. 41세의 아래 칸에는 259만원이 적혀 있는 E14를 포함해 'E14 * (1 + 2.26%)'이라고 적습니다. 소수점 위를 반올림으로 설정하면 '265'라는 값이 F14 칸에 나타날 것입니다.

 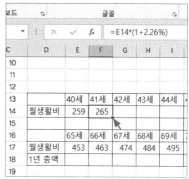

그리고 F14 칸(265만원이 적혀 있는 칸)을 클릭하면 네모난 초록색 박스가 생깁니다. 오른쪽 하단 모서리에 마우스를 누르고 우측(65세의 아래 칸까지)으로 드래그하면 값이 각 칸마다 모두 입력됩니다. 이와 동일한 방식으로 65세부터 90세까지 칸을 만들고 채웁니다. 그러면 물가상승률을 반영한 나의 월 생활비를 알 수 있습니다.

이제는 은퇴 후 각 나이마다 1년 총액을 계산해 줍니다. 각 나이 1년 총액에 해당하는 칸을 클릭한 후 바로 위에 '월 생활비 × 12개월' 값을 입력합니다. 이와 마찬가지로 65세 1년 총액의 칸을 클릭한 후 우측 하단 모서리를 마우스로 누르고 우측의 90세까지 드래그합니다. 모든 값이 채워졌다면 이제 총 합계를 구해야 합니다.

 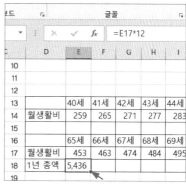

총 합계를 표시하고 싶은 칸을 클릭한 후 사진에서처럼 '자동 합계' 버튼을 누르고 합계를 계산할 범위를 지정합니다. 다음처럼 점선으로 숫자를 합산할 영역이 표시됩니다. Enter를 누르면 총 합계 금액이 나타납니다.

월 생활비 259만원이면 노후자금 19억원이 필요하다

계산된 결과는 총 18억 9,522만원입니다. 현재를 기준으로 보통의 생활비만 계산했는데도 정말 입이 벌어질 정도로 큰 금액이 나왔습니다. 하지만 과거를 떠올려보면 그리 놀랄 만한 일도 아닙니다. 20년, 30년 전의 짜장면 가격을 생각해 보면 당연하다고 느껴집니다. 절댓값은 크지만 타임머신을 타고 미래로 간 우리가 충분히 받아들일 수 있는 숫자입니다.

직장인들 "7억원 있어야 노후 대비 가능"

직장인들이 노후 대비에 필요하다고 생각한 돈의 평균치는 7억원이라는 설문조사 결과가 나왔다. 구인구직 매칭플랫폼 사람인은 직장인 1,538명을 대상으로 실시한 '노후 준비' 설문조사 결과 이같이 나타났다고 11일 밝혔다. 조사에 따르면 '7억원을 마련할 수 있다'고 생각한 직장인은 35.6%에 머물렀다. 전체 응답자의 78.9%는 '노후에 대한 불안감을 느낀다'고 응답했다.

응답자의 54%는 '노후 준비를 안 한다'고 답했다. 그 이유로는 ▲경제적인 여유가 없어서(68%, 복수응답) ▲어떻게 준비해야 할지 몰라서(22.2%) ▲아직 준비하기에 이르다고 생각해서(21%) ▲빚이 있어서(19.3%) ▲미래보다 현재를 즐기는 것이 더 중요해서(7.1%) 등을 꼽았다.

출처: 동아일보(2020. 3. 12.자)

각종 뉴스나 인터넷에서는 필요 노후자금이 현재 기준으로 7억원 이상이라고 말합니다. 뉴스에서 말하는 노후자금의 규모가 너무 커서 동의하지 않는 사람도 있지만 이렇게 계산해 보니 충분히 타당합니다. 현재 쓸 돈도 없는데 노후를 위해 그렇게 큰돈을 준비해야 한다고 생각하니 막막할지도 모릅니다. 7억 7,700만원이면 아파트 한 채 가격이로군요. 더욱이 언론에서 7억 7,700만원이라고 했을 때 말도 안 된다고 생각했지만 직접 계산해 보니 약 19억원이나 되는 결과가 나왔습니다. 정말 엄청나죠? 이 큰 금액을 어떻게 준비해야 하는지 좀 더 자세히 살펴보겠습니다.

08

필요 노후자금,
모두 준비해야 할까?

우리나라의 3층 노후보장제도

앞에서 노후자금의 규모를 파악하는 방법을 알아봤습니다. 어쩌면 언론에서 들었던 노후자금 중 7억 7,700만원은 가장 작은 금액일지도 모릅니다. 미래 시점이 아니라 현재 시점의 화폐 크기이기 때문입니다. 미래 시점의 돈이라면 18억원이 넘을 수도 있습니다.

수십 년의 세월이 흐른다면 돈의 크기가 커져야 지금의 화폐가치와 동일해지기 때문입니다. 하지만 필요한 노후자금이 너무 많다고 겁먹을 필요는 없습니다. 지금부터 차근차근 살펴보겠습니다.

앞에서 계산된 금액은 주택 구입은 제외하고 계산된 총 필요 자금입니다. 하지만 내가(또는 우리 부부가) 직접 준비할 자금의 전부는 아닙니다. 대한민국은 3층 구조의 노후 소득 보장 장치를 추구하고 있습니다. 최근에는 이를 뛰어넘어 5층 구조를 추구해야 한다는 주장까지 나오고 있습니다. 먼저 잘 알려진 3층 구조부터 살펴보겠습니다. 이것은 바로 국민연금, 퇴직연금, 개인연금으로 구성된 3층 피라미드입니다.

❖ 3층 구조의 노후 소득 보장 장치

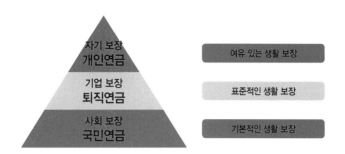

1층 국민연금

1층은 최소한의 기본적인 생활을 보장하는 국민연금입니다. 현재의 시스템은 평균 급여의 소득대체율 40%를 추구하고 있습니다. 그리고 추후 보험료율을 단계적으로 인상해 최고 50%까지 올리겠다고 발표한 바 있습니다. 현재의 구조는 완전 소득비례●인 다른 나라에 비해 매우 강력한 소득 재분배 장치를 갖고 있기 때문에 저소득자는 본인의 소득보다 높게, 고소득자는 낮게 산정하고 있습니다.

따라서 세대 내 소득 재분배와 세대 간 소득 재분배의 기능을 하는 사회보장의 성격을 띠고 있습니다. 더욱이 국민연금은 물가가 오르더라도 항상 실질가치가 보장됩니다.

2층 퇴직연금

2층은 기본적인 생활을 넘어선 표준적인 생활 보장을 목표로 하는 퇴직연금입니다. 과거에는 퇴직금 제도●였지만 현재는 퇴직연금 제도●가 도입돼 퇴직금과 퇴직연금의 두 제도가 공존하고 있습니다. 하지만 퇴직금은 성격상 수령 이후 몇 년 안에 써버리기 때문에 노후 보장의 효과가 없습니다. 따라서 퇴직연금을 통해 노후 보장을 추구하고 있습니다. 아마도 몇 년 후에는 퇴직금 제도가 완전히 사라지고 퇴직

알 아 두 세 요

완전 소득비례
소득에 비례해 연금을 납부하고, 그 비율만큼 연금을 수령하는 것을 말합니다. 해외의 경우 납입금에 비례해 돌려받습니다. 한국은 전체 가입자의 평균 소득값을 연동해 연금액을 산정하기 때문에 소득 재분배의 효과가 있습니다.

퇴직금 제도
1년 이상 근무하게 될 경우, 30일 이상의 평균임금을 퇴직하는 근로자에게 지급하는 제도를 말합니다. 보통 계속 근무 기간(1년당)과 30일 이상의 평균임금을 곱해 산정합니다.

퇴직연금 제도
기업이 근로자가 재직하는 동안 퇴직금을 외부 금융기관에 적립해 근로자가 퇴직할 때 연금 또는 일시금으로 지급하는 제도를 말합니다. 기업이 도산해도 근로자의 퇴직금이 보호된다는 장점(사외에 적립하기 때문에)이 있습니다.

연금 제도만 남게 될 것이라 생각합니다.

많은 직장인이 중간정산을 통해 퇴직금을 현재의 소비에 사용합니다. 퇴직금의 진정한 용도는 말 그대로 퇴직 이후에 사용하기 위한 것인데 현재 사용해버린다면 미래의 정말 필요한 시점에 갚아야 할 돈이나 다름 없다는 것에 주의해야 합니다. 우리나라는 이 퇴직연금(퇴직금)을 노후에 활용할 수 있도록 하기 위해 많은 지원을 하고 있습니다. 정부에서 왜 퇴직연금을 지원하는지를 잘 생각해 보고 노후준비의 목적으로 꾸준히 적립해야 합니다.

 잠깐만요

퇴직금 제도와 퇴직연금 제도의 차이

현재 재직 중인 근로자라면 퇴직금 제도와 퇴직연금 제도에 대해 잘 이해하고 있어야 합니다. 만약 현재 근무 중인 기업이 퇴직금 제도와 퇴직연금 제도를 병행하면 근로자에게 선택권이 주어질 수도 있습니다. 이때, 이 제도들을 정확히 이해하지 못하면 자칫 잘못된 선택으로 아쉬움을 남길 수도 있습니다.

먼저, 퇴직금은 근로 기간(연 단위)과 30일 이상의 평균임금*을 곱해 산정합니다. 그렇다면 퇴직 직전의 평균임금의 크기가 매우 중요해집니다. 평균임금의 크기가 클수록 퇴직금도 많아질 테니까요. 그럼 퇴직연금은 어떨까요?

퇴직연금은 확정기여형(DC)과 확정급여형(DB)이 있습니다. DB의 경우 현재의 퇴직금 제도와 크게 다르지 않습니다. DC의 경우, 매년 연간 임금 총액의 12분의 1 이상을 외부의 금융기관에 적립합니다. 이 자금을 펀드와 같은 실적배당형 상품이나 예·적금과 같은 금리형 상품으로 운용하게 됩니다. 운용의 주체는 근로자이고 다양한 방법으로 직접 자유롭게 운용할 수 있기 때문에 개인에 따라 결과가 달라질 수 있습니다. 운용 방법에 따라 수익률이 달라지기 때문입니다.

즉, 퇴직금보다는 퇴직연금이 안정적입니다. 사외에 적립이 되기 때문에 회사가 폐업을 해도 나의 퇴직금을 안전하게 확보할 수 있습니다. 단점은 중간정산처럼 자금을 바로 활용할 수 없고 퇴직하는 시점에야 인출할 수 있다는 것입니다. DB(이전 퇴직금 제도와 거의 동일한 형태)와 DC는 퇴직금보다 선택의 폭이 넓습니다. 퇴직금 제도의 장점은 중간정산이나 퇴직 시 바로 퇴직금을 지급받아 쓸 수 있다는 것입니다. 하지만 이는 곧 노후까지 퇴직금을 보존하기 어렵다는 단점이기도 하기 때문에 퇴직금 제도보다는 퇴직연금 제도를 추천합니다.

알아두세요

평균임금
이를 산정해야 할 사유가 발생한 날 이전 3개월 동안의 해당 근로자에게 지급된 임금의 총액을 그 기간의 총 일수로 나눈 금액을 말합니다.

3층 개인연금

마지막으로 3층은 여유 있는 생활을 보장하기 위한 개인연금입니다. 개인연금은 국민연금이나 퇴직연금처럼 국가나 회사의 도움을 받는 것이 아니라 본인 스스로 가입하는 것입니다.

금융기관(은행, 보험, 증권, 신탁)을 선택한 후 상품과 금액을 직접 정해 연금 수령 시기를 정하고 계약 조건에 따라 지급받게 됩니다. 연말정산 시 세제혜택을 받고 연금 수령 시 연금소득세를 납부하는 연금저축(보험, 펀드, 신탁) 상품과 세제혜택은 없지만 가입 기간이 10년 이상이면 이자소득과 연금소득세 모두 비과세(한도 있음)되는 연금보험 상품이 있습니다. 개인연금은 여유 있는 생활을 위해 가입하는 것이긴 하지만 선택이 아닌 필수라고 생각합니다. 개인연금도 나중에 좀 더 자세히 다루겠습니다.

필요 노후자금의 70%는 국가제도로 보장받자

3층 노후보장 구조에 대해 자세히 설명드린 이유는 앞에서 언급한 7억 7,700만원의 노후자금 준비 때문입니다. 7억 7,700만원은 매월 생활비 259만원을 기준으로 계산된 예상 노후 필요 자금의 규모입니다. 이 중 3층 구조에서 1층인 국민연금의 평균 소득대체율을 반영해 40%는 준비할 수 있다고 가정합니다. 물론 이 숫자는 경제활동을 계속하고 국민연금을 기준에 맞게 계속 납부했을 경우입니다.

그리고 30세부터 65세까지 직장생활을 해 퇴직연금(퇴직금)을 수령한다고 가정하면 필요 노후자금 중 30%를 해결할 수도 있습니다. 단, 중간정산을 받아 미리 사용했거나 개인의 소득 수준이 어떠냐에 따라 차이가 있을 수는 있겠죠? 현재의 퇴직연금 제도는 내가 이직해도 개인퇴직연금(IRP)*제도로 기존의 퇴직연금을 이전할 수 있습니다. 따라

알 아 두 세 요

개인퇴직연금(IRP)
개인형 퇴직연금 제도로, 근로자의 퇴직금을 자신의 명의로 만든 퇴직연금 계좌에 적립할 수 있게 한 제도입니다.

서 회사를 여러 번 옮긴다 하더라도 퇴직연금은 계속 유지해 노후자금으로 활용할 수 있습니다. IRP는 개인사업자나 자영업자도 가입할 수 있으므로 꼭 준비하시기 바랍니다.

실제 내가 준비해야 하는 노후자금은?

전체 필요 노후자금 중 70%를 국가제도나 직장을 통해 해결했다면 개인 스스로가 준비해야 하는 건 30%입니다. 7억 7,700만원이 아니라 30%인 2억 3,310만원만 준비하면 되는 것입니다.

만약 직장인이 아니라 자영업자나 프리랜서가 사업소득 내에서 국민연금과 퇴직연금을 납입하면 이와 동일한 효과를 거둘 수 있습니다. 사업소득은 나의 노후를 준비해야 하는 자금과 각종 비용이 포함된 매출일 뿐, 실제 소득은 아니니까요. 사업자는 소득에서 각종 비용을 제외한 후 직장인들처럼 국민연금과 퇴직연금을 납부하고 최종적으로 남은 돈을 진짜 소득이라고 생각해야 합니다. 만약 매출이 소득이라고 생각해 모두 써버리면 나의 노후준비는 물 건너갈 것입니다.

최신 트렌드, 탄탄한 5층 노후자금 제도

최근에 점점 알려지기 시작한 5층 노후 소득 보장 체계는 국민연금, 퇴직연금, 개인연금이라는 3층 체계에 부동산연금과 금융상품을 추가하는 것을 말합니다.

4층 부동산연금 - 주택연금과 농지연금

알 아 두 세 요

주택연금
주택을 담보로 연금을 지급받고 사후에 정산하며 수령 방식이 다양한 연금제도입니다.

좀 더 여유 있는 노후를 위해 지금 살고 있는 주택을 활용해 주택연금* 제도에 가입하는 방법도 있습니다. 주택연금은 고령자가 보유한 주택을 금융기관에 담보로 제공하고 사망할 때까지 그 주택에 거주하면서 매월 일정액을 연금 형식으로 지급받고, 대출자가 사망하면 금융기관이 주택을 팔아 그동안의 대출금과 이자를 상환받습니다. 우리의 자산에서 집은 매우 큰 비중을 차지하고 있습니다. 이를 노후에 활용하면 많은 도움이 될 것입니다.

알 아 두 세 요

농지연금
농지를 담보로 사망할 때까지 노후생활 안정 자금의 목적으로 연금을 지급받는 제도입니다.

만약 농지가 있다면 농지연금*을 활용하는 것을 추천합니다. 농지연금은 살아 있는 동안 지급받는 '종신형'과 일정 기간만 지급받는 '기간형'이 있습니다. 농지연금을 지급받던 농업인이 사망한 경우 그 배우자가 농지연금을 승계해 계속 지급받을 수 있습니다.

현재 농지나 주택을 소유하고 있는 상태에서 노후생활에 필요한 현금이 부족하다면 이 부동산을 담보로 연금을 사망 시까지 지급받고 이후에 상속인들을 통해 정산할 수 있습니다. 주택연금과 농지연금은 최근 들어 노후의 소득원으로 각광받고 있습니다.

5층 금융소득 - 투자자산을 활용한 연금 형태의 소득

마지막으로 (필수는 아니지만 선택인) 5층은 투자자산을 활용해 연금 형태의 소득을 만드는 것입니다. 목돈을 주식에 투자해 배당을 받거나 월지급식 상품, 채권을 통해 이자소득을 얻거나 간접 부동산 투자인 리츠를 통해 (월세+매매) 수익을 배당받습니다. 이에는 주식이나 부동산에 투자하는 직접투자 방식과 펀드나 ETF와 같은 금융상품을 통한 간접투자 방식이 있습니다. 비용은 덜 들지만 신경 써야 할 것이 많은 직접투자와 약간의 비용을 지불하고 전문가에게 위탁하는 간접투자 방식 중 개인의 성향에 따라 선택하는 것이 좋습니다.

간접투자 방식의 펀드 중 매월 일정 비율로 수익금을 지급받는 월지급식 펀드는 최근들어 가입자가 많아졌습니다. 정부의 세금정책으로 부동산시장이 침체되고 높은 매매가 대비 수익률이 떨어지는 부동산 매물이 많아지면서 그 대안으로 주목을 받았기 때문입니다. 우리나라에는 뒤늦게 알려진 상품군이지만 해외에서는 오래전부터 꾸준한 사랑을 받아온 노후준비 효자 상품이기도 합니다.

은퇴를 위한 노후 필요 자금의 규모가 억 단위인 것은 맞지만 지금까지 살펴봤던 것처럼 실제로 모두 준비해야 하는 것은 아닙니다. 정말 내가 해야 할 일은 경제활동 시기에 성실하게 사회제도인 국민연금을 잘 납부하는 것입니다. 그리고 진짜 은퇴하는 시기인 퇴직 이후에 사용할 목적으로 받는 퇴직금을 중간정산으로 미리 앞당겨 사용하지 않기만 해도 최소한의 노후생활비는 준비할 수 있습니다. 여기에 좀 더 여유롭고 희망하는 생활을 위해 개인적으로 준비를 더 한다면 좋은 노후준비가 될 것입니다.

이제 노후자금을 모두 혼자 준비해야 할 것만 같았던 불안감이 조금 덜어지셨나요? 5층 연금 체계에 관해서는 셋째마당에서 좀 더 자세히 설명하겠습니다.

❖ 5층 연금 체계 활용하기

5층 연금 체계 활용하기

국민연금 홈페이지를 적극적으로 활용하자

국민연금 홈페이지 접속하기

혹시 국민연금 홈페이지에 접속해 홈페이지 곳곳을 자세히 살펴본 적이 있나요? 아마도 이런 경험을 해 본 사람은 많지 않을 것입니다.

국민연금 홈페이지에는 매우 많은 노후 관련 자료와 각종 통계가 있습니다. 또한 국민들이 활용할 수 있는 많은 기능이 탑재돼 있습니다. 노후에 대한 준비를 잘할 수 있고 다양한 예측을 해 볼 수 있도록 배려한 것입니다. 지금부터 차근차근 살펴보겠습니다.

먼저 인터넷 검색창에 '국민연금'이나 'www.nps.or.kr'을 입력해 접속합니다. 그러면 다음과 같은 메인 화면을 볼 수 있습니다. 공인인증서로 로그인하면 무료로 이용할 수 있습니다. 가운데에 있는 [내연금(노후준비)]를 클릭하면 다음과 같이 [내연금 알아보기]와 [노후준비 종합진단] 메뉴가 나타납니다. 지금부터 하나씩 살펴보겠습니다.

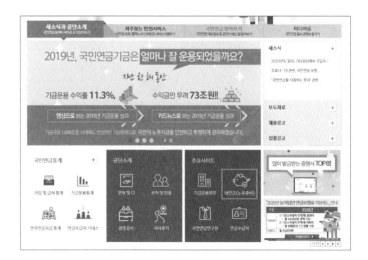

내연금 알아보기

국민연금뿐 아니라 내가 가입돼 있는 개인연금, 퇴직연금, 주택연금까지 가입 중인 연금 전체에 대한 정보를 한꺼번에 살펴볼 수 있습니다. 다만 주의할 점은 각 기관에서 나의 정보를 가져오고 승인하는데 시간이 필요하기 때문에 즉시 조회가 안 된다는 것입니다(신청 후 약 3일 소요).

좌측에는 다양한 메뉴가 있습니다. [노후준비자금설계]의 경우 기본 정보 입력만으로도 손쉽게 다양한 설계를 해 볼 수 있습니다.

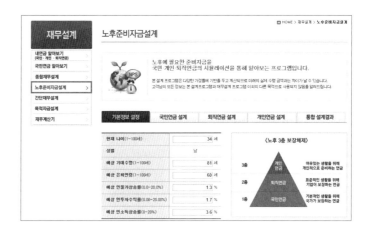

[간단재무설계] 메뉴에서 노후생활비 통계를 참고해 현재 시점 기준의 노후 월 생활비를 입력하면 한눈에 보기 쉬운 그래프 형식으로 노후자금에 대한 분석 결괏값이 나타납니다.

매월 저축 금액까지 함께 보여 주기 때문에 손쉽고 간편하게 살펴볼 수 있습니다. 이렇듯 [내연금 알아보기]에서는 주로 재무적 관점에서 나의 노후를 살펴볼 수 있습니다.

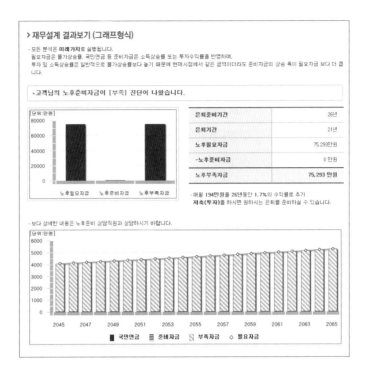

노후준비 종합진단

[노후준비 종합진단]은 비재무적 관점에서 나의 노후를 살펴볼 수 있도록 구성돼 있습니다. 기본사항을 체크한 후 사회적 관계, 건강한 생활 습관, 여가 활동, 소득과 자산까지 입력하면 상세한 리포트가 제공됩니다.

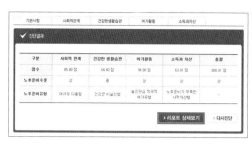

❯ 재무설계 결과보기 (그래프형식)

- 모든 분석은 **미래가치**로 실행됩니다.
  필요자금은 물가상승률, 국민연금 등 준비자금은 소득상승률 또는 투자수익률을 반영하며,
  투자 및 소득상승률은 일반적으로 물가상승률보다 높기 때문에 현재시점에서 같은 금액이더라도 준비자금의 상승 폭이 필요자금 보다 더 큽니다.

- **고객님의 노후준비자금이 [부족] 진단이 나왔습니다.**

은퇴준비기간	26년
은퇴기간	21년
노후필요자금	75,293만원
-노후준비자금	0 만원
노후부족자금	75,293 만원

- 매월 194만원을 26년동안 1.7%의 수익률로 추가
  저축(투자)를 하시면 원하시는 은퇴를 준비하실 수 있습니다.

- 보다 상세한 내용은 노후준비 상담직원과 상담하시기 바랍니다.

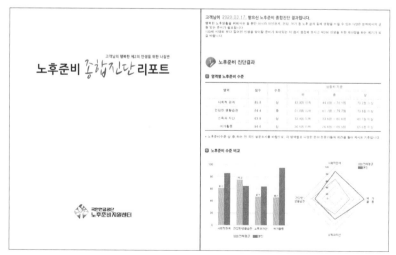

나의 삶의 가치 측정 & 건강 진단

[나의 삶의 가치 측정]은 현재의 삶에 대해 다양한 관점에서 살펴보는데 도움을 줍니다. [건강 진단] 메뉴에서는 예상 수명, 생체 나이, 갱년기, 스트레스, 만성 피로 증후군, 기억력, 생활 습관 진단 등 전문 기관에 방문해 비용을 지불해야 받을 수 있는 다양한 진단을 무료로 쉽고 간편하게 받을 수 있습니다.

노후를 위한 국민연금 준비 정도 알아보기

[노후를 위한 국민연금 준비 정도 알아보기]에서는 국민연금 납부를 독려함과 동시에 나의 준비 정도가 다른 사람들에 비해 어느 정도인지를 알 수 있도록 상대지표를 통해 그래프로 보여 줍니다.

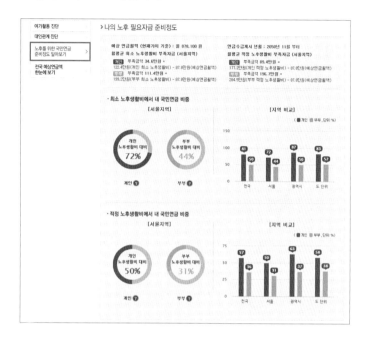

이처럼 국민연금 홈페이지에서는 무료로 많은 기능을 제공하고 있습니다. 잘 활용하면 나의 노후를 준비하는데 많은 도움이 될 것입니다.

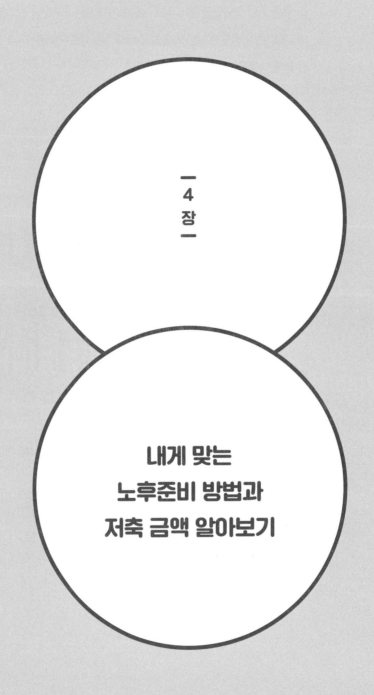

4
장

내게 맞는
노후준비 방법과
저축 금액 알아보기

09

노후준비의 다양한 방법, 무엇이 최선일까?

노후에 소득원을 확보하는 방법

지금까지 노후준비 목표를 수립하는 방법을 알아봤습니다. 노후자금에 대한 필요 규모가 체크됐다면 해당 금액을 준비하거나 노후에 소득원을 확보할 수 있는 방법을 결정해야 합니다.

우리가 선택하는데는 여러 가지 방법이 있습니다. 그중 나에게 맞는 방법을 선택해야 합니다. 경우에 따라 한 가지만 선택해도 되고 여러 가지를 선택해도 됩니다. 어디까지나 개인의 선택이니까요. 좀 더 자세한 내용은 나중에 살펴보기로 하고 이번에는 장단점을 먼저 파악해 보겠습니다.

앞의 예시를 기준으로 한다면 40세의 가장(부부)은 65세까지 미래의 화폐 크기로 5억 6,856만원('무작정 따라하기: 노후자금 직접 계산해 보기'에서 65~90세의 생활비 → 18억 9,522만원 × 30%)이 필요합니다. 이렇게 축적된 자산에서 노후생활비를 인출하는 방법과 부동산이나 월지급식 펀드처럼 투자자산이 있는 상태에서 원래의 자산에 영향을 미치지 않고 수익만으로 생활비를 충당하는 방법이 있습니다.

자산을 인출해 노후생활비를 마련하는 경우

자산을 인출해 사용한다는 것은 말 그대로 경제활동이 가능할 때 돈을 은행에 차곡차곡 넣어 놓고, 경제활동이 끝난 이후에 조금씩 꺼내 쓴다는 의미입니다. 이를 위해서는 40세의 가장이 65세까지 저축해 앞에서 말한 5억 6,856만원을 만들어 두어야 합니다. 이 돈에서 매월 생활비를 꺼내 쓰는 형태의 자산 인출 방식이 있습니다.

간편 계산법으로 은행 예금 수익률이 2%라고 가정하고 물가상승률도 2%라고 가정했을 때, 매월 259만원(현재 화폐가치 기준)씩의 30%에 해당하는 돈을 계속 꺼내 쓰면 결국 90세에 통장 잔고는 0원이 됩니다. 이렇게 내 통장에서 계속 원금을 꺼내 결국 예상 사망 시점에 모든 자산을 모두 소진하는 방식이 있습니다. 만약 은행 예금이 아니라 수익형 상품으로 2%보다 높은 수익을 낸다면 필요한 원금이 줄어듭니다. 다만 매우 복잡하고 전문적인 계산식이 요구되기 때문에 여기서는 다루지 않겠습니다(정확한 결괏값을 구하는 것보다 방법과 의미에 대한 이해를 돕기 위한 것임을 밝힙니다).

수익금을 노후 소득으로 사용하려는 경우

이번엔 목돈을 거치하거나 부동산 매입 또는 월지급식 펀드에 투자해 발생한 수익금으로 노후생활비를 확보하는 경우를 살펴보겠습니다. 40세의 시점에서 259만원은 65세의 453만원과 동일한 화폐가치를 지닙니다. 연 기준으로는 5,436만원이며 이 중 30%(개인이 별도로 준비해야 하는 비율)인 1,630만원을 투자자산의 수익으로 확보해야 합니다. 즉, 내가 가진 자산에서 발생한 수익금이 1년에 1,630만원이 만들어지면 됩니다.

계산상의 편의를 위해 다양한 투자 상품 중 펀드를 예로 들어 설명하겠습니다. 증시의 상승과 하락이 반복된다는 점을 감안해 가장 무난한 채권과 주식의 혼합형 펀드*를 선택했을 경우 평균 연 6~8%의 수익률이 예상됩니다. 6%라고 가정한다면 '거치식 펀드의 운용자금 × 6% = 1,630만원'이라는 결과가 나와야 하므로 거치식 펀드*의 자금은 2억 7,167만원이 필요하다는 결론이 나옵니다.

물가상승률을 고려하지 않을 때

$$\frac{\text{거치식 펀드} \times 6\%(\text{펀드 운용 수익률})}{1,630\text{만원}}$$

2억 7,167만원

그러나 연평균 수익률을 6%로 가정했을 때 4%는 인출해 생활비로 사용하고 2%는 자산이 물가상승률만큼 매년 성장하도록 해야 합니다. 따라서 4%를 같은 방식으로 계산하면 거치식 펀드의 운용자금은 65세의 시점에 4억 750만원이 돼야 합니다. 원금을 포함해 인출만 하는 것과 원금은 그대로 두고 운영수익만 인출하는 것은 다릅니다. 혼합형 펀드라는 투자 방식에 대한 선택으로 매년 수익률이 발생하기 때문에 65세에 준비돼 있어야 하는 자금은 4억 750만원입니다. 이 돈을 만들기 위해 수익 6%가 예상되는 혼합형 펀드로 가정할 경우 5억 6,856만원(자산 인출 방식 필요 자금)이 아니라 4억 750만원으로, 무려 1억 6,106만원이나 줄어들었습니다. 그만큼 부담도 줄어든 것이겠지요?

거치식 펀드
× 4%(펀드 운용 수익률)
────────────────
1,630만원

> 4억 750만원
> => 매년 2%씩 운용자금 증가

만약 이 4억 750만원을 25년간 준비할 때도 예·적금이 아니라 6%가 예상되는 혼합형 펀드를 이용해 준비한다면 매월 필요 저축액은 77만 5,000원이 됩니다. 만약 2%의 예·적금으로 준비한다면 매월 151.5만원입니다. 혼합형 펀드 방식과는 두 배 가까이 차이가 나지요? 동일한 노후생활비를 위해 준비해야 하는 저축액이 투자 방법 선택에 따라 2배 이상 차이가 날 수도 있다는 것을 보여 주는 예입니다. 만약 8%의 평균 수익을 가져다 주는 주식형 펀드를 선택한다면 어떨까요? 매월 필요 저축액은 38.8만원으로 예·적금 방식에 비해 5분의 1 수준의 결과가 나타납니다. 매우 큰 차이가 있지요? 부동산도 이와 동일한 방식으로 계산되며 각종 비용을 제외하고 실제 수익률로 계산하면 이와 크게 다르지 않은 결과가 나타납니다.

물가상승률 2% 가정

거치식 펀드
× 4%(펀드 운용 수익률)
────────────────
1,630만원

> 4억 750만원
> ⇒ 매년 2%씩 운용자금 증가
> ⇒ 2년간 저축한다면?
> 2% 가정, 은행 예·적금 매월 151.5만원
> 6% 가정, 혼합형 펀드 매월 77.5만원
> 8% 가정, 주식형 펀드 매월 38.8만원

이렇게 직접 계산해 보면 나의 투자 방법에 따라 노후를 위한 필요 저축액이 달라질 수 있다는 것과 그에 따른 부담도 달라진다는 것을 확인할 수 있습니다. 물론 수익률을 위해 꼼꼼하고 스마트한 자산관리가 필요하겠죠?

예적금 계산

원하시는 적립기간과 예치할 금액, 이자율을 입력하시면, 매월 적립할 금액을 계산해 드립니다.

목돈굴리기	목돈모으기(납입금액기준)	목돈모으기(목표금액기준)

세후 목표액 (1~1,000,000만원)	40,750 만원	이자율 (0~20.0%)	6 %
적립기간 (1~1200개월)	300 개월	이자적용방식	● 단리 ○ 월복리

- 단리 : 원금에 이자를 붙이는 이자 계산방법.
- 복리 : 일정한 기간에 약정된 이율에 따라 발생되는 이자를 원금에 합산하여 이 합산한 금액을 다음기간의 원금으로 다루어 이자를 산출하는 이자 계산방법

> 계산하기

> 계산결과

- 목돈을 만들기 위한 월 적립액은 77.5 만원 입니다.

- 상기 금액은 이율의 변동에 따라 차이가 있을 수 있습니다.

국민연금 홈페이지(www.nps.or.kr)의 재무계산기를 활용해 계산하는 경우

나에게 맞는 노후 재테크 방법 선택하기

혹시 눈치채셨나요? 앞의 방식과 뒤의 방식의 가장 큰 차이는 '위험을 감수하고 투자를 하는가?'와 '안전하고 원금이 보장되는 대신 투자를 하지 않고 기본 수익률만 확보하는가?'입니다. 과거에는 목돈을 은행에 거치하면 발생하는 이자로 노후생활이 가능했습니다. 물론 원금은 보존한 상태에서요.

그러나 현재는 저금리의 영향으로 투자를 선택하지 않고 자산에서 발생한 이자만으로 노후생활을 감당하기에는 목돈이 필요합니다. 현실적으로 안전한 예금만으로 노후생활이 가능할 정도로 많은 자산을 갖고 있다면 노후준비가 필요 없을 것입니다. 또한 저금리인 요즘 시

예금자보호
금융기관이 영업 정지나 파산
등으로 고객의 예금을 지급하
지 못하게 될 경우, 예금보험공
사가 1인당 최고 5,000만원까지
금융기관을 대신해 예금을 지
급하는 것을 말합니다.

대에 예금자보호˚ 한도(5,000만원)를 맞춰 여러 은행에 분산한다 하더
라도 안정성은 확보할 수 없고 수익은 마음에 들지 않기 때문에 은행
예·적금은 더 이상 현실적인 방법이 될 수 없습니다.

앞에서 소개한 방법 외에도 많은 방법이 있지만 크게 축적된 자산을
점점 소진시키면서 사는 동안 리스크 없이 안전하게 인출하는 방식과
위험을 감내하고서라도 투자수익을 추구해 자산에서 나온 수익으로
생활비를 충당하느냐의 두 가지 형태로 나눌 수 있습니다. 사실 정답
은 없습니다.

또 이 두 가지를 혼합한 방식을 사용할 수도 있습니다. 좀 더 풍요로
운 노후를 위해 독자들께서는 이후에 소개하는 다양한 재테크 방법을
잘 공부하셔서 투자수익률을 추구하길 바랍니다.

투자는 두렵고 예·적금만을 하고 싶다면

투자하지 않을 수 없는 현실에 대해서만 말씀드렸지만 투자에 대해
동의하지 않는 분도 계실 것입니다. 투자를 선택하지 않는다면 상대
적으로 더 많은 원금을 준비하면 됩니다. 예·적금 수익률이 2%라고
가정하고 앞에서 소개해드린 바와 같이 계산해 보겠습니다. 이때에는
65세 이후 더 이상의 수익률은 없고 인출만 하며 예·적금 수익률과
물가상승률은 2%로 동일하다고 가정해 보겠습니다.

65세의 시점에 5억 6,856만원을 모으기 위해서는 40세부터 25년간
매월 151만 5,000원씩 저축해야 합니다. 다만 이자율은 해마다 변동
하기 때문에 실제로는 2%보다 낮고 물가상승률이 2%보다 높은 해도
있기 때문에 실제로는 더 많은 원금을 준비해야 합니다.

10

나에게 맞는
저축 비율 책정하기

위험에 대비하는 급여와 보험의 비율

미래에 대한 예산을 고려할 때 비율을 고민하는 분들이 많습니다. 개개인의 사정과 여건에 따라 달라질 수밖에 없지만 보편적인 평균 비율을 참고해 더하거나 빼면 맞춤형이 됩니다. 이런 고민 때문에 전문가에게 상담을 받기도 하고 지인들과 상의하기도 하지만, 가장 바람직한 방법은 스스로 고민한 후에 결론을 내리는 것입니다.

직장 생활을 한다고 가정할 경우, 사고나 질병으로 건강에 문제가 생겨 더 이상 소득이 발생하지 않을 때를 대비해 급여의 일정 비율을 떼어 보험에 가입합니다. 이는 위기 상황에서 나의 재정 상황이 큰 타격을 입지 않고 일상생활을 그대로 영위하기 위한 것입니다.

비용이 너무 적으면 보장이 충분하지 않고, 비용이 너무 많으면 불확실함을 담보로 한 지출이 커져 그만큼 저축을 못하게 됩니다. 미혼이라면 소득의 약 8%, 자녀가 있는 기혼이라면 가족 모두 합쳐 소득의 약 13%를 추천합니다. 개인에 따라 2% 정도는 높거나 낮을 수도 있으므로 융통성을 발휘해 판단하시기 바랍니다.

보편적인 소비와 저축의 비율

소득 대비 소비와 저축의 비율은 어떻게 유지하는 것이 좋을까요? 여기서는 보편적인 경우를 예로 들어 말씀드리겠습니다. 미혼의 경우 소득의 30%를 소비하고 70%를 저축하기를 권장합니다. 그 이유는 경제활동을 시작한 지 얼마 되지 않은 상태에서 결혼이라는 이벤트를 앞두고 있기 때문입니다. 결혼 비용으로 모은 자금을 전부 소비하는 것은 추천하지 않습니다.

이 70%의 저축 금액 중 20~30%는 장기저축을 해야 합니다. 만약 본인이 미래를 위해 주택 구입과 노후준비를 동시에 하고 싶다면 적어도 30%를 장기저축하고, 노후준비에 집중하고 싶다면 20% 정도를 장기저축하는 것이 좋습니다. 이 비율은 직접 결혼 시기를 예상해 보고 그때까지 모을 수 있는 금액을 산출해 조절하면 됩니다.

미혼인 경우보다 기혼의 경우 저축 여력이 아무래도 적을 수밖에 없습니다. 특히, 내집마련이라는 이벤트는 미혼보다는 기혼에게 더 필요합니다. 더욱이 자녀양육도 해야 하며 자녀의 대학 진학, 유학, 결혼 등 목돈이 필요한 경우를 위해 조금씩 저축해 둬야 합니다. 갑자기 큰 지출을 하게 되면 부담이 되므로 자녀가 생기면 미리부터 오랫동안 조금씩 저축해 부담을 줄여야 합니다.

따라서 대출 상환을 포함한 저축 비율은 50~60% 이내로 유지하는 것이 좋습니다. 60% 내에서도 대출이나 주택 확장, 구입을 위한 저축은 40%, 자녀를 위한 저축은 10%, 노후를 위한 지출은 30%, 기타 20%로 유지하는 것이 좋습니다. 여기서는 좀 더 융통성을 발휘해 5~10%까지 비율을 조절하면서 계획을 세우는 편이 좋습니다.

30~40대 맞벌이 부부의 노후준비 공식

우리 부부에게는 5살짜리 아들이 있습니다. 15년 후 아들의 대학 교육 자금으로 3,000만원(현재 화폐 기준)을 준비하려 합니다. 노후준비도 당연히 해야 한다고 생각하며, 5년 후 차를 바꿀 계획도 있습니다. 현재는 전세 자금 대출을 받아 살고 있는데 3년 후에는 좀 더 넓은 집으로 이사를 가거나 아파트를 매수하려고 합니다. 가급적 빨리 내집마련의 꿈을 이루고 싶어서 현재 맞벌이를 하며 열심히 일하고 있습니다. 부부 합산 소득은 월 600만원입니다. 가끔 성과급을 받기도 하지만 항상 받는 것은 아니므로 고려하지 않기로 했습니다.

이번엔 자녀가 있는 40살의 부부를 예로 들어 저축 비율을 산정해 보겠습니다. 독자들도 한번 따라 해 보시기 바랍니다.

종이 한 장을 꺼내 마인드맵을 작성해 봅니다. 만약 작성 후 예산이 맞지 않는다고 생각하면 다시 작성하면 되므로 부담 없이 작성하시기 바랍니다. 이처럼 한눈에 전체를 파악해 계획을 머릿속에 그려 넣고 판단해 보는 것이 중요합니다.

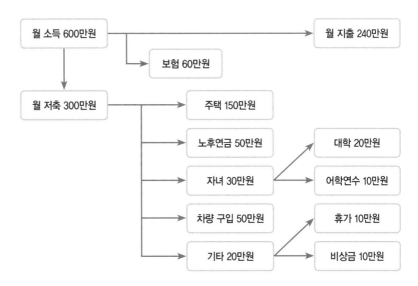

앞서 이야기한 1차 권장 비율로 작성해 봤지만 현재 상황과는 차이가 있다고 느껴 비율을 조정했습니다. 권장 비율대로라면 노후연금은 60만원이었지만 그보다 가까운 재무 목표인 차량 구입 예산이 부족해 조정했습니다. 5년 후에는 가급적 대출을 받지 않고 차량을 구입하고 싶기 때문입니다. 원금 기준으로는 매월 50만원씩 5년이므로 총 3,000만원을 모을 수 있습니다. 중형 이상의 차량을 구입하고 싶지만 가급적 대출은 받지 않으려고 하므로 3,000만원으로 중고 중형 차량을 구입하기로 합니다. 반드시 새차만 구입해야 한다는 생각은 편견입니다.

아들을 위해 10%의 저축액을 계산해 보니 15년 후에는 예상보다 많은 돈을 모을 수 있었습니다. 그래서 20만원은 대학 등록금을 지원할 목적으로 저축하고 10만원은 초등학교 방학 때 어학 연수 비용으로 충당하고자 합니다. 방학 때 100~200만원, 많게는 300만원까지 하는 해외 연수 비용은 큰 부담이 될 것이기 때문입니다. 돈에 따라 갈 수 있는 지역을 나눈다고 들었는데 준비된 돈이 있으면 마음 편하게 보내고 싶은 국가를 선택할 수 있습니다. 그리고 나머지 20만원은 휴가 비용이나 만일의 경우를 대비해 저축하기로 합니다.

위 예시를 참고해 각자 자신의 지출과 저축 금액을 작성해 보시기 바랍니다. 작성하다 보면 목표와 배분 비율이 잘 맞지 않을 것입니다. 이런 경우에는 어떤 상품에 투자해 수익률로 목표를 달성하겠다고 계획하지 말고 저축 원금을 기준으로 작성하시기 바랍니다. 이렇게 나의 재무 상황과 목표가 정리되면 그에 따라 저축 방법이나 투자 방법도 선택할 수 있으므로 훨씬 계획적인 지출과 미래 계획이 가능해집니다. 또한 막연하게나마 생각했던 나의 미래 지출이 현실과 다른 경우에는 현실을 빨리 깨닫고 지출을 조절해 좀 더 현명한 소비 생활을 해야 합니다.

11

절대 잃지 않는 투자,
은행 예·적금 활용법

이 세상에 완전한 금융상품은 없다

예·적금은 가장 대표적인 금융상품입니다. 이 세상에 절대적으로 안정적이고 완전한 상품은 없습니다. 국가가 망하거나 사회구조가 망가지지 않는 한 사라지지 않고 가치가 변할 수는 있어도 원금의 숫자 크기가 갑자기 변하는 일은 없습니다. 따라서 국가의 통제 시스템으로 만들어진 화폐는 믿을 만합니다. 이 화폐와 직접적인 관련이 있는 대표적인 투자가 바로 예·적금입니다.

은행이라는 기관의 가장 대표적인 이익은 바로 '대출'에서 발생합니다. 물론 자기자본을 포함한 자체적인 자금으로 대출을 하기도 하지만 A 고객이 맡긴 돈으로 비용과 이익을 포함한 금리를 책정한 후 B 고객에게 대출을 해 줘 발생한 이윤을 추구합니다. 그렇다면 많이 대출할수록 이윤이 많아질 것이고 그만큼의 자금이 필요하겠죠? 그래서 예금과 적금이라는 금융상품을 만들어 판매하는 것입니다.

노후자금은 부족하고 투자는 위험하니
예·적금만이 답일까?

투자에 대해 안 좋은 사례를 들었거나 손실 경험이 있는 사람들이 있습니다. 그리고 직접 경험하기보다는 주변의 이야기나 자극적인 뉴스를 통해 간접적으로 투자가 나쁘거나 위험할 수 있으니 잘못된 방법이라고 단정 짓기도 합니다. 이런 분들은 예·적금 이외의 저축 방법은 시도조차 하지 않는 경우가 매우 많습니다. 그렇다면 노후를 대비할 때는 어떨까요? 이전에 소개한 방법으로 나의 필요 노후자금을 미리 계산했다면 예상 수익률에 따른 방법마다 지금부터 해야 할 매월 저축 금액이 달라진다는 사실을 알고 계실 겁니다.

예를 들어 필요 노후자금이 총 3억원이고 30년 동안 준비한다고 가정했을 때 예상 수익률이 각각 5%(혼합형 펀드)와 2%(적금)라면 매월 저축해야 하는 금액은 달라집니다. 그런데 만일 손실 가능성 없이 안전하다는 이유로 오로지 적금만을 선택하는 경우, 매월 준비해야 할 필요 저축 금액이 내가 납입하기 어려운 수준이라면 어떨까요? 금리가 현재 수준에서 떨어지지 않는다 하더라도 노후준비는 실패할 것입니다.

저축 금액이 넉넉해 적금만으로 준비할 수 있는 사람도 있습니다. 하지만 물가상승률에 따른 화폐가치 하락은 방어할 수 없기 때문에 저축할 수 있는 여력이 많은 사람이라 하더라도 좋은 선택이 아니라고 생각합니다.

요즘 많은 사람이 낙담한 표정으로 "금리가 너무 낮아."라고 이야기합니다. 심지어 예전에 비해 이자를 너무 적게 준다며 은행을 비난하는 사람들도 있습니다. 101쪽의 금리 변동 추이 그래프를 보면 10년 전에 13.3%였던 예금 금리가 2018년 기준 1.84%까지 떨어졌습니다. 2020년에는 코로나 팬데믹으로 기준금리가 0.75%까지 떨어졌죠. 요즘 투자 상품에 투자했을 때 13%의 수익률을 거두기는 어렵습니다. 그런데 과거에는 아무것도 하지 않고 은행에 그냥 예금만 해도 원금 손실 걱정 없이 편안하게 13%의 이자를 받을 수 있었던 것입니다. 그 시절에 익숙하신 분들은 과거의 향수에 젖어 현재의 금리에 대해 불평할 수밖에 없습니다. 금리가 낮다고 해서 선택하지 말아야 한다는 것은 아닙니다. 경우에 따라 오로지 예·적금만을 추구하는 것이 아니라 적절하게 다른 상품과 병행하는 등 제대로 활용한다면 충분히 만족할 수 있는 방법이 될 것입니다.

❖ **금리 변동 추이**

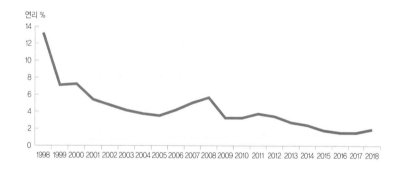

출처: 한국은행 경제통계시스템

발품 팔아 고금리 상품을 찾는 법

가끔 뉴스에서 은행의 고금리 석금이 화제가 되기도 합니다. 은행은 고객 유치에 많은 비용을 투자합니다. 기업이라면 당연한 것이겠지요? 요즘은 광고에 의존하던 과거와 달리 다양한 방식으로 고객을 유치하기 위한 노력을 하고 있습니다. 최근에는 마케팅 방법의 하나로 특정 조건에 부합하면 고금리를 주는 방식을 사용하기도 합니다. 이는 적은 비용으로 고객을 유치할 수 있는 방법 중 하나입니다. 가입자의 입장에서는 높은 금리수익을 얻을 수 있으니 서로가 이득인 셈입니다.

얼마 전 하나은행에서 이율 5%의 적금이 출시돼 수많은 사람이 몰린 일이 있었습니다. 자동이체 등록, 온라인을 통한 계좌 개설, 상품 가입 등의 특정 조건을 만족하면 5%의 금리를 적용해 주는 방식이었습니다. 이렇게 오프라인보다 온라인을 잘 활용하고 추가 금리 부과 조건을 꼼꼼히 확인하면 현재의 저금리를 해소할 수 있습니다.

다만 주의할 점은 가입금액의 한도가 크지 않기 때문에 한 은행에 모든 저축을 하기보다는 여러 은행에 나눠 저축하는 것이 좋다는 것입니다. 그만큼 좋은 조건을 찾으려는 노력이 필요하기 때문에 부지런히 다양한 정보를 검색하고 체크해봐야 합니다.

전국은행예금연합회 홈페이지에서는 각종 금리 정보를 제공하고 있으므로 이를 손쉽게 확인할 수 있습니다. 다만 상세 조건에 따라 조금씩 달라지기 때문에 부가조건까지 꼼꼼히 살펴봐야 합니다. 그리고 예금자보호 제도를 고려해 각 은행에 5,000만원이 넘지 않게 저축해야 한다는 것도 잊지 말아야겠죠?

전국은행연합회(www.kfb.or.kr) 웹사이트의 금리 비교 화면

잠깐만요

원금 보장과 예금자보호의 차이

언뜻 보면 같다고 생각하지만 원금 보장과 예금자보호는 엄연히 다릅니다. 예금자 보호는 '예금자보호법'에 따라 예금보험공사가 금융기관이 예금을 지급할 수 없게 되면 금융기관을 대신해 예금을 지급합니다. 여기서 은행, 보험회사, 종합금융회사, 상호저축은행 등이 '예금자보호법'에 따른 보호 금융 대상입니다. 만약 보험회사에서 내가 가입한 상품에 대한 해지환급금을 보험회사가 지급할 수 없는 상황이 된다면 내 원금은 예금보험공사에서 돌려 줄까요? 원금을 주는 것이 아니라 예금자보호 대상을 지급해 주는 것입니다.

그런데 해당 회사 상품의 예금자보호 대상이 적립금이나 해지환급금이라면 원금이 아닐 수도 있습니다. 다만 은행의 예·적금의 경우는 그 대상이 예·적금 상품이기 때문에 원금과 소정의 이자를 5,000만원 한도 내에서 지급하는 것입니다. 만약 5,000만원이 초과된다면 이와 마찬가지로 원금을 돌려받지 못하겠죠?

원금 보장은 말 그대로 내가 불입한 원금 자체를 책임져 주겠다는 뜻입니다. 사실 예금자보호보다는 원금보호의 성격이 훨씬 강합니다. 매우 드문 경우지만 만약 원금 보장 상품이 예금자보호 대상이 아니라면 해당 회사가 파산하거나 예금지급불능상태에 빠질 경우 원금 보장 역시 이뤄질 수 없습니다.

보험회사의 저축 상품은 예금자보호 대상이지만 원금 보장 대상이 아닙니다. 그러나 많은 사람이 예금자보호라는 단어로 원금 보장과 착각해 상품에 가입했다가 원금 미보장으로 인한 민원을 제기하는 사례도 매우 많습니다. 이처럼 비슷하지만 다른 원금 보장과 예금자보호의 차이를 잘 이해하시기 바랍니다.

셋째
마당

| 안전 장치 만들기 |

든든한 친구,
보험과 연금

— 5
장 —

지금 당장
가입해야 하는 보험

12

자녀는
나의 보험이 아니다

자녀교육과 나의 노후를 분리하라

대한민국에서 노후준비를 못하는 가장 큰 이유 중 하나는 사교육비라고 합니다. 많은 분이 "나는 자식에게 신세질 일을 만들지 않습니다. 내가 알아서 합니다."라고 말합니다. 그러나 주위를 둘러보면 부모님 때문에 결혼하지 못하는 젊은이들도 많고 결혼을 해도 부모님의 생활비, 의료비 때문에 고생하는 사람들이 많습니다.

말과는 달리 속마음은 자녀가 어떻게든 도와줄 거라 믿는 부모들도 매우 많습니다. 특히 자녀의 성장기에 사교육비로 많은 비용을 쓴 부모일수록 그 기대는 큽니다. 자녀가 더 나은 삶을 살 수 있도록 적극적으로 지원하겠다는 생각으로 본인의 노후준비보다는 자녀교육에 더욱 집중했기 때문입니다. 그들은 자녀가 갈 수 있는 대학이 업그레이드되면 본인의 삶도 한 단계 상향될 것이라 믿었습니다.

그러나 현실은 그렇지 못합니다. 물론 좋은 대학에 입학하면 남들보다 나은 경제력을 확보할 가능성은 높아지지만 그 경제적 풍요가 부모에게까지 미치는 것은 현실적으로 쉽지 않기 때문입니다. 제가 상담한 고객 중 한 분은 온 가족의 관심과 지원을 받아 의사가 됐습니다. 심지어 그 의사의 부모님은 빚까지 내 교육비를 마련했습니다. 그리고 정식으로 의사가 돼 급여를 받기 시작하자 이제는 자녀 덕을 보고 싶다는 말씀을 자주 하셨습니다.

이것이 문제의 발단이 됐습니다. 의사라는 사회적 기대감 때문에 발생하는 품위 유지비도 적지 않고 소득에서 가족들의 각종 경조 비용도 해결해야만 했기 때문입니다. 월급에서 각종 지출과 생활비를 빼고 나면 본인의 결혼이나 미래를 준비하기에도 그리 넉넉하지 않았습니다. 하지만 기대가 컸던 만큼 가족들의 요구사항도 많았고 일반인에 비해 많은 소득을 올리고 있는데도 생활은 점점 기울어져 갔습니다.

심지어 교육비로 사용된 빚도 본인이 갚아야 했고, 집안의 크고 작은 금전 문제가 생기면 모두 그에게 부담을 요구했습니다. 겉모습은 직업도 훌륭하고 많은 급여를 받는 것처럼 보이지만 속내는 그렇지 않아 괴로움을 호소했습니다. 그러나 중요한 사실은 이 고객처럼 성적이 훌륭해 의사가 된 사례조차도 매우 드물다는 것입니다.

자녀의 사교육, 나의 노후보험이 아니다

자녀의 성적 향상을 위해 학원 하나를 더 늘린다면 월평균 20~40만 원이 필요합니다. 형편이 넉넉하다 하더라도 그만큼 노후준비에 대한 기회비용이 사라집니다. '이 정도쯤이야.'라고 시작한 것들이 점점 쌓이면서 큰돈이 돼갑니다. 이렇게 자녀에게 투자해서 성공하면 좋겠지만 그 확률은 실제로 매우 낮습니다. 그리고 매월 그만큼의 교육비를 더 쓴 것이 부모의 삶에 긍정적인 영향을 미친다는 보장도 없습니다. 부모님들은 절대 자식에게 신세를 안 지겠다고 호언장담하지만 만일의 경우 자녀가 도와줄 것이란 막연한 기대감을 갖고 있습니다. 하지만 이제는 자녀를 보험이라 생각하지 말고 스스로 미래를 준비하는 것이 더욱 현명한 길임을 깨달아야 합니다.

13

미리 준비하는 의료비 보험

가장 가입 문의가 많은 부모님 보험

현업에서 상담 및 금융상품 가입 안내를 하는 제게 가장 많이 걸려오는 전화 중 하나는 자녀들의 부모님 보험가입 문의입니다. 앞에서 설명한 것처럼 연령이 증가함에 따라 병원에 갈 일이 많아지기 때문에 간단한 통원 치료 외에도 수술할 일이 많아집니다. 즉, 목돈이 필요한 시기가 다가오는 것입니다.

한두 번은 그럭저럭 넘어갈 수 있습니다. 그러나 죽을 병은 아니지만 치료는 계속 해야 하고 수술하는 일은 계속 반복되곤 합니다. 자녀들이 부모님 보험에 가입하고 싶다며 연락을 하는 이유는 바로 이 때문입니다. 그런데 대부분은 두 가지 문제 때문에 보험가입을 포기합니다.

비싼 보험료 대비 기대와 다른 보장 내역

TV에서 가장 잘 알려진 광고 중 하나는 바로 '묻지도 따지지도 않고 가입시켜 주는' 보험입니다. 그래서인지는 몰라도 많은 사람이 보험 가입을 매우 쉽게 생각하는 경향이 많습니다. 하지만 보험회사는 손해 보는 장사를 하지 않는다는 것을 명심해야 합니다.

일반적으로 아프기 시작할 때 보험에 가입해 보험금을 수령하는 것이 가장 효율적이라고 여깁니다. 그리고 이런 광고를 평상시 접했기 때문에 병원에 갈 때가 임박하거나 의사로부터 치료나 수술을 권유받을 때가 돼서야 비로소 보험에 가입하려고 합니다.

하지만 묻지도 따지지도 않고 보험금을 바로 받으려 하는 가입 희망 고객에게 청약을 승인해 주는 경우는 그 치료가 보상과 무관하거나 보험료가 월등히 비싼 경우밖에는 없습니다. 그래야만 이윤이 남기 때문입니다. 보험가입을 의뢰한 고객이 가입 가능한 상품을 찾는다 하더라도 보험료가 너무 비싸고 보장 내역이 원하는 것과 너무 달라 대부분 가입을 포기합니다.

정상적인 알릴의무사항 고지와 가입 승인 거절

보험에 가입하고 싶은 마음은 굴뚝 같은데 최근 발병한 질병이나 치료, 검사 이력을 보험회사에 알리면 보험가입이 거절되는 것을 알기 때문에 전전긍긍합니다. 그래서 가장 많이 시도하는 방법은 보험회사에 이러한 정보를 숨기고 가입하는 것입니다. 이러한 경우, 어떻게 될까요?

먼저 알릴의무사항에 대해 알아보겠습니다. 알릴의무사항이란, 보험에 가입할 때 보험회사에 나의 정보를 알리는 것을 말합니다. 이때에는 5년 이내의 정보를 중심으로 알려야 하며 이 정보에 따라 가입이 거절되거나 보험료가 할증될 수도 있습니다. 그런데 사실과 다른 정보를 입력하면 보험회사가 알 수 있을까요? 보험회사에 보험금을 청구해 수령한 이력이 아니라면 보험회사는 개인의 의료정보를 알 수 없습니다. 정확하게 알리지 않는다 하더라도 가입이 승인됩니다. 그래서 많은 분이 요령껏 잘 가입하고 현명한 행동을 했다고 착각합니다. 보험회사는 보험금을 청구했을 때 비로소 관련 서류들을 요구하며 필요할 경우는 손해사정인을 파견해 조사를 합니다. 가입자가 숨긴 정보는 바로 이때 드러나게 됩니다. 보험금을 청구할 때 보험회사가 관련 정보를 요구하는 건 당연한 일입니다. 그리고 사실과 다르게 알린 고지사항을 이유로 보험이 해지되거나 보험금 지급이 거절될 수 있습니다.

이는 결코 올바른 선택이 아닙니다. 차라리 정상적으로 고지한 후 심사 결과에 따라 서류 제출이나 검진 등의 정확한 절차를 밟는 것이 가입자에게 도움이 됩니다. 그 이유는 정상적인 보험료가 산정돼야만 아무런 이상 없이 보험금을 지급받을수 있기 때문입니다. 보험은 가입하는 것이 중요한 것이 아니라 보험금을 정상적으로 지급받는 것이 중요하다는 것을 꼭 명심하시기 바랍니다.

보험가입 신청서상 알릴의무사항

노후, 의료비 보험보다 의료비 적금이 좋을 수도 있다

이미 노후가 얼마 남지 않았거나 의료비 보험에 가입하기 어렵다면 매월 의료비 적금을 납입해 스스로 준비하는 것이 좋습니다. 만약 부모님이 보험에 가입할 수 없거나 보험 비용이 아깝다면 보험에 가입하는 대신 자녀가 부모를 위해 매월 조금씩 돈을 모으는 것이 좋습니다. 만약 부모님께서 건강에 이상이 생겨 의료비가 발생한다면 처음에는 스스로 해결하지만 시간이 지남에 따라 자녀에게 의존할 확률이 매우 높습니다. 건강에 한 번 이상이 생기기 시작하면 또 다른 질병이 찾아옵니다. 경제활동을 계속하는 것이 어려워지기 때문에 미리 준비한 보험의 도움을 받거나 그동안 모아 놓은 자산에서 계속 의료비를 소진할 수밖에 없습니다.

14 건강관리와 보험가입은 미리미리

100세 인생을 위한 꾸준한 관리와 준비

건강이 나빠져 병원에 가서 치료하고 보험금을 수령하기보다는 미리미리 대비하는 것이 더 좋습니다. 노후의 컨디션과 젊을 때의 컨디션은 월등히 다릅니다. 그 사실을 받아들이고 단기간이 아닌 장기간 꾸준히 관리해 건강을 유지해야 합니다.

흔히 100세 인생이라고 합니다. 하지만 60대에 은퇴하면 약 40년을 더 살게 됩니다. 은퇴라는 단어는 모든 것이 마무리되는 느낌을 줍니다. 자칫하면 건강관리도 소홀히할 수 있습니다. 그래서 노후준비를 할 때는 경제적인 부분뿐 아니라 건강에 대한 부분도 고려해야 합니다.

첫째, 최소 한 가지 이상의 취미생활을 해야 합니다. 건강관리인데 무슨 취미생활이냐고 의아해할 수도 있습니다. 만병의 근원은 스트레스입니다. 내가 즐겁게 즐길 수 있는 취미생활이 없다면 자칫 삶이 무료해지거나 우울해질 수도 있습니다. 어쩌면 시간을 보내는 것이 괴로워 스트레스가 증가할 수도 있습니다. 하지만 내가 오랫동안 즐길 수 있는 취미생활이 있다면 은퇴생활이 더욱 즐거워질 것입니다. 마음이 건강하면 몸도 건강한 법! 은퇴하기 전부터 미리 취미생활을 시작해도 좋고, 은퇴하고 나면 하고 싶은 취미 목록을 미리 작성해 놓는 것도 좋습니다.

둘째, 건강검진과 운동을 꾸준히 해야 합니다. 건강검진에서 좋은 결과가 나왔다고 해서 방심하면 안 됩니다. 매년 건강검진하는 것이 부담스럽다면 적어도 2~3년에 한 번은 종합 건강검진을 하시기 바랍니다. 비용이 들더라도 건강을 위한 투자라고 생각하세요. 그 비용을 아끼려다 일찍 발견하면 간단히 치료할 수 있는 질병을 더 키워 치료가 어려워질 수도 있습니다.

또한 즐겁고 꾸준하게 할 수 있는 운동을 하시기 바랍니다. 건강관리 시 운동은 필수입니다. 보양식만 잘 챙겨 먹는다고 건강관리가 잘될까요? 적절한 운동을 하지 않으면 아무리 좋은 음식을 잘 챙겨 먹더라도 그 효과는 미미할 수 있습니다. 땀 흘리며 재미있게 즐길 수 있는 운동을 정해 꾸준히 실천하시기 바랍니다.

보험은 건강할 때 미리 가입하자

보험은 젊고 건강할 때 미리미리 가입하시기 바랍니다. 납입하는 보험료를 아까워하지 마세요. 보험금을 받지 않고 건강한 것이 오히려 더 좋은 것입니다. 또한 건강이 나빠지기 직전에 가입해 효율성을 높이겠다는 미련한 생각도 버리세요. 질병이나 사고는 미리 경고하고 찾아오지 않습니다.

보험회사는 건강한 사람들에 대한 통계를 전제로 상품을 개발합니다. 당연히 질병이 이미 있거나 발생할 확률이 높은 연령은 그만큼 제한적이고 위험 요소가 많은 만큼 보험료도 비쌀 수밖에 없습니다. 가장 큰 문제는 보험가입 자체가 거절될 수도 있다는 사실입니다. 보험회사는 중대 질환을 포함해 5년 이내의 건강 기록을 가장 자세히 살핍니다. 수술이나 입원 또는 질병 진단과 반복적이거나 계속된 치료가 있었는지에 민감하게 반응합니다. 한 살이라도 젊고 건강할 때 가입하면 보험료도 저렴하고 좀 더 폭넓은 보장을 받을 수 있으니 일석이조라고 할 수 있습니다.

건강하지 않아도 가입할 수 있는 간편가입 건강보험

현재 건강이 정상인과 같은 상태가 아니더라도 가입할 수 있는 보험도 있습니다. 바로 간편가입 건강보험입니다. 이 상품은 '현재 질병을 앓고 있는 상태'거나 수술 등과 같은 치료력 때문에 보험에 가입할 수 없는 분들을 대상으로 만들어졌습니다. 그 대신, 보통 사람을 대상으로 하는 보험보다 보장에 제한이 있고 보험료도 비싼 편입니다.

하지만 보험에 가입하고 싶은데 건강 상태 때문에 가입하지 못한 분들에게는 희소식이라 할 만합니다. 모든 유병자가 가입할 수 있는 것은 아닙니다.

다음 질문을 보고 '아니요'라는 답변을 할 수 있다면 아무런 문제 없이 가입이 승인됩니다. 현재 질병이 있거나 과거 치료력이 있다 하더라도 한번 도전해 볼 수 있는 조건입니다. 많은 고지 내역을 확인하는 것이 아니라 다음과 같은 세 가지 질문에 대해서만 나의 정보를 고지한 후에 가입하는 보험을 '간편가입 상품'이라고 합니다.

1	최근 3개월 이내에 의사로부터 진찰 또는 검사(건강검진 포함)를 통하여 다음과 같은 필요 소견을 받은 사실이 있습니까? □ 입원 필요 소견 □ 수술 필요 소견 □ 추가검사(재검사) ※ 필요소견이란 의사가 진단서, 소견서 또는 진료기록부 등에 기재한 경우를 말합니다.	□ 예 ☑ 아니요
2	최근 2년 이내에 질병이나 상해사고로 인하여 입원 또는 수술(제왕절개포함)을 받은 사실이 있습니까?	□ 예 ☑ 아니요
3	최근 5년 이내에 암으로 진단받거나 암으로 입원 또는 수술을 받은 사실이 있습니까?	□ 예 ☑ 아니요

간편가입 상품의 알릴의무사항 고지

3개월 이내에 의사에게 진찰을 받았거나 검사 후 입원이나 수술 또는 재검사를 요구받은 사실이 있는지와 2년 이내에 질병이나 상해 사고로 입원, 수술을 받았는지 여부 그리고 5년 이내에 암 진단을 받거나 암으로 인한 입원, 수술을 받은 사실만 없다면 아무런 문제 없이 가입할 수 있습니다.

만약 질병이나 상해 사고로 수술한 지 2년이 넘지 않았다면 당분간 건강관리에 신경 쓰고 2년이 넘을 때까지 기다렸다가 가입하는 것도 보험가입을 위한 좋은 전략입니다. 이때 주의할 점은 그 사이에 "예"라고 답할 만한 사항이 생기면 안 되므로 신경 써서 잘 관리해야 한다는 것입니다.

최근에는 이를 더욱 특화시켜 질문 3번의 5년 이내 암이나 뇌, 심장 질환으로 인한 중대 질환 진단만 없어도 가입할 수 있는 초간편가입 보험상품도 출시됐습니다. 가장 인기 있는 상품인 실비보험도 간편고지로 가입할 수 있는 '유병자 전용 실비보험'도 있으므로 잘 찾아보시기 바랍니다.

15

많은 종류의 보험,
노후에 모두 필요할까?

많은 종류의 보험

보험 광고를 시청하다 보면 금액이 저렴해서 당장 가입해야만 할 것 같은 느낌이 듭니다. 다양한 종류의 보험을 골고루 가입하고 있으면 만약의 위험에 대비할 수 있으니 안심이 될 것 같습니다. 그러나 문제는 많은 보험을 유지하기 위해 지출해야 하는 비용이 감당할 수 있는 수준이 아닌데도 무리하게 가입하는 경우가 많다는 것입니다. 또한 보험료가 일상생활에 지장을 주는 경우도 있습니다. 이러한 사태를 방지하기 위해 각 보험의 특징과 선택 요령에 대해 알아보겠습니다.

사망보험과 상조보험

이 두 가지 상품의 공통점은 사망 시에 보험금이 지급된다는 것입니다. 이 상품에 대한 판단은 보험의 대상이 되는 부모와 사망보험금을 수령하는 수익자*인 자녀나 배우자에 따라 달라집니다. 사망보험은

수익자
보험금을 수령하는 사람

종신보험
주계약의 보장기간이 종신(사망 시까지)인 보험

흔히 종신보험®으로 알려져 있기도 합니다.

먼저 보험의 대상이 되는 부모의 경우, 나의 사망으로 배우자나 자식에게 사망보험금이 지급된다는 사실을 인지해야 합니다. 실제로 많은 분이 사망보험인 줄 모르고 가입했다가 알고 나서 해지하는 경우도 많습니다. 매월 불입하는 보험료의 역할에 대해 동의하지 못하기 때문입니다.

이와 반대로 알고 나서도 유지를 희망하는 사례도 있습니다. 현재 납입하는 보험료가 부담스럽지 않고 배우자나 자녀에게 현금으로 유산을 남겨 주는 것보다 보험금으로 남겨 주는 것이 유리하기 때문입니다.

상조보험도 이와 마찬가지입니다. 이는 사망 시 지급되는 사망보험금으로 나의 장례비를 해결하고자 할 때 가입하는 보험으로, 내가 직접 내 장례비를 생전에 미리 준비하겠다고 판단해 가입을 유지하는 분도 많습니다. 만약 상조보험의 사망보험금이 2,000만원이라면 실제로 납입하는 보험료는 이보다 적기 때문입니다.

피보험자
보험의 보장 대상이 되는 사람을 말합니다. 사망보험의 경우, 피보험자가 사망해야 보험금이 수익자에게 지급됩니다.

이런 관점에서 수익자의 판단도 달라집니다. 당사자인 피보험자®는 원치 않지만 수익자의 대상인 배우자나 자녀가 원해 가입하거나 유지를 주장하는 경우도 많습니다. 피보험자의 입장에서는 기분이 불편할 수도 있지만 수익자의 입장에서는 금전적인 도움이 되기 때문입니다. 그러나 반대 의견을 가진 수익자도 있습니다. 부모님의 사망보험금을 원치 않으며 차라리 납입해야 할 보험료로 부모님의 생활비로 사용하길 원하는 사람도 있습니다. 이 상품들은 사망보험금의 수령을 원하는지 여부에 따라 유지에 대한 결정을 해야 합니다.

각종 진단금과 의료비(수술, 입원)보험

중대 질환의 종류는 매우 다양합니다. 암, 뇌, 심장과 관련된 질환에 대해 진단을 받을 경우 보험금을 지급하는 진단비보험이 있습니다. 그중 암보험은 가장 인기가 많습니다.

의료비보험은 병원에 입원하거나 수술을 하게 되는 경우 계약 조건에 따라 약속된 보험금을 지급받는 형태입니다. 최근에는 실손의료비보험으로 병원비의 상당 부분이 해결되기 때문에 실손의료비의 후순위로 밀려났습니다. 실제로 병원에서 진단을 받거나 치료를 하게 되면 약간의 자기부담금을 제외하고 대부분 실손의료비보험에서 병원비의 대부분을 지급받게 됩니다.

진단비보험의 진단금과 의료비보험의 보험금은 실손의료비에서 지급되는 보험금과는 별개로 받는 것이기 때문에 금전적인 여유가 생깁니다. 그래서 보험이라는 특성에 맞게 내가 납입할 수 있는 수준이라면 가입하거나 유지하는 것이 좋습니다.

또한 보험 상품은 진단비, 수술비, 입원비 순으로 추천드립니다. 이 중 입원비의 경우, 과거와 달리 최근에는 입원 기간이 짧아지고 수술 이후에도 가급적 통원 치료를 권하기 때문입니다. 따라서 해당 보험의 활용도가 줄어들었습니다. 하지만 이와 다르게 진단비보험은 진단만 받아도 보험금을 지급받을 수 있기 때문에 꼭 준비하라고 권해드리고 싶습니다.

보험료가 부담스럽다면 갱신형 보험*을 선택하라

보험가입 시 가장 먼저 요청하는 사항은 '비갱신형'입니다. 비갱신형* 보험 상품의 특징은 납입 기간 동안 보험료의 변동 없이 납입하다가

알 아 두 세 요

갱신형 보험
약속된 기간마다 보험료가 바뀌는 보험. 보험료의 납입 기간은 보험을 유지하는 기간 전체입니다. 일반적으로 연령이 증가함에 따라 질병 발생 위험률이 증가하므로 보험료가 인상됩니다. 상해 발생 위험률은 연령에 영향을 적게 받아, 갱신 시 보험료 변경 폭이 질병보다 적습니다.

비갱신형 보험
보험의 납입 기간 동안 납입해야 하는 보험료가 바뀌지 않고 일정합니다.

납입이 끝나면 만기 때까지 보장만 받을 수 있다는 것입니다. 그러나 연령이 높을수록 보험료가 비싸집니다. 일반적인 경제력으로는 유지하기 어려운 수준입니다.

만약 보험에 가입하고 싶지만 보험료가 부담스럽다면 갱신형도 좋은 선택 중 하나입니다. 갱신형 보험은 갱신 시에 보험료가 인상될 수 있지만, 비갱신형 보험보다는 저렴한 편입니다. 여러 번 갱신된 미래 시점이 걱정되는 것이 아니라 당장에라도 건강에 이상이 생겼을 때 도움을 받기 위함이므로 미래 시점보다는 현재 시점을 우선하는 보험이라고 볼 수 있습니다. 특히 높은 연령일수록 갱신형 보험에 대한 선택의 폭은 넓습니다. 갱신이 계속돼 보험료가 비싸지더라도 갱신형 보험으로 보장받는 것이 보험이 없는 것보다는 낫습니다.

저렴하지만 필수인 운전자·화재보험

나이가 들수록 신체적인 순발력이 떨어집니다. 사고의 위험율도 높아지는 것이 사실입니다. 현재 운전을 하고 있다면 운전자보험은 필수입니다. 운전자보험과 자동차종합보험을 헷갈려하는 분들이 많습니다. 자동차종합보험은 민사사건이나 상대방에 대한 보상이 중심이 되는 보험이고, 운전자보험은 자동차종합보험에서 보장하지 않는 형사사건과 관련된 비용을 보장하는 보험입니다.

화재는 주변에서 자주 일어나지 않지만 대한민국 전체로 놓고 보면 거의 매일 일어납니다. 만약 나에게 화재가 발생하면 그 피해는 말로 다할 수 없습니다. 특히 무서운 점은 우리집에서 원인이 돼 발생한 화재 때문에 다른 집이나 타인의 재산, 신체에 손해를 끼칠 경우 모든 것이 나의 책임이라는 것입니다. 순식간의 화재로 적게는 수천만원에서 많게는 수십억원에 이르기까지 배상*해 줘야 하는 경우도 생길 수 있습

알아두세요

배상
타인에게 손해를 끼쳤을 때 그 손해를 보상해 주는 것

니다. 이에 대비해 화재보험에도 가입해 두는 것이 좋습니다.

화재보험과 운전자보험은 모두 3만원 내외면 가입할 수 있습니다. 다른 보험에 비해 보험료도 매우 저렴한 편이고 혹시라도 생길 위험을 고려한다면 아끼지 말고 지불해야 할 비용이라고 생각합니다.

치매·간병보험으로 경제적 위험에 대비하라

평균수명의 증가에 따라 보험 트렌드도 점점 바뀌고 있습니다. 예전에는 일찍 사망할 경우 가족의 생계를 책임지는 사망보장보험이 유행이었습니다. 그러나 지금은 과거보다 사망률이 많이 줄었고 오히려 평균수명이 증가하고 있습니다. 의료 기술의 발달로 인간의 수명이 연장됐기 때문입니다. 이에 따라 장기 생존에 대한 두려움도 커지고 있습니다.

과거에는 암이 발병하면 죽는다고 알려져 있었습니다. 그러나 지금은 생존율이 매우 높아져 계속 관리해야 하는 병으로 인식이 바뀌었습니다. 그만큼 생존하면서 발생하는 의료비에 대한 무서움도 커지고 있습니다. 사망하면 그만이지만 건강하지 못한 상태로 계속 생존한다면 경제적인 문제가 발생하기 때문입니다.

가장 대표적인 예로 치매와 간병이 필요한 요양보호 상태가 되는 것을 들 수 있습니다. 이 경우에는 쉽게 죽지 않고, 계속 살아 있긴 하지만 한 가정을 파괴할 정도로 매우 강력한 재앙으로 작용합니다. 그래서 요즘에는 치매보험과 간병보험의 인기가 나날이 높아지고 있습니다.

상품의 내용은 매우 간단합니다. 경증 또는 중증으로 치매 진단을 받게 되면 진단비가 발생하고 중증치매의 경우 생존하는 동안 매월 일정 금액의 보험금을 수익자에게 지급합니다. 간병보험은 국가의 장기요양등급 기준에 따라 진단을 받은 경우 가입금액을 보험금으로 지급받을 수 있습니다. 대부분의 사람들이 요양병원 또는 간병인에게 지불하는 비용을 충당할 목적으로 이 보험에 가입합니다. 납입 보험료는 대부분 나중에 환급받을 수 있고 평균 가입 보험료는 5~10만원선입니다. 여유가 된다면 만일을 위해 가입해 두는 것이 좋습니다.

보험가입 효율성 직접 계산해 보기

여러 보험에 가입하다 보면 보험료 때문에 골치 아플 때가 있습니다. 사실 필수와 필수가 아닌 보험에 대한 기준도 매우 주관적이라 각 개인마다 의견이 다릅니다. 보장 내용이 많을수록 좋다는 건 누구나 알지만 같은 내용을 보장하더라도 과연 나에게 효율적인지 헷갈릴 때가 많습니다. 치아보험을 예로 들어 보험가입 효율성을 직접 계산해 보는 방법을 알려드리겠습니다.

실제로 상담 시에 사용하는 방법이므로 잘 활용해 보시기 바랍니다.

치아보험가입을 고민하는 42세 여성의 사례

치아보험가입을 고민하는 42세 여성이 있습니다. 가입을 고려하는 이유는 형제들이 임플란트 시술을 받는 경우가 많았기 때문에 본인도 유전적인 요인에 의해 치과치료가 필요한 순간이 찾아올까 두렵기 때문입니다. 평상시 TV 광고로 많이 보던 유명회사의 치아보험상품에 대한 설계를 의뢰했습니다. 보험료는 10년간 매월 5만원이고 가입 이후 2년이 지나야 보장이 시작되며, 임플란트 시술은 연간 3개까지 개당 150만원을 보상해 준다고 합니다. 가입할 때는 무엇부터 고민해야 할까요?

보험료 계산 방법

먼저 총 납입 보험료부터 계산해 봅니다. 매월 5만원씩 10년을 납입하면 총 600만원($5 \times 10 \times 12$)입니다. 10년간 보장받게 되므로 2년 이후부터 총 8년간 매년 치아 3개의 한도로 임플란트 시술을 보장받게 됩니다. 매년 3개씩 총 24개까지 가능합니다. 하지만 실제로 24개까지 임플란트 시술을 하는 경우는 매우 드물겠죠?

10년간 납입하는 보험료는 600만원이고 임플란트 때문에 가입하는 것이므로 만약 내가 2년 후부터 10년 이내인 총 8년의 기간 동안 임플란트를 4개 이상 할 확률이 얼마나 될 것인지로 판단하면 됩니다.

납입 보험료 600만원은 150만원을 보상해 주는 임플란트 시술 4번의 보험금과 동일합니다. 그렇다면 보험 유지 기간 동안 4번 이상만 임플란트 시술을 한다면 이익이라고 볼 수 있겠죠? 그런데 임플란트 시술을 4번까지는 하지 않을 것 같다는 생각이 들면 차라리 가입하지 않는 것이 낫습니다.

임플란트 시술 가능성은 불확실하기 때문에 정답은 없지만 나의 현재 치아 상태와 가족의 경우를 참고해 판단하면 도움이 됩니다. 보험은 확률 게임이기 때문에 절대적인 판단 요소나 숫자 기준은 적용되지 않는다고 생각합니다. 가장 중요한 것은 '나에게 도움이 될 것인가?'와 '보험료를 계속 납입할 수 있는가?'입니다. 치아보험이 아닌 간병보험이나 치매보험, 암보험 등에도 적용한다면 판단하는 데 도움이 될 것입니다.

보험가입 효율성 계산 예시

600만원 (보험료 월 5만원 × 10년 납입)	vs.	임플란트 시술 예상 횟수 (1회당 150만원)

16

저축성보험,
스마트하게 활용하자

저축성보험을 이해하자

알아두세요

저축성보험
저축과 보장의 기능을 동시에 갖고 있지만 저축의 비중이 높은 보험상품입니다.

저축성보험*의 장점은 이미 많이 알려져 있습니다. 많은 분이 상세한 내용까지는 기억하지 못해도 이자를 복리로 받을 수 있고 10년 이상 유지하면 비과세가 되기 때문에 재테크 상품으로 가치가 있다고 알고 있습니다. 그래서 노후를 대비해 저축보험에 가입했다는 고객들의 이야기를 많이 듣습니다. 하지만 과연 저축성 보험이 노후준비로 적합할까요?

이자는 내가 납입한 보험료에서 사업비를 공제한 적립금에 공시이율을 적용해 받을 수 있습니다. 즉, '이자수익 = {(납입 보험료 : 원금) − 각종 사업비와 비용 = 적립금} × 이자율'입니다. 여기서 중요한 포인트는 원금이 아닌 적립금에 대한 이자를 받는다는 것입니다. 저축보험에 대한 불완전판매*가 발생하는 이유 중 하나는 이자율이 높고 복리가 되며 비과세가 된다고 착각하기 때문입니다.

알아두세요

불완전판매
금융기관이 금융상품에 관한 기본 내용이나 필수 안내 내용에 대해 제대로 안내하지 않고 고객에게 상품을 판매하는 것을 말합니다.

공시이율
은행의 예금 금리처럼 고객에게 지급되는 이자율로, 시중 금리와 연동되며 주로 보험회사에서 사용합니다.

그럼 공시이율*이란 뭘까요? 공시이율은 시중 이자율(은행의 정기예금 이율, 국고채 및 회사채 수익률) 등을 기준으로 보험사별 조정이율을 더해 만들어집니다. 일반적으로 시중 이자율보다 약 1% 높은 편입니다. 그래서 많은 사람이 이자율이 높다고만 알고 있습니다. 또한 최저보증이율*도 적용됩니다. 공시이율은 시중 이자율을 따라가는데, 점점 이자율이 하락하는 추세입니다. 공시이율이 아무리 떨어져도 지급하기로 보증받은 최저한도의 이율을 '최저보증이율'이라고 하며, 현재는 1~1.5%가 대부분입니다.

2~3%의 확정금리로 평생 이율을 보장받는 것으로 알고 종신보험을 저축보험으로 착각해 가입하는 사례도 많습니다. 종신보험은 저축보험과 전혀 별개의 상품이며 확정금리가 보장된다 하더라도 높은 사업비를 제외한 적립금에 적용되는 이율이기 때문에 특히 주의해야 합니다.

알아두세요

최저보증이율
이자율이 하락하더라도 보험회사가 지급하기로 약속한 최소한의 금리를 말합니다.

저축성보험은 노후에 어떻게 활용해야 할까?

저축성보험으로 노후를 준비하는 방법도 있지만 연금으로서의 기능이 약하기 때문에 적극적으로 추천하긴 어렵습니다. 최저보증이율이 있다 하더라도 이자율은 점점 하락하고 있으며 사업비를 공제한 후에 적용받게 되므로 추가 수익은커녕 원금 회복까지의 시간도 오래 걸립니다. 내가 납입한 원금에서 사업비를 제외한 금액을 기준으로 이자 수익을 제공하지만 사업비 공제가 너무 크기 때문입니다.

그만큼 시작부터 제로가 아닌 마이너스 상태에서 시작되므로 원금이 되기조차 버거운 게 현실입니다. 더욱이 만기가 길지 않기 때문에 이자를 받을 수 있는 기간도 길지 않고 원금과 약간의 이자가 발생할 시기가 되면 이미 상품이 만기되는 경우가 많습니다. 은행보다 높은 이자율에도 은행의 예·적금이 더 나은 경우가 대부분입니다.

저축성 보험은 노후준비를 위한 목적보다 목적자금 모으기로 활용하는 것을 추천드립니다. 그 이유는 은행보다 높은 이율과 비과세 혜택 때문에 장기 목적자금으로 사용할 경우 은행의 예·적금보다 결과가 좋기 때문입니다.

예를 들어 저축을 시작하고 '15년 후에 세계여행을 하기 위해서', '20년 후에 취미생활을 위한 작업실을 준비하기 위해서', '수년 후 한적한 곳에 별장을 구입하기 위해서'처럼 이름표를 붙여 기간과 목적이 확실하게 가입하시는 것이 좋습니다. 만약 중도에 해지한다면 다른 선택보다 못할 수도 있기 때문입니다.

투자 상품처럼 변동성이 있는 것이 아니기 때문에 시간만 지나면 내가 목표로 하는 자금을 모을 수 있고, 여기에 이자는 덤이라 생각하는 것이 좋습니다. 따라서 계획은 원금을 기준으로 세워야 목표 달성이 더욱 수월해집니다. 예를 들어 수익금을 포함한 금액이 아닌 '저축원금 1억원 만들기'처럼 하는 것이 좋습니다. 노후준비를 직접적으로 하기에는 적합하지 않으므로 포트폴리오의 일부분으로만 활용하시길 바랍니다.

❖ 보험의 종류 총정리

사망보험	종신보험이라고도 하며, 사망 시에 보험금을 지급한다.
상조보험	사망 시 장례비를 지급한다.
진단비보험	특정 질병을 진단받으면 보험금을 지급한다.
의료비보험	입원하거나 수술하게 되는 경우 계약 조건에 따라 보험금을 지급한다.
실손의료비보험	약간의 자기부담금을 제외하고 병원비를 지급한다.
갱신형 보험	약속된 기간마다 보험료가 바뀐다.
비갱신형 보험	보험료 납입 기간 동안 납입해야 하는 보험료가 바뀌지 않는다.
자동차종합보험	자동차 관련 사고로 생긴 피해를 보상한다.
운전자보험	자동차종합보험에서 보장하지 않는 형사사건 비용을 보장한다.
화재보험	화재가 발생했을 때 보험금을 지급한다.
치매보험	치매 진단을 받으면 진단비를 지급하고, 중증치매의 경우 생존하는 동안 매월 일정 금액의 보험금을 지급한다.
간병보험	진단을 받으면 장기요양등급 기준에 따라 보험금을 지급한다.
간편가입 건강보험	현재 질병을 앓고 있거나, 수술 등과 같은 치료력 때문에 보험에 가입할 수 없는 사람을 대상으로 만들어진 보험으로, 일반 보험 대비 보장에 제한이 있고 보험료도 비싸다.
저축성보험	저축의 비중이 높고, 저축과 보장의 기능을 동시에 가지고 있다.

6
장

목돈보다 월급!
연금 똑똑하게 이용하기

17

국민연금에 대한 오해

물가가 오를 텐데 노후준비가 되나요?

뉴스에 심심치 않게 등장하는 단어 중 하나는 바로 '물가상승'입니다. 우리는 심리적으로 물가상승에 시달리고 있다고 믿고 있습니다. 하지만 실제로 물가상승률은 점점 내려가고 있습니다. 물가상승률은 상대적이고 심리적일뿐, 통계청의 물가상승률은 체감하는 만큼 높지 않습니다.

더욱이 국민연금의 가장 큰 장점은 바로 매년 물가상승률만큼 연금 수령액이 변한다는 것입니다. 다음 표를 보면 연금 수령액이 전국소비자물가변동률에 따라 계속 인상돼 왔다는 것을 알 수 있습니다.

❖ 연금액 인상 비율

구분	2013년	2014년	2015년	2016년	2017년
전국 소비자물가 변동률	2.2%	1.3%	1.3%	0.7%	1.0%

국민들이 가장 걱정하는 물가상승을 가장 잘 해결할 수 있는 효과적인 노후준비 수단이 바로 '국민연금'인 셈입니다. 매년 연금 수령액이 인상됨으로써 연금의 실질가치를 보장해 주기 때문입니다. 그래서 국민연금이 노후준비의 필수이자 기초인 것입니다.

열심히 납입했는데
원금만큼도 돌려받지 못하는 거 아닌가요?

가입자가 국민연금을 납부하고 나서 원금도 돌려받지 못하는 게 아닌지 가장 많이 걱정하는 경우는 다음과 같은 네 가지입니다.

첫째, 납입 중 사망하거나 연금 수령 조건을 충족하지 못하는 경우입니다. 가입자가 사망하면 상속인이 반환일시금을 지급받거나 연금 수령 중이라면 유족연금을 지급받게 됩니다.

둘째, 장애가 발생한 경우입니다. 질병이나 부상으로 장애가 남아 있다면 장애등급을 심사해 장애가 있는 동안 장애연금을 지급해 줍니다.

셋째, 국민연금 기금 소진이나 운용손실이 발생한 경우입니다. 뉴스에서는 종종 국민연금의 투자 수익률이 매우 저조해 과연 현실성이 있는지, 자칫 문제가 발생하는 건 아닌지에 대해 보도되곤 합니다. 이는 많은 사람의 불안감을 유발합니다. 하지만 이는 단편적인 시야로 해석한 것입니다. 투자를 했기 때문에 수익률이 좋을 때도 있고 좋지 못할 때도 있지만 합산한다면 2001년부터 2017년까지 연평균 6.5%라는 무난한 수익률을 꾸준히 올리고 있고, 이는 다른 나라와 비교해도 결코 뒤떨어지지 않는 수준입니다. 과거에는 채권만으로도 충분했지만 점점 수익률이 떨어지면서 주식 비중을 늘려 수익률을 내고자 노력하고 있습니다.

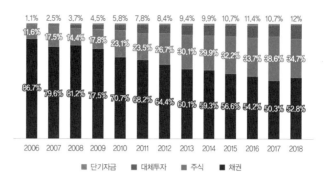

출처: 국민연금공단

더욱이 최근에는 해외주식이나 대체 투자도 적극적으로 하고 있어 안정적인 수익을 유지하고 있습니다. 특히 투자 지역과 대상을 분산해 위험을 줄이고 장기적으로 꾸준한 수익을 내는 방법을 시도하고 있습니다. 한국의 국민연금공단의 기금 운용 역량은 아시아·태평양 지역의 금융투자전문지인 〈아시아 에셋 매니지먼트〉가 주최한 '2018 베스트 오브 더 베스트 어워즈'에서 국가 부분 최우수 연기금상을 수상할 정도로 우수합니다. 2019년에는 미국과 중국 간 무역 분쟁 및 일본 수출 규제 등의 불확실성이 제기되는 가운데에서도 11.3%라는 수익을 내기도 했습니다.

넷째, 국민연금 기금이 소진된 경우입니다. 많은 사람이 인구구조의 변화로 국민연금을 납입하는 가입자는 점점 줄어들고 고령화로 수급자가 많아져 결국 파산하는 게 아닐까 걱정하고 있습니다. 특히 언론에선 재정 계산의 결과를 바탕으로 '기금 소진'에 대한 부분을 보도하고 있고, 또 일부 보험설계사가 개인연금보험을 권유하면서 이 부분을 많이 강조하기도 합니다.

현재의 계산으로는 2060년경에 기금이 소진된다고 하는데, 이는 앞으로 일어날 많은 변화나 대응은 고려하지 않은 판단입니다. 국민연금은 5년마다 한 번씩 재정 계산을 진행합니다. 만약 기금 소진 시기가 앞당겨진다면 정부에서는 다른 방법을 시도해 이를 해결하려 할 것입니다.

2007년 연금법 개정으로 기금 소진 시기는 2047년에서 2060년으로 13년 연장됐고 현재도 계속 개정을 논의하고 있습니다. 또한 수익률이 1%만 높아져도 연금 고갈 시기를 5~8년 정도 늦출 수 있다고 합니다.

해외의 경우 국민연금기금이 소진됐을 때는 정부가 보조하고 부과 방식으로 전환해 계속 연금을 지급했던 것처럼, 우리나라는 국가가 연금 지급을 보장하고 있습니다. 국가가 보장하는 제도이기 때문에 우리는 무엇보다 안심하고 국민연금에 가입할 수 있습니다. 다만 국민연금만으로는 내가 원하는 수준의 삶만큼 완벽한 노후준비가 안 되기 때문에 개인적으로 준비를 해야 하는 것입니다.

부부가 동시에 국민연금에 가입돼 있다면 한 명은 못 받는다?

부부 중 한 명이 국민연금에 가입돼 있고 연금 수령 도중에 사망한다면 그 배우자나 조건을 충족하는 가족이 유족연금을 수령하게 됩니다. 다만 이때 유족연금의 규모는 노령연금 수급권자가 받던 연금액의 100%가 아니라 가입 기간에 따라 차등 지급합니다. 이것이 바로 '유족연금'입니다.

국민연금은 가족에 대한 제도가 아니라 개인에 대한 제도입니다. 따라서 부부가 모두 국민연금에 가입돼 있다면 연금 수령 시기가 도달했을 때 각각 연금을 받을 수 있습니다. 그런데 만약 부부 모두 연금을 수령하던 도중 배우자가 사망한다면 유족연금과는 다른 형태로 배우자연금을 받게 됩니다. 이때에는 '본인의 노령연금 + 유족연금액의 30%'와 '유족연금 전액' 중에서 선택해야 합니다. 어찌보면 불합리하다고 느낄지 모릅니다.

❖ 국민연금 수급요건 및 급여수준

수급요건		급여수준	
사망일이 2016. 11. 30. 이전	사망일이 2016. 11. 30. 이후	가입 기간	연금액
• 다음의 자가 사망할 때 – 노령연금 수급권자 – 가입자(다만, 가입 기간 1년 미만인 자가 질병이나 부상으로 사망한 경우에는 가입 중 발생한 질병이나 부상으로 사망한 경우에 한함) – 가입 기간 10년 이상인 가입자였던 자 – 장애등급 2급 이상의 장애연금 수급권자 • 가입 기간 10년 미만인 가입자였던 자로서 가입 중에 발생한 질병이나 부상 또는 그 부상으로 인한 질병으로 가입 중 초진일 또는 가입자 자격상실 후 1년 이내에 초진일로부터 2년 이내에 사망한 때	• 다음의 자가 사망할 때 – 노령연금 수급권자 – 장애등급 2급 이상의 장애연금 수급권자 – 가입 기간 10년 이상의 가입자(였던 자) – 연금보험료를 낸 기간이 가입 대상 기간의 1/3 이상인 가입자(였던 자) – 사망일 5년 전부터 사망일까지의 기간 중 3년 이상 연금보험료를 낸 가입자(였던 자). 단, 전체 가입 대상 기간 중 체납 기간이 3년 이상인 경우는 유족연금을 지급하지 않음	10년 미만	기본 연금액 40% + 부양가족연금액
		10년 이상 20년 미만	기본 연금액 50% + 부양가족연금액
		20년 이상	기본 연금액 60% + 부양가족연금액

그러나 국민연금은 개인이 아닌 사회 보장을 목적으로 하는 제도이기 때문에 한 사람이 동일한 목적의 급여를 2개 이상 지급받게 된다면 더 많은 사람의 생계를 위한 혜택이 줄어들게 됩니다.

부부가 동시에 국민연금에 가입돼 있다면 한 명은 못 받는 것이 아니라 배우자의 사망 시 유족연금이 일부 삭감된다는 것이 좀 더 정확한 표현입니다.

국민연금 수령 중
회사에 취직하거나 소득이 생기면 못 받는다?

국민연금만으로 생활비가 부족하다고 느끼는 경우가 매우 많습니다.
아직 몸은 건강하고 일도 더 할 수 있는 60~70대는 은퇴해서 쉬기보
다 일하는 것을 더 선호합니다.

❖ 연기연금 신청 대상 및 지급 가산율

구분	2012년 6월 이전	2012년 7월 이후
신청 대상	소득이 있는 업무에 종사하는 만 60세 이상 만 65세 미만의 노령연금 수급자 (조기 노령연금 포함)	만 60세 이상 만 65세 미만의 노령연금 수급자(조기 노령연금 포함)
지급 가산율	연 6%(월 0.5%)	연 7.2%(월 0.6%)

❖ 소득활동에 따른 노령연금액 소득구간별 감액표

A 값 초과소득월액	노령연금 지급 감액산식	월 감액 금액
100만원 미만	초과소득월액분의 5%	0~5만원 미만
100만원 이상 ~ 200만원 미만	5만원 + (100만원을 초과한 초과소득월액분의 10%)	5~15만원 미만
200만원 이상 ~ 300만원 미만	15만원 + (200만원을 초과한 초과소득월액분의 15%)	15~30만원 미만
300만원 이상 ~ 400만원 미만	30만원 + (300만원을 초과한 초과소득월액분의 20%)	30~50만원 미만
400만원 이상	50만원 + (400만원을 초과한 초과소득월액분의 25%)	50만원 이상

※ 2015년 7월 29일 법 개정 전에는 A 값을 초과할 경우 초과소득의 다소에 관계없이 연령에 따라 노령연금액의 일정 비율
  (연금액의 50% ~ 10%)을 감액했음(A 값: 국민연금 전체 가입자의 최근 3년간 월평균 소득).

❖ 소득활동에 따른 노령연금액 연령별 지급률

(단위: %)

구분	60세	61세	62세	63세	64세
지급률	50	60	70	80	90

그런데 일을 시작해 소득이 생기면 국민연금을 받을 수 없다는데 이게 사실일까요? 사실이라면 차라리 일하지 않고 국민연금만 받으며 쉬는 게 낫지 않을까요?

이는 과장된 표현입니다. 2019년 기준으로 월평균 소득 금액이 235만 6,670원을 초과하면 연금액이 줄어들 수 있습니다. 그리고 만일 현재 충분한 소득을 올릴 수 있는 경우라면 국민연금을 일부 감액해 수령하기보다는 지급 연기신청을 해 이후에 더 많은 연금을 지급받는 것도 좋은 방법입니다. 노령연금 수급자가 희망하는 경우 1회에 한해 연금 지급 연기를 신청할 수 있습니다.

18

국민연금을
좀 더 자세히 알아보자

국민연금의 변화

국민연금제도는 1988년 1월부터 특별법에 의해 연금이 적용되는 공무원, 군인, 사립학교 교직원 등을 제외한 10인 이상 사업장의 '18세 이상 ~ 60세 미만' 근로자 및 사업주를 우선 대상으로 시행됐습니다. 이후 1999년 4월 1일부터 도시자영업자, 상시 근로자 5명 이상 사업장의 외국인 근로자 및 사용자까지 확대되면서 '전 국민 연금 시대'가 열리게 됐습니다. 소득의 9%(본인 4.5% + 회사 4.5%)를 납부하고 소득의 70%를 대체하는 것이 그 시작이었습니다.

하지만 기금 소진이 우려돼 1988년도에 국민연금 제도 개혁을 시행했고 5년마다 재정 계산을 합니다. 소득대체율*은 2008년에 60%로 낮아졌고, 현재는 40%입니다. 계속 낮아지고 있어 많은 사람이 문제라 여기고 있지만 처음부터 수령 연금액에 비해 납입 보험료를 너무 낮게 측정했을 가능성도 있습니다.

독일의 경우 67세부터 연금을 지급받고 소득대체율은 45% 정도로 우리와 비슷하지만 납입하는 보험료율은 18.9%로 우리의 두 배에 가

알아두세요

소득대체율
연금액이 연금 가입 기간 평균 소득의 몇 %인지를 보여 주는 비율을 말합니다.

까운 수준입니다. 그동안은 비정상적으로 너무 적게 내고 너무 많이 받아가는 구조였기 때문에 현실적인 수준으로 제도가 변하는 것이 오히려 많은 사람들에게 문제가 있어 보일지도 모릅니다. 처음 시작한 시점을 기준으로 눈높이가 맞춰져 있을 테니까요. 하지만 국가는 절대 국민연금을 포기하지 않고 국민들에게 사회보장제도로써 가입자에게 최소한의 노후를 보장해 줄 것입니다.

가입 대상은?

18세 이상의 대한민국 국민이라면 누구나 국민연금 가입 대상입니다. 직장에 다니고 있다면 '사업장가입자', 프리랜서거나 개인사업자라면 '지역가입자'로 가입됩니다. 심지어 소득이 없는 학생이나 주부도 '임의가입'할 수 있습니다. 대표적인 예로는 배우자가 국민연금에 가입돼 있는 전업주부를 들 수 있습니다.

납입 보험료는?

알 아 두 세 요

기준소득월액
국민연금 보험료 및 급여 산정을 위해 가입자가 신고한 소득월액으로, 최저 29만원부터 최고 440만원으로 한다.

일정 소득이 있는 직장인들은 기준소득월액*의 9%를 국민연금보험료로 납부합니다. 그러나 실제로 회사가 반을 부담해 주기 때문에 본인이 직접 납입하는 비율은 4.5%에 불과합니다. 만약 프리랜서나 자영업자(개인사업자) 등의 지역가입자라면 소득의 9%를 모두 납입해야 합니다. 가입 대상은 아니지만 본인이 원할 경우 가입하는 임의가입자는 최저보험료(2017년 4월 기준)인 8만 9,550원부터 보험료를 선택해 납입할 수 있습니다.

임의가입이란?

임의가입은 국민연금 가입 대상이 아니지만 가장 안정적이고 효과적인 노후준비 방법이 국민연금이라고 생각해 가입하려는 사람들을 위한 제도로, 120개월의 납입 기간을 만족해야만 수령할 수 있는 자격이 생깁니다. 만약 직장에 다니다가 국민연금 수령 조건을 채우지 못할 경우라면, 국민연금 수령 시기가 되기 전까지 임의가입해 추가로 납부한 후 수령 조건을 만족시키면 연금을 수령할 수 있습니다.

다양한 지원 내용

① 출산 크레딧

둘째 이상 자녀가 있을 때 국민연금 가입 기간을 추가로 인정해 주는 제도로, 2008년 1월 1일 이후 출산부터 적용됩니다. 정부가 출산을 장려하기 위해 국민연금 가입자이거나 가입자였던 사람에게 제공하는 혜택입니다. 예를 들어 자녀가 2명인 경우에는 12개월, 3명 이상인 경우에는 둘째 자녀에 인정되는 12개월에 셋째 자녀 이상의 1명마다 18개월을 추가해 30개월이 인정되며 최장 50개월까지 인정됩니다. 만약 가입 기간이 부족해 연금을 지급받지 못하게 되는 경우, 출산 크레딧 신청으로 가입 기간이 채워지며, 1년 이상이라 하더라도 출산 크레딧으로 추가 가입 기간을 인정받으면 연금액이 더 많아집니다.

❖ **국민연금과 자녀 수의 상관관계**

구분		2008. 1. 1 이후에 얻은 자녀 수					
		1명	2명	3명	4명	5명	...
2007. 12. 31 이전에 얻은 자녀 수	0명	0	12	30	48	50	90
	1명	12	30	48	50	50	50
	2명	18	36	50	50	50	50
	3명	18	36	50	50	50	50
	4명	18	36	50	50	50	50
	5명	18	36	50	50	50	50
	⋮	18	36	50	50	50	50

② 국민연금 지원 대상

농·어업에 종사하는 지역가입자이거나 지역임의계속가입자인 경우, 관련 업종 종사 서류를 제출하면 최고 월 40,950원까지 지원받을 수 있습니다. 근로자 10인 미만의 소규모 사업장에서 근로하는 월평균소득 190만원 미만이라면 두루누리사회보험제도의 지원을 받을 수 있습니다. 실업 크레딧은 구직급여 수급자에게 국민연금보험료의 75%를 지원해 주고 25%만 본인이 납부하면 해당 기간을 국민연금 가입 기간으로 산입해 주기도 합니다. 단, 실업 크레딧은 1인 생애 최대 12개월까지입니다.

③ 군복무 크레딧

2008년 1월 1일 이후에 입대한 사람 중 6개월 이상 병역의무를 이행했다면 6개월의 국민연금 가입 기간을 추가로 인정해 줍니다. 한국의 청년이 국방의 의무를 다하는 기간 동안 국민연금을 납부하지 못했지만 군복무 기간을 일부 인정해 주어 연금 수급의 기회를 확대해 주는 제도입니다.

19

집과 땅이 연금이 된다?
주택·농지연금

주택연금이란?

주택연금이란, 집을 소유하고 있지만 소득이 부족한 노인이 집을 담보로 맡기고 그 집에 살면서 매달 국가가 보증하는 연금을 평생 또는 일정 기간 동안 받는 제도입니다. 부부 중 1명이 만 60세 이상이며 부부 기준 9억원 이하의 주택을 소유하고 있으면 가입할 수 있습니다. 다주택자라도 합산 가격이 9억원 이하면 가능하며 9억원 초과 2주택자는 3년 이내 1주택을 팔면 신청할 수 있습니다.

평생 가입자 및 배우자 모두에게 거주를 보장하며 국민연금과 달리 부부 중 한 사람이 사망한 경우에도 연금 감액 없이 100% 동일 금액의 지급을 보장합니다. 또한 부부 모두 사망한 이후에 주택을 처분해 정산했을 때 연금 수령액이 집값을 초과해도 상속인에게 청구하지 않으며 이와 반대로 주택처분금액이 연금 지급 총액보다 크면 정산해 상속인에게 지급합니다(단, 연금 지급 총액 = 월지급금 누계 + 수시 인출금 + 보증료 + 대출이자). 주택연금 가입주택이 5억원 이하라면 재산세(본세) 25% 감면해 주며 저당권 설정 시 75%의 등록세 감면, 농어촌 특별세 면제, 국민주택채권 매입의무도 면제해 주고 있습니다.

단, 주의사항은 주택연금 가입주택을 가입자나 배우자가 실제 거주지로 반드시 이용하고 있어야 하며 전세나 월세로 임대하고 있는 경우에는 불가능합니다.

주택연금 지급 방식

월지급금의 지급 방식은 다양한 형태로 존재합니다. 다음 내용 중 종신 방식을 추천하며 현재 대출 때문에 부담스러운 상황이라면 대출상환 방식을 이용하시기 바랍니다.

주택연금 월지급금 지급 방식

- 종신 방식: 월지급금을 종신토록 지급받는 방식

  종신 지급 방식: 인출 한도 설정 없이 월지급금을 종신토록 지급받는 방식

  종신 혼합 방식: 인출 한도(대출한도의 50% 이내) 설정 후 나머지 부분을 월지급금으로 종신토록 지급받는 방식
- 확정 기간 방식: 고객이 선택한 일정 기간 동안만 월지급금을 지급받는 방식

  확정 기간 혼합 방식: 수시 인출 한도 설정 후 나머지 부분을 월지급금으로 일정 기간 동안만 지급받는 방식

  * 확정 기간 방식 선택 시 반드시 대출한도의 5%에 해당하는 금액은 인출한도로 설정해야 한다.
- 대출 상환 방식: 주택담보대출 상환용으로 인출한도(대출한도의 50% 초과 90% 이내) 범위 안에서 일시에 찾아쓰고 나머지 부분을 월지급금으로 종신토록 지급받는 방식
- 우대 방식: 주택 소유자 또는 배우자가 기초연금 수급자이고 부부 기준 1.5억원 미만 1주택 보유 시 종신 방식(정액형)보다 월지급금을 최대 13% 우대해 지급받는 방식

  우대 지급 방식: 인출한도 설정 없이 우대받은 월지급금을 종신토록 지급받는 방식

  우대 혼합 방식: 인출한도(대출한도의 45% 이내) 설정 후 나머지 부분을 우대받은 월지급금으로 종신토록 지급받는 방식

자산이 부동산에 집중되는 한국인의 특성 때문에 주택연금 이용자는 매년 증가하고 있습니다. 아마도 현금자산이 아닌 부동산에 집중해 자산을 형성했거나 부동산의 처분이나 처분 이후 거주가 우려돼 신청자가 늘어났을 것이라 판단됩니다.

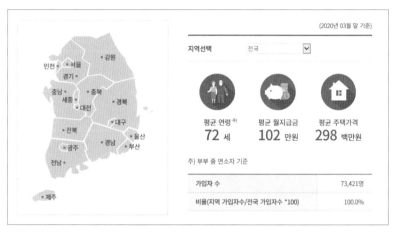

주택연금 이용 현황

주택연금에 대한 좀 더 상세한 정보는 '한국주택금융공사' 홈페이지 (https://www.hf.go.kr)에서 찾아볼 수 있습니다. 홈페이지에서는 예상 연금 조회나 가입에 대한 상담도 함께 받을 수 있습니다. 노후 설계를 위해 주택연금을 활용하려고 한다면 내 주택으로 얼마만큼의 연금을 받을 수 있을지 예상해야 합니다. 홈페이지에서는 145쪽과 같은 표를 볼 수 있습니다. 예를 들어 70세이고 3억원의 주택을 소유하고 있다면 매월 89만 5,000원을 사망 시까지 수령할 수 있다고 예상하면 됩니다. 연금 지급 방식은 다양하게 선택할 수 있지만 가장 안심할 수 있는 종신지급 방식 정액형을 추천합니다.

○ 일반주택

(종신지급방식, 정액형, 2019.3.4일 기준)　　　　　　　　　　　　　　　　　　　　　　　（단위 : 천원）

연령	주택가격								
	1억원	2억원	3억원	4억원	5억원	6억원	7억원	8억원	9억원
50세	107	214	321	428	535	642	749	856	963
55세	144	289	434	579	724	868	1,013	1,158	1,303
60세	198	397	595	794	993	1,191	1,390	1,588	1,787
65세	241	483	725	966	1,208	1,450	1,692	1,933	2,175
70세	298	597	895	1,194	1,492	1,791	2,090	2,388	2,687
75세	375	750	1,125	1,501	1,876	2,251	2,626	3,002	3,055
80세	482	964	1,446	1,928	2,410	2,892	3,374	3,384	3,384

주택연금 지급 금액

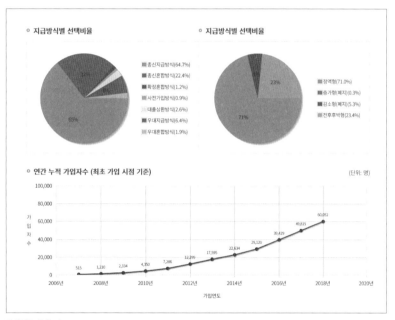

주택연금 상세 정보

농지연금이란?

농지연금이란, 만 65세 이상의 고령 농업인이 소유한 농지를 담보로 노후생활 안정자금을 매월 연금으로 지급받을 수 있는 제도입니다. 부동산을 활용한 연금제도 중 주택연금은 많이 알려져 있지만 농지연금은 최근에 이르러서야 각광을 받고 있습니다. 6억원 이하 농지는 재산세가 전액 감면되며, 6억원 초과 농지라면 6억원까지 감면되는 세제혜택도 있습니다. 더욱이 농지연금을 받으면서 담보 농지를 직접 경작하거나 임대해 추가 소득도 올릴 수 있습니다. 최근엔 소일거리로 영농을 하며 노후를 보내고 싶어하는 사람들에게 든든한 힘이 돼주고 있습니다.

농지연금의 가입요건은 다음과 같습니다. 대상 농지는 지목이 전, 답, 과수원으로 실제 영농에 이용 중인 농지여야 하며 가입 신청자가 직접 소유(단, 본인 및 배우자 이외의 공동 소유자가 있다면 신청 불가)하고 있어야 합니다. 또한 신청인의 영농 경력이 최소 5년 이상이어야 하며 농지연금 신청일 기준으로 과거 5년 이상이어야 합니다. 계속 연

농지연금의 종류와 가입 가능 연령 홈페이지 안내문

속적일 필요는 없으며 전체 합산 기간이 5년 이상이면 됩니다. 대상 농지도 저당권 등 제한물권이 설정돼 있지 않아야 하며 압류나 가압류, 가처분 등의 목적물이 아닌 농지여야 합니다.

「부동산가격 공시에 관한 법률」에 따른 개별 공시지가의 100% 또는 「감정평가 및 감정평가사에 관한 법률」에 따른 감정평가가격의 90% 중 가입자가 선택해 담보 농지 가격을 평가받을 수 있으며 농지은행 웹사이트(www.fbo.or.kr)나 한국농어촌공사 웹사이트(www.ekr.or.kr)에서 신청할 수 있습니다.

절세도 되고 연금도 받는
두 마리 토끼, 연금저축

연금저축 제대로 알아보기

알아두세요

연금저축
개인이 노후생활의 안정을 위해 자발적으로 가입하는 상품으로, 한도는 연 400만원이며 소득세에 세제혜택을 주고 있습니다.

연금저축*을 노후준비 목적으로 가입해 계획적이고 체계적으로 관리하는 사람은 매우 드뭅니다. 별 생각 없이 은행에 방문했는데 납입금액에 따라 연말정산 시 세제혜택을 받을 수 있다는 홍보 문구를 보고 가입하거나 연말정산 시즌에 남들보다 적게 환급받았을 때 은행 직원의 권유로 가입하는 사례가 많습니다.

하지만 연금저축은 누군가에겐 좋은 상품이지만 누군가에겐 필요 없는 상품이기도 합니다. 또한 은행이나 증권사를 통해 가입한 이후 금융기관이 알아서 잘 관리해 줄 것이라 생각해 방치하는 경우도 많습니다.

연금저축은 초기에는 금액이 크지 않지만 시간이 흐르면 점점 목돈이 됩니다. 만일 30세 남성이 소득공제 목적으로 가입해 매년 400만원씩 납입하고 65세에 연금을 개시한다면 35년간 원금만 1억 4,000만원이 됩니다. 매우 큰돈이지요?

연금저축은 나중에 커다란 목돈이 되기 때문에 활용 방법을 잘 숙지해야 합니다. 연금을 스마트하게 활용하면 노후준비에 큰 도움이 되므로 지금부터 차근차근 알아보겠습니다.

연금저축의 종류(신탁·보험·펀드)

연금저축의 종류를 구분하기 어려워하는 사람이 많습니다. 연금상품은 크게 세제혜택 여부와 운용 방법에 따라 나뉩니다. 세제혜택을 받고 추후 연금소득세를 내는 것을 '세제적격 상품군'이라고 합니다. 이와 반대로 현재 세제혜택은 전혀 없지만 연금 수령 시에 비과세를 적용받는 '세제비적격' 상품군도 있습니다.

상품 명칭에 '저축'이라는 단어가 붙은 '연금저축'이 바로 '세제적격' 상품군입니다. 운용 방식과 관리 기관에 따라 '연금저축펀드'와 '연금저축신탁' 그리고 '연금저축보험'으로 나뉩니다. 하지만 '연금저축신탁'은 손실보전이 가능한 구조로 운용되고 수익성이 낮아 국민의 노후준비 취지에 어울리지 않는다는 금융당국의 판단에 따라 현재는 판매하고 있지 않습니다. 따라서 현재는 '연금저축펀드'와 '연금저축보험'만 가입할 수 있습니다.

❖ **연금상품의 차이**

	펀드(실적배당형)	공시이율(이자형)	연금 수령 시 세금
세제적격(세액공제 ○)	연금저축보험	연금저축보험	○
세제비적격(세액공제 ×)	변액연금보험	연금보험	×

펀드와 신탁의 납입 방식은 매우 자유롭습니다. 이번 달에 30만원을

납입했다가 다음 달에 사정이 생겨 납입하기 어려우면 1만원으로 줄여도 전혀 문제가 되지 않습니다. 하지만 자유로운 탓에 자동이체를 신청하지 않고 스스로 납입하는 방식을 선택한다면 의지 부족으로 납입을 미루거나 아예 납입을 하지 않는 경우가 생깁니다.

보험은 청약 시에 설정한 금액을 만기까지 납입해야 합니다. 만약 중도에 납입금액을 변경하려면 계약 변경 신청을 해야 하며 납입금액을 줄이려면 계약의 부분 해지나 감액을 해야 하니 신중해야 합니다.

연금저축의 운용 방식

나의 연금 자산이 불어나는 방식도 각각 다릅니다. '펀드'와 '신탁'은 실적배당 상품이며 '보험'은 공시이율을 적용합니다. '신탁'은 은행에서 판매하며 실적배당형이지만 안정성을 우선시해 수익률은 낮은 편이며 '보험'은 공시이율 금리로 이자를 받습니다. 두 상품 모두 예금자 보호제도의 적용을 받습니다.

'펀드'는 원금 보장의 기능은 없지만 다양한 곳에 대한 투자할 수 있어 선택의 폭이 넓습니다. 주식이나 채권에 투자되는 펀드와 주식처럼 거래되는 펀드인 ETF도 투자가 가능합니다. 여러 상품을 동시에 선택해 비율을 다르게 하거나 교체하는 등 운용의 폭이 매우 넓어 다른 상품에 비해 기대 수익이 높은 편입니다. 단, 상품 구성이나 선택의 폭이 넓다 보니 개인마다 편차가 클 수 있고 원금 보장 기능이 없기 때문에 신중하게 선택해야 합니다.

만약 어떤 상품을 선택해야 할지 고민된다면 펀드형을 선택하는 것이 좋습니다. 개인의 성향에 따라 위험성이 있는 펀드에 대한 선택이 두려울 수도 있습니다. 하지만 펀드형의 경우 가입 기간 동안 안전성이 높은 채권형부터 위험성 있는 주식형에 이르기까지 선택과 교체가 가능합니다. 선택하기 어려울 때 추천하는 채권형은 일반적으로 공시이율보다 수익성이 좋기 때문에 채권펀드를 선택했다가 추후에 마음이 바뀌면 주식형으로 변경하는 것도 방법입니다.

연금저축의 사업비

동일 수익률이라 하더라도 수수료 방식이 다르기 때문에 납입한 돈에 대한 적립률(잔고)이 달라집니다. 연금저축보험은 납입한 보험료에서 사업비*를 차감한 금액에 공시이율을 적용해 계산합니다. 연금저축보험에는 사망 보장이 포함돼 있고 연금 수령 기간의 선택 가능한 옵션 중 종신토록 연금을 받을 수 있는 기능 때문에 사업비를 차감합니다. 그런데 이 사업비가 약 9.29%(상품과 회사마다 다르며 여기서는 실제 판매되고 있는 연금저축보험상품을 예로 들어 설명함. 자세한 내용은 169쪽의 가입설계서 참고) 이상 발생합니다. 예를 들어 100만원을 납입한 경우 9.29%의 사업비(7년 미만)가 공제된 90만 7,100원에 연간 2.35%(현재 공시이율기준이며 3개월마다 이율이 변경됨)의 이자가 더해져 적립금이 됩니다.

알 아 두 세 요

사업비
보험상품의 운영과 유지, 사업을 위해 납입하는, 보험료에서 공제하는 비용을 말합니다.

❖ **연금저축의 사업비 예시**

또한 계약된 납입 기간을 지키지 않을 경우 기타소득세°와는 별도로 해지 공제 금액°이 기간에 따라 차등으로 공제됩니다. 즉, '계약 기간을 지키지 않은 것에 대한 위약금'이라 이해하면 됩니다. 위 상품의 경우 공시이율이 현재 상태로 유지된다고 가정하면 8년이 돼서야 원금인 적립금 100% 상태가 됩니다. 보험상품의 특성상 장기간이 지나야 원금이 되는 것이 일반적이지만 동일 상품군에 대한 또다른 선택권이 있다면 의사결정은 달라지지 않을까요?

하지만 '연금저축펀드'는 전혀 다릅니다. 제가 좋아하는 신영밸류고배당펀드를 온라인펀드 슈퍼마켓을 통해 가입하면 판매수수료는 없으며 보수는 '(납입금 + 수익금) × 연간 0.89%'입니다. 첫 해만 비교한다면 연금저축보험의 사업비(9.29%)의 10분의 1보다 작습니다. 물론 수익률에 따라 적립금이 달라지지만 수수료부터 차이가 큽니다.

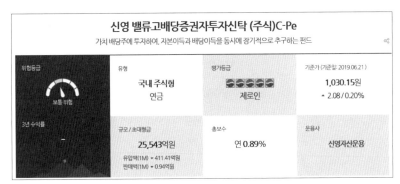

연금저축펀드 예시

다만 연금저축펀드는 납입금+수익금 전체에 대해 운용 수수료가 계속 부과되고 연금저축보험은 납입 원금에 대해서만 수수료가 부과되기 때문에 경과 기간에 따라 수수료의 크기가 달라진다고 생각할 수도 있습니다. 하지만 금융소비자 정보포털 웹사이트인 파인(www.fine.fss.or.kr)에서 '수수료 비교공시'를 통해 경과 기간별 수수료율을 살펴봐도 연금저축보험의 수수료가 월등히 많다는 것을 알 수 있습니다. 이 부분은 '연금저축 이전제도 알기'에서 좀 더 자세히 비교해 보겠습니다.

다. 이 부분은 '연금저축 이전제도 알기'에서 좀 더 자세히 비교해 보겠습니다.

잠깐만요

연금과 연금저축, 무엇이 다를까?

일반적으로 개인이 가입하는 연금은 크게 소득공제 혜택 여부에 따라 구분됩니다. 보험을 예로 들면 세제혜택*이 있으면 '연금(저축)보험', 없으면 '연금보험'이라고 합니다. 연금보험은 세제가 없는 대신 연금 수령 시에 발생하는 연금소득세도 면제입니다. 그러나 세제혜택이 있는 연금(저축)보험은 연금 수령 시 연금소득세가 부과됩니다. 이렇게 세제혜택에 따라 상품의 명칭이 달라진답니다.

알 아 두 세 요

세제혜택
여기서는 '소득공제'와 '세액공제'를 말합니다.

연금저축 절세 이해하기

연금저축의 세 가지 절세 효과

은퇴를 위해 노후준비를 계획할 때 연금저축 제도를 잘 활용하면 소득세에 대해 환급을 받는 절세혜택을 누릴 수 있습니다. 그리고 금융투자상품의 투자 수익에 대한 세금을 연금 수령 시까지 미루는 과세이연[*] 효과가 있습니다. 더욱이 세제혜택의 영향을 받아 추가로 저축할 금액이 늘어나기 때문에 노후를 위한 추가 투자 재원도 확보할 수 있습니다. 연금저축 제도를 활용한 세 가지 절세 효과부터 알아보겠습니다.

① 연말정산 시 세액공제

첫째, 가장 잘 알려진 연말정산 시 세액공제입니다. 연금저축 납입 시 연간 총 납입 한도인 1,800만원 중 세액공제는 최대 400만원입니다. 연 소득 5,500만원 이하인 사람에게는 납입한 금액에 대해서 16.5%, 초과인 사람에게는 13.2%의 절세혜택을 줍니다. 만약 납입 한도인 400만원을 채웠다면 연말정산 시 납입금액의 16.5%인 66만

알아두세요

과세이연
세금을 뒤로 미루는 것을 말합니다. 연금저축의 경우 투자 수익에 대한 세금을 연금 수령 시까지 적게는 수년, 많게는 수십 년 뒤로 미루며 세금 절세 효과를 누릴 수 있습니다.

원(연 소득 5,500만원 이하인 경우)을 환급받게 되는 것입니다. 노후를 위한 투자재원 66만원이 추가로 확보된 셈입니다.

② 과세이연 효과

둘째, 과세이연 효과입니다. 일반적인 저축 상품을 이용한다면 이자소득에 대해 15.4%의 세금을 내야 하지만 연금저축의 경우, 수익이 생긴다 하더라도 현재의 이자소득이 발생하는 것이 아니라 연금 수령 시 연금소득세가 적용됩니다. 즉, 그동안 내지 않은 세금만큼 자금을 운용할 수 있습니다.

예를 들어 30세의 남성이 연간 400만원을 납부해 총 5%의 수익이 발생했다고 가정해 봅시다. 연간 총 수익은 20만원이며 일반적인 저축 상품이라면 수익의 15.4%인 3만 800원을 세금으로 납부해야 합니다. 하지만 연금저축이라면 이 세율이 적용되는 것이 아니라 이 남성이 연금을 수령하기 시작하는 65세에 수령하는 연금액의 5.5%만 세금으로 납부하게 됩니다. 30세에 납부하지 않은 세금은 재투자돼 연금재원이 더욱 커지는 효과가 생길 것이고, 세율 자체로만 본다면 약 9.9%의 세금이 절세된 것입니다. 물론 직접 비교해 본다면 30세에 납입할 15.4%의 세금(이자소득, 배당소득세)보다 약 35년간 수익이 늘어나 65세에 받는 연금에 부과되는 5.5%가 크지만 이 남성이 연금저축이 아닌 다른 곳에 매년 투자했다면 납입했을 15.4%보다 월등히 줄어든 액수일 것입니다.

③ 종합소득과세의 절세 효과

셋째, 종합소득과세에서의 절세 효과입니다. 연간 금융소득이 2,000만원이 넘으면 다른 소득(근로·사업·연금·부동산·기타)과 합산돼 금융소득종합과세를 적용받게 됩니다. 만약 금융소득종합과세 적용 대상이 된다면 세율은 15.4%에서 최고 46.2%까지 늘어나게 됩니다. 금융소득이 많을수록 세율이 높아지기 때문에 자칫하면 세금폭탄을 맞게 됩니다. 만약 연금저축으로 납입한 금액과 수익을 합한 금액을 일시금으로 수령한다면 16.5%의 세율이 적용됩니다. 이 경우는 다른 금융소득과 합산되지 않고 분리과세로 종결 처리되기 때문에 금융소득종합과세 구간이 높아져 세금을 더 내지 않아도 됩니다. 만약 세율이 46.2%인 사람이 연금저축을 이용한다면 16.5%까지 세금이 절세되는 것입니다.

연금저축을 통한 연금 수령액이 연간 1,200만원 이하라면 종합과세를 활용해 절세할 수 있습니다. 연금 소득 이외에 근로소득이나 부동산, 사업, 기타소득이 있는 경우 합산해 세율이 결정됩니다. 만약 다른 소득이 있다면 합산해 세율이 높아지는 것이 아니라 선택적 분리과세를 통해 연금소득세를 적용받아 좀 더 낮은 세율을 적용받을 수 있습니다. 수령 시기와 기간을 분산한다면 절세 효과는 더욱 커질 것입니다.

이와 반대로 다른 소득 없이 연금 소득만 있으며 연간 소득 금액이 1,200만원 이하라면 종합소득으로 신고하는 것도 좋은 방법입니다. 그 이유는 연금소득의 경우 공제가 없지만 종합소득세합산신고를 할 경우 공제를 통해 세율이 낮아질 수도 있기 때문입니다. 나는 어떤 유형에 해당하는지 먼저 파악한 후 꼼꼼히 분석해 보고 유리한 방법을 선택하면 됩니다.

연금저축을 중도해지하는 이유

2016년 5월 16일, 금융감독원에서는 "연금저축을 중도해지하면 손해가 큽니다."라는 제목으로 보도자료를 배포했습니다. 얼마나 해지가 많으면, 얼마나 중도해지 손실이 크면, 얼마나 해지를 막고 싶으면 금융감독원에서 이런 보도자료를 배포했을까요?

금융감독원의 2016년 통계를 살펴보면 신규계약이 43만 건, 해지계약이 34만 건입니다. 이는 신규계약의 79.4%에 해당하며 매년 증가추세에 있습니다. 또한 손해보험협회에 따르면 연금계약 5년 유지율은 전체의 62%, 10년 유지율은 49%로 가입자 3명 중 1명은 5년 이내, 2명 중 1명은 10년 이내에 중도해지를 하고 있는 셈입니다.

그 이유는 무엇일까요? 상품에 문제가 있거나 이익이 별로라서일까요? 단순히 눈앞에 보이는 세제환급에만 목적을 두고 다른 내용은 자세히 살펴보지 않은 채 덜컥 가입만 해버렸기 때문입니다. 제대로 된 노후준비 계획에 맞춰 가입한 것이 아니라 그저 연말정산 때 환급액을 더 받을 수 있다는 사실에만 집중했기 때문입니다.

중도해지와 중도인출 시 세금

계획적이지 않은 저축은 언제든 해지될 수 있습니다. 미래의 생존보다 지금 당장의 달콤함이 우선시되기 때문입니다. 금융감독원의 발표에 따르면 연금저축 가입자는 세액공제 혜택은 비교적 잘 알고 있지만 중도해지 시 세금 부담에 대해서는 잘 알고 있지 못하다고 합니다. 그렇다면 중도해지 시 세금 부담은 얼마나 될까요?

❖ **연금저축 중도해지 시 세금**

주요 세제	2013년	2014년	시행
기타소득세 (소급 적용)	기타소득세(22.0%) 부과 (300만원 초과 시 종합소득 과세)	기타소득세(16.5%) 부과 (기타소득 분리과세)	15년
해지가산세	가입 후 5년 내 해지 시 해지가산세(2.2%) 부과	2013년 3월 이전 가입분 계속 적용 2013년 3월 이후 가입분부터 폐지	13년

중도해지 시 세제혜택을 받은 납입금 및 운용수익에 대해 기타소득세는 16.5%가 과세되고, 13년 3월 이전 계약은 5년 이내 해지 시 가산세(2.2%)도 부과됩니다. 그럼 중도해지 시 과세되는 세금과 잘 유지해 연금으로 수령 시 과세되는 세금이 얼마나 차이날까요? 예시를 통해 비교해 봅시다.

55세인 여성이 2012년 연금저축에 가입해 2016년까지 매년 400만원씩 5년간 납입해 현재 적립금 2,125만원인 계좌가 있습니다. 납입금액 2,000만원은 모두 세제혜택을 받았습니다. 만약 중도해지를 한다면 2,125만원은 모두 과세 대상이므로 16.5%가 부과돼 350.6만원을 중도해지 세금으로 납부해야 합니다. 이와 반대로 잘 유지해 연금으로 수령하면 얼마나 될까요? 60세인 이 여성이 현재 적립금을 10년간 나눠 연금을 받기로 했습니다. 그럼 매년 212.5만원을 수령하게 됩니다. 여기에 연금소득세 5.5%(55~69세 기간 중 연금 수령 시 연금소득세율 5.5%)를 계산하면 11.7만원을 납부해야 하며 10년 동안 총 117만원을 세금으로 내야 합니다.

❖ **중도해지 시와 연금 수령 시 세금 비교**

사례	• 2012년 연금저축 가입, 2016년까지 매년 400만원 납입(5년 유지) • 매년 400만원씩 세제혜택 받음(총 2,000만원). • 현재 적립금은 2,125만원(납입금액 2,000만원, 운용수익 125만원)
중도해지시	기타소득세: 350.6만원 • 과세 대상 금액: 세제혜택 금액 + 운용수익 = 2,125만원 • 기타소득세액: 2,125만원 × 16.5% = 350.6만원

연금 수령시	연금소득세: 117만원
	• 과세 대상 금액: 세제혜택 금액 + 운용수익 = 2,125만원
	• 총 연금소득세: 11.7만원* × 10년 = 117만원
	  * 매년 연금소득세(11.7만원 = 212.5만원 × 5.5%)
	   - 과세 대상 금액 2,125만원을 10년 균등 수령하면 매년 212.5만원 산정
	   - 55 ~ 69세 기간 중 연금 수령 시 연금소득세율인 5.5% 적용

비교 결과	• 중도해지 시 연금 수령 시 대비 233.6만원 수령액 감소 • 중도해지 시 납입 원금 대비 기회비용 손실 11.7%↓ 발생

* 중도해지 후 또는 연금 수령 기간 동안 발생할 운용수익은 고려하지 않음.

구분	중도해지 시	연금 수령 시	차액
납입금액	2,000만원	2,000만원	–
세금액	350만 6,000원	117만원	233만 6,000원
실수령액	1,774만 4,000원*	2,008만원	233만 6,000원

* 중도해지 시 실수령액이 납입금액보다 적음(연말정산 세액공제혜택을 고려하지 않음).

중도해지를 한다면 매년 11.7만원을 10년에 걸쳐 납입해야 할 세금 대신 350.6만원을 즉시 납입해야 합니다. 이 차액은 233.6만원으로, 원금의 11.7%에 해당하며 연금 수령 기간 동안 연금소득세로 납입해 생긴 운용수익에 대한 기회비용은 고려하지 않았습니다. 만약 노후준비가 아닌 세액공제를 목적으로 가입했다가 당장의 지출 때문에 해지하고 다시 연말정산 때문에 가입하는 것을 은퇴 시기까지 반복한다면 얼마나 큰 손실일까요?(다만 세제혜택을 받지 않은 금액이 있을 경우, 공제를 받지 않았다는 증빙을 하면 그만큼 세금이 제외됩니다) 또한 부득이한 사유(천재지변·사망·개인회생 및 파산·해외이주·가입자 및 부양가족의 3개월 이상의 요양)로 불가피하게 해지한다면 기타소득세가 아니라 3.3~5.5%의 세율을 적용받습니다.

연금저축가입자는 중도해지뿐 아니라 중도인출에 대해서도 알고 있어야 합니다. 납입한 금액 중 세액(소득)공제를 받지 않은 금액은 세금 부과 없이 중도인출할 수 있습니다(2001년 1월 이후 가입 상품부터 적용). 이때에도 중도인출 전에 소득·세액공제확인서를 발급받아 제출해 세액공제를 받지 않은 금액이라는 사실이 확인돼야 합니다.

중도인출은 순서에 따라 실시됩니다. 당해연도에 세액(소득)공제를 받지 않은 납입금이 우선이며 그다음은 세액공제 한도인 400만원을 초과한 납입금입니다. 즉, 세제혜택을 받지 못한 금액이 먼저 인출되며 이후에 세액공제받은 원금과 운용수익이 인출됩니다.

대부분의 사람들은 상세한 내용을 모른 채 단순히 금융기관 직원의 권유로 가입해 세제혜택을 받고 좋아합니다. 그러다 5년을 채 유지하지 못하고 다른 곳에 소비를 계획할 때 이 자금까지 함께 고려했다가 예상치 못한 패널티로 큰 손해를 봤다며 아우성칩니다.

하지만 이는 상품의 문제가 아니라 상품의 특징을 제대로 알아보지 않은 가입자의 잘못도 있습니다. 연금저축은 이렇듯 세제혜택을 통해 노후를 준비하게 해 주는 훌륭한 상품인데도 손해만 끼치는 상품이라는 오해를 받고 있습니다.

절세를 위한 인출전략 세우기

연금저축은 자산 형성에 대한 전략도 중요하지만 인출에 대한 전략도 중요합니다. 바로 세금 때문입니다. 중도에 해지하거나 일시금으로 지급받는다면 16.5%의 기타소득세율이 적용됩니다. 연간 수령액이 1,200만원 이하일 경우 분리과세를 한다면 3~5%입니다. 이 밖에 선택적 종합과세를 통해 각종 공제를 한 후 종합소득세를 납부하는 방법도 있습니다.

첫 번째로 고려해야 할 것은 '분리과세와 공제를 이용한 종합과세 중 어떤 방법을 선택할 것인지'에 대한 전략입니다. 1,200만원 이하일 경우, 단순히 생각하면 세율이 낮은 분리과세를 선택하는 것이 현명해 보일 수도 있습니다. 그러나 종합과세를 선택해 여러 가지를 공제한 후의 세금이 더 낮은 경우가 있으므로 잘 따져보고 선택해야 합니다.

두 번째로 고려해야 할 것은 '시점에 대한 분산'입니다. 연금저축은 연령에 따라 다른 세율이 적용됩니다.

❖ **연령에 따른 연금저축 세율**

수령 시점	60세	70세	80세
연금 수령 기간	10년	10년	20년
매년 연금액	880만원	1,180만원	915만원
총 연금액	8,800만원	1억 1,800만원	1억 8,300만원
연금 증가액	–	+ 3,000만원	+ 9,500만원
세율	5%	4%	3%

* 현재 연금 재원 7,500만원, 확정 기간형, 이자율 3% 가정

세율은 60세의 시점엔 5%, 80세의 시점엔 3%까지 낮아지므로 시점을 뒤로 늦추는 방법으로 세금을 절세하는 방법입니다. 연금 수령 시점을 뒤로 미루면 분리과세 세율이 낮아지는 효과도 있고 이 기간 동안 노후자산을 운용해 추가 수익을 얻을 수도 있습니다. 다만 주의할 점은 시점을 뒤로 미루면 은퇴 기간 동안 소득이 줄어들어 자칫 일상생활에 영향을 미칠 수도 있다는 것입니다. 따라서 다른 (비과세) 연금이나 자산 또는 소득과 종합적으로 고려해 판단해야 합니다.

세 번째로 고려해야 할 것은 '수령 기간 선택'입니다. 연금 수령액을 설정할 때 연간 1,200만원을 넘을 것인지, 넘지 않을 것인지를 먼저 결정해야 합니다. 이때에는 다른 변수와 마찬가지로 세금을 낮추는 것에 초점을 맞춰야 합니다. 1,200만원이 넘으면 종합소득세가 부과되며 혹시 다른 소득이 있다면 세율은 더욱 올라가므로 자칫 과도한 세금을 부담해야 할 수도 있습니다.

이렇게 세 가지 변수를 고려해 개인의 자산 구성과 환경에 따라 연금이 개시되기 전에 미리미리 인출전략을 준비해야 합니다. 세금이 다소 어렵게 느껴질 수도 있습니다. 하지만 나의 준비와 선택 여하에 따라 미치는 노후생활의 경제적 수준에 대한 영향이 매우 크므로 스스

로 고민해봐야 합니다. 전문가와 상의한다 하더라도 본인이 직접 판단해야 하고 원하는 것을 정확히 전달해 상담을 받으려면 정확한 이해가 선행돼야 합니다.

연금저축 활용하기

은퇴를 위해 계획적으로 준비해 연금저축에 가입한 것이 아니라 단순히 세금 때문에 가입해서 유지하거나 별 생각 없이 가입해 납입만 하다 은퇴 시점이 얼마 남지 않은 사람들이 꽤 많습니다. 이런 경우, 세금혜택은 누렸지만 적립금에 크게 신경 쓰지 않은 탓에 연금으로 활용하기에는 너무 소액인 경우가 많습니다.

예를 들어 15년간 연간 400만원씩 납입해 적립금이 6,000만원(이자율, 투자수익률 무시)이 됐다고 가정해 보겠습니다. 이 돈을 일반적인 연금처럼 20년에 걸쳐 나눠 받겠다고 한다면 연간 300만원을 수령하게 됩니다. 물론 이자율(또는 수익률)이 더해져도 미래의 시점에 그 돈을 다시 12개월로 분할해 받는다면 노후생활에 큰 도움은 되지 못할 것입니다. 당연히 이때에는 연간 1,200만원도 넘지 않을 뿐 아니라 세금을 고려해 봐야 금액도 크지 않으므로 세금은 고려 대상이 아닙니다.

최근 들어 국민연금의 수령 시기는 점점 늦춰지고 있고 퇴직 시기는 빨라지고 있습니다. 더욱이 재취업도 쉽지 않고 설사 재취업에 성공했다 하더라도 급여가 그리 넉넉한 편은 아닙니다. 요즘 많이 활용되는 방법은 퇴직 시점부터 국민연금 수령 시점까지 부족한 생활비를 연금저축으로 집중 수령하는 것입니다.

예를 들어 60세에 퇴직하고 65세부터 국민연금 수령이 시작되는 것을 가정해 보겠습니다. 6,000만원을 5년간 집중적으로 나눠 받는다면 매년 1,200만원, 즉 매월 100만원씩 수령하게 됩니다. 국민연금이 발생되기 전까지 연금저축에서 발생하는 매월 100만원과 퇴직연금 그리고 혹시라도 경제활동을 해 추가 소득이 발생한다면 이 시기에는 국민(공적)연금이 없어도 충분히 기본적인 생활을 영위해 나갈 수 있습니다. 이때 주의할 점은 상품별로 가입 시점에 따라 5년 또는 10년 이상 연금을 수령해야 기타소득세가 아닌 연금소득세를 적용받는다는 것입니다. 이에 맞춰 국민연금을 수령하기 전까지 연금저축을 활용한다면 많은 도움이 될 것입니다. 단, 이 방법 역시, 모든 이에게 공통으로 적용되는 것이 아니라 개개인의 상황에 따라 다르겠죠? 연금저축을 정확히 이해한 후에 잘 활용해 보시기 바랍니다.

❖ 연금저축 활용법 예시

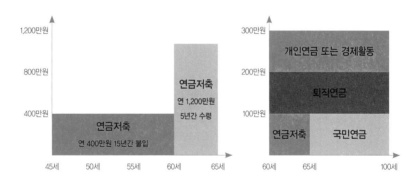

22 반드시 알아야 할 연금저축 이전제도

연금저축 이전제도 알기

연금저축의 종류에는 보험, 펀드, 신탁이 있으며, 이는 보험사, 증권사, 은행에서 관리하고 있습니다. 각 연금저축 상품들은 동일한 세제 혜택을 받고 있으며 수수료와 사업비 부가 방식, 기능 및 특징만 상품별로 조금씩 다를 뿐, 연금저축계좌의 개념은 동일합니다. 장단점은 각 상품마다 모두 다릅니다.

만일 가입자가 연금저축보험으로 가입했다가 사정이 생기거나 수익률, 상품의 구조가 마음에 들지 않아 연금저축펀드를 선택하고 싶을 경우, 기존의 가입상품을 해지하면 패널티 성격의 높은 세금을 납부해야 할 뿐 아니라 해지위약금까지 내야 합니다.

'연금저축 이전제도'는 상품을 해지하지 않고 타 기관으로 이전할 수 있는 제도입니다. 해약이 아니기 때문에 별도의 패널티가 없고 보험이라면 해약환급금, 펀드나 신탁이라면 적립금을 기준으로 기관 간에 계좌를 이동할 수 있습니다. 다만 원금 기준이 아니기 때문에 시기에 따라 금액이 원금보다 적을 수도 있다는 점에 유의하시기 바랍니다.

과거에는 기존 가입한 상품의 회사와 새로 이전할 상품의 회사에 모두 방문해 서류를 작성해야만 했습니다.

하지만 가입자가 상품을 해지하는 것보다 이전하는 것이 좀 더 노후 준비에 도움이 된다고 알려지기 시작하면서 최근에 제도가 개선돼 '연금저축계좌 이동간소화 제도'가 시행되고 있습니다. 새로 가입할 회사에 계좌를 개설한 후 기존 가입 정보를 알려 주면 새 계좌의 회사가 기존 계좌의 회사에 연락해 직접 이전 절차를 진행합니다. 소비자가 두 기관을 방문해야 하는 번거로움이 사라진 것입니다. 또한 스마트폰 애플리케이션을 이용해 비대면으로 계좌를 개설하고 이전 신청을 하면 방문 없이도 간편하게 이용할 수 있습니다.

연금저축 이전이 인기 있는 이유

많은 금융회사의 '연금저축 이전제도'에 대한 홍보 때문인지는 몰라도 최근들어 계좌 이동이 매우 활발히 이뤄지고 있습니다. 특히, 보험사나 신탁사에서 증권사 펀드로의 이전이 가장 활발한 편입니다. 분명 각 기관과 상품에 따라 장단점이 있을 텐데 왜 유독 증권사 연금저축 펀드로의 이전이 많을까요? 그 이유를 살펴보겠습니다.

① 수익률이 높다

첫째, 수익률 때문입니다. 2018년 7월 27일 금융감독원에서 '연금저축 수익률, 적금만 못한가?'라는 제목으로 보도자료가 배포됐습니다. 연금저축에 대한 수익률 논란에 대해 객관적인 조사를 한 것입니다. 2001년도에 연금저축과 적금에 가입해 17년간 납입했고 이후 10년에 걸쳐 연금 형태로 수령한 경우를 가정하고 평균 수익률을 산출했습니다.

❖ 세액공제 효과를 고려하지 않은 연금저축 수익률 현황

	펀드	신탁	생보	손보	예금은행 적금*	저축은행 적금*
최고	7.60	3.69	5.12	4.19	–	–
최저	2.24	2.32	3.06	3.27	–	–
평균	6.32	2.90	4.11	3.84	3.10	4.19
표준편차	2.13	0.31	0.59	0.25	–	–

* 한국은행이 정기적으로 집계하는 금융기관 가중평균금리를 적용해 산출(이하 동일)

❖ 세액공제 효과를 고려한 연금저축 수익률 현황

	펀드	신탁	생보	손보	예금은행 적금*	저축은행 적금*
최고	9.00	5.19	6.58	5.67	–	–
최저	3.78	3.85	4.57	4.78	–	–
평균	7.75	4.42	5.60	5.33	3.10	4.19
표준편차	2.07	0.30	0.57	0.24	–	–

❖ 세액공제 효과 및 연금소득세를 고려한 연금저축 수익률 현황

	펀드	신탁	생보	손보	예금은행 적금*	저축은행 적금*
최고	8.41	4.51	6.17	5.35	–	–
최저	3.23	3.17	4.21	4.48	–	–
평균	7.17	3.74	5.21	5.02	2.68	3.66
표준편차	2.06	0.30	0.56	0.23	–	–

세액공제 효과를 고려하지 않으면 '수익률 6.32%'의 펀드를 제외하고 신탁, 생명보험, 손해보험의 연금저축 상품 모두 4.19%의 저축은행 적금 금리보다 낮게 산출됩니다. 하지만 세액공제 효과나 연금소득세 까지 고려하면 모두 저축은행 적금보다 높게 산출됩니다. 특히 펀드 의 경우 월등한 성과를 보여 주고 있습니다. 펀드를 선택할 때는 원금

손실이라는 벽이 있지만 평균 성과로 살펴보면 펀드가 좀 더 나은 결과를 기대할 수 있다는 결론이 나옵니다.

연금저축은 장기상품이기 때문에 오랫동안 운용해야 합니다. 계산상의 편의를 위해 펀드 수익률은 6%, 그 외 상품의 연수익률은 3%라고 가정해 보겠습니다.

❖ 30년 투자 시 수익률 차이에 따른 원리금 차이 비교

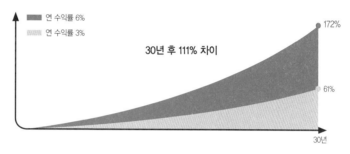

※ 위 시뮬레이션은 장기투자에 따른 복리 효과를 예시하기 위한 단순 계산이며, 실제 투자 시 결괏값은 투자
　자산 수익률 추이에 따라 달라질 수 있음.
※ 매월 34만원 / 월 복리로 계산 / 360개월 납입 / 세전 기준

3%의 차이가 30년이면 적립금 수익률에서 111%의 차이를 보여 줍니다. 그런데 만일 펀드 선택과 관리에 많은 노력을 기울여 6%가 아니라 더 높은 수익률을 냈다면 그 차이는 더욱 커집니다.

여기서 분명한 사실은 펀드의 경우, 무조건 수익이 나는 것이 아니라 수익률이 더 높아질 가능성이 존재한다는 것입니다. 공시이율 상품의 경우 가입자의 선택이나 의지와는 무관하게 시중 이율에 따라 결정되므로 수익률이 더 높아지거나 개선될 가능성은 없습니다. 가능성이 있는 것과 가능성이 없는 것의 차이는 매우 큽니다. 이 가능성이 100% 확실한 보장은 아닙니다.

펀드를 선택했다가 공시이율 상품보다 낮은 수익률을 내거나 원금 손

실이 생기면 어떻게 하냐고요? 다음은 2012년에 금융감독원에서 발표한 연금저축 업권별 수익률 비교입니다. 이를 살펴보면 원금 손실 때문에 선택을 기피하는 펀드 유형 중 가장 안정성이 높은 채권형 펀드를 선택해도 보험사의 연금저축보험이나 은행의 연금저축신탁보다 높은 수익률을 보여 주고 있다는 것을 알 수 있습니다. 즉, 수익률이 확정적이거나 보장할 수는 없지만 평균 데이터는 이미 펀드가 더 좋은 결과를 거둘 수 있다는 것을 보여 주고 있습니다.

❖ **연금저축 업권별 수익률 비교**

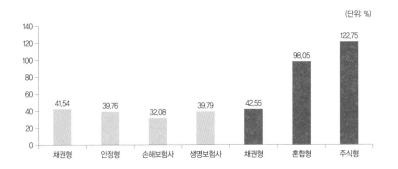

(단위: %)

② 사업비가 매우 적다

둘째, 상품의 사업비 때문입니다. 각 금융기관에서 판매되고 있는 상품에는 사업비가 부과됩니다. 사업비는 수익률과는 무관하게 상품을 가입하고 유지하는 비용이 발생합니다. 169~170쪽의 그림은 현재 가장 많이 판매되고 있는 연금저축보험과 연금저축펀드 중 한 가지의 사업비 내역입니다(각 회사 및 상품마다 차이가 있습니다).

만약 내가 1회차에 10만 원을 납부하면 사업비 명목으로 9,290원이 차감됩니다. 다시 말해 수익률이 '-9.29%'에서 출발합니다. 해당 상품의 현재 공시이율은 '2.35%'입니다. 사업비가 차감되고 남은 9만

710원에 매년 2.35%(공시이율 하락이 없다고 가정)의 이자가 발생해 1회차에 납입한 원금인 10만원이 되려면 약 4년의 시간이 필요합니다. 1회차가 아니라 2회차 이후도 계속 시간이 지나야 처음 시작인 원금 상태가 됩니다.

해당 회사에서 제공하는 설계서를 살펴보면 가입 이후 8년이 돼야만 비로소 납입 전체 금액의 원금이 되며 가입자에게는 그때부터 수익률이 플러스(+)가 되는 것으로 보입니다. 만약 8년 이내에 공시이율이 하락하기라도 한다면 원금의 도래 시점은 더욱 늦어질 것입니다. 생각보다 오랜 시간이죠? 그리고 만약 7년 이내에 해지라도 한다면 세금 이외에 별도의 해지 공제 금액까지 발생합니다. 사업비와 공제금 등 부가적인 비용이 적지 않게 발생하는 것입니다.

1. 기본비용 및 수수료

[기준 : 주보험 기본보험료 30만원, 가입나이 40세, 연금지급개시나이 60세, 10년납]

구 분	목 적	시 기	비 용
보험 관계비용	계약체결비용	매월	7년 미만 : 기본보험료의 4.49% (13,470원) 7년 이후 10년 미만 : 기본보험료의 2.29% (6,870원) 10년 이후 : 없음
	계약관리비용	매월	납입기간 이내 : 기본보험료의 4.80% (14,400원) 납입기간 이후 : 기본보험료의 1.00% (3,000원)
	위험보험료	매월	-
	합계	매월	7년 미만 : 기본보험료의 9.29% 7년 이후 10년 미만: 기본보험료의 7.09% 10년 이후 : 기본보험료의 1.00%
연금수령기간중 비용	연금수령기간중의 계약관리비용	매년 (연금수령시)	종 신 연 금 형 : 연금연액의 0.8% 확정기간연금형 : 연금연액의 0.5%
해지공제	해지에 따른 패널티	해지시	※ 아래 도표 참조

※ 해지공제 비용

경과시점	1년	2년	3년	4년	5년	6년	7년이상
해지공제금액(만원)	64	54	43	32	21	11	0
해지공제비율(%)	17.9	7.4	4.0	2.2	1.2	0.5	0

☞ 해지공제비율은 이미 납입한 주보험 기본보험료의 합계액 대비 해지공제금액의 비율입니다.

연금저축보험 가입설계서 중 사업비 항목

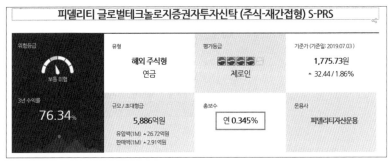

경과기간	납입보험료누계(A)	최저보증이율				연복리 2.35%				연복리 2.35%			
		해지환급금(B)	환급률(B/A)	적립액(C)	적립률(C/A)	해지환급금(D)	환급률(D/A)	적립액(E)	적립률(E/A)	해지환급금(F)	환급률(F/A)	적립액(G)	적립률(G/A)
3개월	900	94	10.6	818	90.8	96	10.7	819	91.0	96	10.7	819	91.0
6개월	1,800	942	52.3	1,638	91.0	947	52.6	1,643	91.3	947	52.6	1,643	91.3
9개월	2,700	1,792	66.3	2,461	91.1	1,803	66.7	2,473	91.5	1,803	66.7	2,473	91.5
1년	3,600	2,644	73.4	3,287	91.3	2,664	74.0	3,307	91.8	2,664	74.0	3,307	91.8
2년	7,200	6,080	84.4	6,616	91.8	6,156	85.5	6,691	92.9	6,156	85.5	6,691	92.9
3년	10,800	9,558	88.5	9,986	92.4	9,727	90.0	10,156	94.0	9,727	90.0	10,156	94.0
4년	14,400	13,077	90.8	13,399	93.0	13,380	92.9	13,702	95.1	13,380	92.9	13,702	95.1
5년	18,000	16,640	92.4	16,854	93.6	17,117	95.0	17,331	96.2	17,117	95.0	17,331	96.2
6년	21,600	20,199	93.5	20,306	94.0	20,938	96.9	21,045	97.4	20,938	96.9	21,045	97.4
7년	25,200	23,792	94.4	23,792	94.4	24,847	98.6	24,847	98.6	24,847	98.6	24,847	98.6
8년	28,800	27,393	95.1	27,393	95.1	28,818	100.0	28,818	100.0	28,818	100.0	28,818	100.0
9년	32,400	31,030	95.7	31,030	95.7	32,883	101.4	32,883	101.4	32,883	101.4	32,883	101.4

[기준 : 주보험 기본보험료 30만원, 가입나이 40세, 연금개시나이 60세, 10년납]

(단위:천원, %)

연금저축보험 가입설계서 중 수익 항목

피델리티 글로벌테크놀로지증권자투자신탁 (주식-재간접형) S-PRS

위험등급 보통 위험

유형
해외 주식형
연금

평가등급
제로인

기준가 (기준일: 2019.07.03)
1,775.73원
▲ 32.44 / 1.86%

3년 수익률
76.34%

규모/초대형급
5,886억원
유입액(1M) ▲ 26.72억원
판매액(1M) ▲ 2.91억원

총보수
연 0.345%

운용사
피델리티자산운용

연금저축펀드 사업비

그럼 연금저축펀드의 사업비는 어떨까요? 온라인펀드슈퍼마켓에서 판매되고 있고 제가 가장 좋아하는 펀드 중 하나를 살펴보겠습니다. 각각의 펀드마다 보수의 규모는 다르지만 큰 차이는 없습니다. 현재의 연간 총 운영보수는 '0.345%'입니다. 보험의 사업비와 비교했을 때 약 30배 정도 차이가 생깁니다. 다만 계산상 주의할 점은 보험의 경우 납입 보험료(원금)를 기준으로 비용이 부과되는 것이고, 펀드의 경우 총 운용되는 금액(원금+적립금)에서 발생하는 보수이기 때문에 조금 다릅니다. 하지만 어떻게 보더라도 보험의 사업비가 펀드의 총 보수에 비해 많은 건 사실입니다.

펀드의 경우 수익이 아니라 손실이 날 수도 있습니다. 보험과 비교한다면 보험은 시작과 동시에 약 −9%이지만 펀드는 약 −0.3%로 시작하기 때문에 펀드의 손실이 8.7%보다 크지 않다면 보험보다 무조건 유리한 위치에서 출발합니다.

하지만 펀드는 손실 가능성만 있는 것이 아니라 수익 가능성도 있습니다. 보험의 경우 공시이율로 적립금에 수익이 발생하기 때문에 추가 수익에 대한 가능성은 제로입니다. 하지만 펀드는 보험에 비해 상대적으로 이미 약 9%가량 높은 적립금에서 출발하고 수익 가능성도 있기 때문에 좀 더 폭넓고 다양한 결과가 나타날 수 있습니다.

물론 연금저축보험이 사업비가 높은 대신 종신형 연금의 기능도 있습니다. 연금저축펀드의 경우 적립금을 나눠 받는 형태이기 때문에 결국 적립금이 바닥나게 돼 있습니다. 연금저축보험의 종신형 연금은 마르지 않는 샘물처럼 사망 시까지 연금을 받게 됩니다.

하지만 얼마나 실효성이 있는지를 잘 판단해야 합니다. 위 예시의 경우(연금저축보험), 40세에 연금저축보험에 가입한 사람이 10년간 납입하고 10년간 거치해 60세가 됐을 때 최종 적립률이 현재 공시이율대로 유지된다고 가정하면 128.6%인 4,632만원입니다. 이 적립금으로 20년 이상 나눠 받는다고 계산해 매년 수령하는 연금액이 정해지고 그 금액을 종신토록 받는 기능 때문에 사업비를 지불하는 것입니다.

실제로는 연금액이 너무 적기 때문에 현실성이 떨어져 종신형을 선택하기보다 10년 또는 15년의 확정연금형(종신형이 아니라)을 선택해 수령하는 사람이 많습니다. 수익률과 적립금액이 모두 높다면 종신 형태의 연금 수령이 의미가 있지만 적립금에서 사업비를 공제한 후 점점 하락하는 공시이율로 연금 자산을 불려봐야 원금은 증가하지 않습니다.

높은 사업비와 종신연금인 연금저축보험 대신 수익률에 대한 가능성과 총 보수가 낮은 연금저축펀드를 선택하는 사람이 점점 늘어나고 있는 것은 바로 이 때문입니다.

또한 이미 연금저축보험에 가입했을 경우, '연금저축 이전제도'를 통해 증권사의 연금저축펀드로의 이전을 신청하는 사례가 점점 많아지고 있습니다. 바로 위의 두 가지 이유 때문입니다.

현재 연금저축보험에 가입 중이신가요? 연금저축펀드로의 이전은 어떠신가요? 손실 가능성이 두려우시다고요? 안정적인 채권형 펀드만 선택해도 현재의 저금리를 적용받는 공시이율보다는 충분히 나은 결과가 예상되므로 연금저축펀드로의 이전을 추천합니다.

비대면 연금저축 계좌 개설 & 이전하기

증권사 애플리케이션을 다운로드한다

스마트폰과 애플리케이션의 발달로 이제는 금융기관에 직접 방문하지 않아도 계좌 개설부터 상품 가입 및 관리까지 모두 가능합니다. 만약 연금저축에 매력을 느껴 가입하길 원하는데 시간이 없다면 증권사 애플리케이션을 다운로드하세요. 삼성증권을 예로 들어 설명하겠습니다. 연금저축 계좌를 개설하기 전에 먼저 금융상품 종합 계좌부터 개설하는 것이 좋습니다.

기본 계좌를 개설한다

금융상품 계좌를 개설하려면 신분증과 OTP를 준비한 후 애플리케이션을 실행하면 비대면 계좌를 개설할 수 있는 안내가 나타납니다. 이 안내를 따라 차근차근 진행하면 계좌를 손쉽게 개설할 수 있습니다.

연금저축 계좌를 개설한다

기본 계좌개설을 완료했으면 연금저축 계좌를 개설해야 합니다. 애플리케이션 화면에서 [자산관리/연금 – 연금저축거래 – 연금저축가입하기] 순으로 진행하면 됩니다.

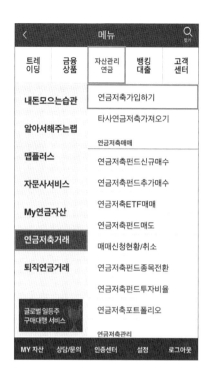

신규와 이전을 구분해 선택한다

연금 저축은 신규계좌 개설과 이전계좌용 개설로 구분해야 합니다. [연금저축 가입하기]에서 [연금구분]을 살펴보면 [신규개설]과 [계약이전]으로 나뉘어 있습니다. 신규 가입을 원한다면 [신규개설]을 선택하고 타 금융회사에서 연금저축보험이나 연금저축펀드를 이전하길 원한다면 [계약이전]을 선택해야 합니다. [가입일 구분]은 가입 시기에 따라 장단점이 있지만 대체로 [기존가입일 유지]를 선택하시는 것이 좋습니다.

[계약이전]이라면 과정이 하나 더 필요합니다. 지금까지의 과정은 [계좌개설]만 한 것입니다. [계좌이전]용 계좌가 개설이 완료됐다면 해당 금융사(여기서는 삼성증권)에 [연금저축 이전신청]도 해야 합니다. 앞의 [연금저축거래] 화면에서 [타사 연금저축 가져오기]를 클릭합니다.

[이체의사 확인방법]은 [전화통화]가 [이체하는 금융기관 방문]보다는 편리하겠죠?

[이체받을 계좌번호]에는 앞에서 만든 [이전용 연금저축계좌]를 선택하고 기존에 가

입하고 있던 연금저축상품의 금융기관 및 지점명, 지점 전화번호, 팩스번호, 연금계좌번호(혹은 보험증권번호)까지 입력하고 신청을 하면 진행됩니다. 이전 절차가 마무리되면 적립금이 이전된 것이므로 새로운 계좌에서 펀드나 ETF 등을 매수할 수 있습니다.

23

연금저축펀드 전략 세우기

목돈과 월적립식의 전략은 다르게

연금저축펀드에 가입한다면 경우에 따라 운용전략을 달리 해야 합니다. 크게 매월 적립식과 거치식으로 나뉘며, 자산 형성기와 은퇴가 도래할 시기의 운용전략에 대한 계획이 있어야 합니다. 또한 펀드 교체를 통해 경기순환주기와 자산투자주기에 맞게 운용하거나 금리 변화에 대응해 관리해야 합니다.

일반적으로 투자하는 펀드에 대한 기초 지식이나 운용 방법이 연금저축펀드에도 동일하게 적용됩니다. 다만 한 가지 다른 점은 투자 기간이 다르다는 것입니다. 일반적인 경우 펀드는 3~5년 후의 목적자금을 위해 가입하는 경우가 많습니다. 그러나 연금저축은 수년 후가 아닌 수십년 후입니다. 따라서 좀 너 장기적인 안목으로 투자해야 합니다. 연금저축펀드에 가입한 후 마이너스 수익률 상태라 하더라도 긴 시야로 선택한 펀드라면 조급해할 필요가 없습니다. 우리의 목표는 10~30년 후의 미래 시점이기 때문입니다.

매월 적립식이라면 변동성이 높은 펀드를 선택하는 것이 좋습니다.

알아두세요

코스트에버리지 효과
'정액 분할 투자법'이라고도 합니다. 주가가 높든 낮든 동일한 금액으로 꾸준히 분할 매수하면 평균 단가가 낮아진다는 이론입니다.

변동성이 높은 만큼 기대 수익률도 높아집니다.

또한 코스트에버리지 효과* 때문에 펀드 매수 단가 평균이 일정 수준 이하로 낮아지면 그만큼 수익을 거두기 쉽습니다. 낮은 가격에 매수한 자산들이 시간이 지나면서 좀 더 많은 수익률을 가져다 줄 테니까요. 투자 시간이 길어질수록 원금 손실의 가능성은 희박해지기 때문에 장기간 투자하는 연금저축펀드에 적합한 방식입니다. 하지만 아무리 투자 기간을 길게 해 손실 가능성을 낮춘다하더라도 변동성에 민감한 분이라면 추천하지 않습니다.

목돈으로 투자하는 경우에는 기대수익은 다소 낮더라도 안정적이고 꾸준한 수익 가능성이 높은 펀드들을 추천합니다. 매수 평균단가가 계속 변하는 적립식과 달리, 한 번 매수하면 펀드의 가격이 매수 가격 이상으로 올라가지 않는 한 수익이 아니라 손실이 날 수 있기 때문입니다.

상황에 따른 펀드 비율 조정

변동성이 높은 펀드 중 수익률을 잘 낼 만한 펀드를 잘 고른다면 문제가 없지만 잘못 고르면 아무리 시간이 지나도 원금 이상이 되기 어려운 경우도 많습니다. 그래서 계단형으로 수익이 상승할 확률이 높은 혼합형 펀드, 부동산 펀드, 배당형 펀드를 추천합니다.

잘 알려진 투자자산 비율 공식은 바로 '(100 − 본인 나이) = 결괏값'을 주식형 펀드와 같은 위험성이 높은 자산에 대한 투자 비율로 정하는 것입니다. 물론 여기에 개인의 투자선호도에 따라 ±를 해야 합니다. 자산 형성기에는 시간적인 여유가 있고 적극적인 운용으로 수익률을 높여야 하기 때문에 투자자산의 비율을 높여야 합니다.

그런데 은퇴 시기가 도래하면 반드시 지켜야 하는 비율이 있습니다.

투자자산에 100%로 노후자산을 관리 중이라면 은퇴 5년 전을 기준으로 위험 자산의 비중을 매년 20%씩 줄여 은퇴 시점에서 안전자산으로 전환합니다. 혼합형이나 대체투자를 하더라도 위험성 자산의 비중을 20% 미만으로 하는 방법입니다.

예를 들어 은퇴 시점의 포트폴리오를 '채권형 30%/배당형 40%/주식형 30%'로 하지 말고 '채권형 30%/배당형 30%/혼합형 30%/주식형 10%'처럼 주식형의 비율을 낮춰야 한다는 의미입니다.

안정적인 운용 vs. 공격적인 운용

노후자산을 형성하는 기간 동안 여러 펀드에 나눠 균형 잡힌 포트폴리오로 무난하게 운용하는 방법과 특정 투자 대상을 선정해 집중적으로 투자하며 적극적으로 관리하는 방법이 있습니다. 만약 관리하기 귀찮고 무난한 수익률을 추구한다면 증권사에서 나이나 성향에 따라 금융공학으로 설계된 펀드를 추천드립니다. 이 펀드는 설정된 룰에 따라 자동으로 운용되는 TDF 펀드*이며, 해외에서는 이미 많은 선택을 받고 있고 국내에서도 최근 가입자가 점점 늘어나는 추세입니다. 또한 전 세계의 여러 자산에 골고루 분산돼 있는 글로벌자산배분 펀드도 추천합니다.

이와 반대로 수익률 개선을 위해 꾸준히 관심을 갖고 적극적으로 관리하고 싶다면 경기와 자산투자주기에 따라 투자하는 방법을 추천합니다. 그리고 금리인상기와 금리하락기에 따라 추천되는 대표적인 투자 분야를 선택하는 투자 방법도 있습니다. 이런 주기에 따른 펀드 선택은 많은 전문기관에서 시기에 따라 리포트를 발간해 펀드를 추천하고 있으므로 증권사 홈페이지나 각종 리서치 사이트를 이용하면 정보를 확인할 수 있습니다. 만약 적극적으로 투자하고 싶지만 투자 대상

알아두세요

TDF 펀드
은퇴 시점을 설정하면 자산 배분 프로그램에 맞춰 자동으로 주식과 채권 비중을 조정해 주는 펀드를 말합니다.

선정이나 포트폴리오 구축에 어려움을 겪는다면 증권사나 은행 PB를 만나 상담을 받거나(대부분 무료), 상담과 관리의 대가로 맡긴 자산에 대해 연평균 1%의 비용을 지불하는 자문사를 이용하는 방법(유료)도 있습니다.

❖ **경기순환주기와 자산투자주기**

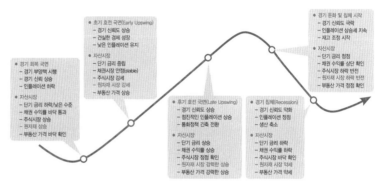

출처: ACG Advisors, NH투자증권 리서치본부

보험회사의 연금상품 종류

공시이율형 연금

연금을 선택할 때의 운용 방식은 크게 예·적금 형태처럼 이율을 적용받는 공시이율형 상품(앞서 설명한 저축보험처럼)과 펀드처럼 운용 결과에 따른 실적배당 상품으로 나뉩니다. 많은 사람이 공시이율형 연금을 수익률 측면에서 안전하다고 느껴 가입합니다. 왜 안전하다고 느낄까요?

첫 번째 이유는 펀드처럼 위험성에 노출돼 마이너스 수익률이 발생할 가능성 없이 오로지 이율만 적용받기 때문입니다. '펀드 = 손실'이라는 인식이 강하거나 손실 발생 위험 자체를 꺼리는 분들이 주로 선택합니다.

두 번째 이유는 예금자보호가 적용된다는 점 때문입니다. 여기서 주의할 점은 예금자보호는 원금 보장과 다른 단어인데도 예금자보호법을 적용받는다는 안내 문구를 원금 보장으로 착각해 가입하는 사례가 매우 많다는 것입니다. 실제로 이런 점을 잘 알고 있는 금융사나 영업인들은 이를 중점적으로 홍보하기도 합니다.

공시이율형 연금보험도 저축보험과 마찬가지입니다. 사업비를 공제한 적립금에 '시중 이자율 + 보험사 조정율'을 합한 공시이율을 적용받습니다. 현재는 2.5% 내외 수준이며 이는 매월, 분기, 반기마다 변경됩니다. 공시이율도 시중이율과 마찬가지로 계속 하락 추세이며 1~1.5%의 최저보증이율이 있습니다. 저축성보험과 다른 점이 있다면 만기가 별도로 없거나 길고 연금 기능이 있다는 것입니다. 연금 기능이 있다는 사실은 매우 큰 차별점입니다. 자산 형성 과정에서 이자를 받거나 펀드를 통한 수익률을 높이는 등의 방법과는 별개로 상품의 기능 역할을 합니다. 연금 개시 시점에 종신형 연금을 선택하면 한 번 정해진 연금액을 사망 시까지 보장받을 수 있기 때문입니다. 저축성보험이나 예·적금의 경우 노후생활비를 목적으로 계속 인출하면 잔고가 언젠가는 바닥나 버립니다. 하지만 연금은 마르지 않는 샘물처럼 계속 수령할 수 있습니다. 다만 이 수령액을 좀 더 많이 받기 위해 공시이율에 따른 수익을 추구하는 것이 공시이율형 연금보험입니다.

변액연금

앞에서 보험을 통한 저축상품은 크게 두 가지라는 것을 설명드렸습니다. 공시이율로 운용되는 저축보험이나 연금보험과 달리 펀드로 운용되는 실적배당상품인 변액연금에 대해 설명하겠습니다. 연금 기능은 일반 공시이율형 연금보험과 거의 비슷합니다.

한때 언론에서 변액연금의 수익률이 매우 낮다며 부정적인 내용의 기사를 쓴 적이 있습니다. 변액연금도 공시이율형 연금처럼 사업비를 공제한 후에 적립금을 펀드에 투입해 운용하는 방식입니다. 수익률이 좋아도 공제된 사업비만큼 복구하지 못하면 여전히 내 적립금은 손실(마이너스) 상태인 것입니다. 그런데 온라인상에서는 이 부분에 대해 고려하지 않고 가입한 지 2~3년 만에 원금이 되지 않았기 때문에 매우 안 좋은 상품이라고 알려져 있습니다. 하지만 만약 사업비를 고려하고 펀드의 수익률이 계속 좋다면 어떨까요?

연금연액 예시

주계약 보험료 : 30만원, 납입기간 : 12년납, 납입주기 : 월납, 보험나이 : 30세 (여자), 연금지급개시나이 : 65세

(단위 : 만원, 만원 미만 절사)

연금지급 개시 전 투자수익률				-2.5%		-1.0%		2.5%		3.75%	
계약자적립금				1,747		2,756		7,750		11,119	
연금지급개시 후 적립이율				최저보증이율	현재공시이율	최저보증이율	현재공시이율	최저보증이율	현재공시이율	최저보증이율	현재공시이율
종신연금형	개인연금형	20년보증, 조기집중배수 1.0배	보증지급기간이내	57	76	90	120	253	339	363	486
			보증지급기간이후	57	76	90	120	253	339	363	486
		22년보증, 조기집중배수 3.0배	보증지급기간이내	73	92	115	145	325	409	467	587
			보증지급기간이후	24	30	38	48	108	136	155	195
상속연금형		연금연액		13	46	21	74	61	208	88	298
		피보험자 사망시		1,747	1,747	2,756	2,756	7,750	7,750	11,119	11,119
확정연금형	기간선택형	10년		180	195	284	308	799	866	1,146	1,243
		20년		93	110	147	174	415	490	596	704

연금연액 예시

(변액)연금보험상품의 핵심은 '한 해의 수익률'이 아니라 '연금 수령 기준액'입니다. 한 번 정해진 연금은 사망 시까지 수령하기 때문에 1%라도 수익률이 높은 것이 중요하지만 연금 수령 기준액이 1% 높아지는 것이 훨씬 중요합니다.

위 예시는 30세의 여자가 30만원씩 12년을 납입하고 65세에 연금을 수령하는 것으로 설정돼 있습니다. 만약 펀드의 수익률이 3.7%로 운용됐다면 개시 시점의 적립금은 1억 1,119만원이고 이 기준으로 종신 형태의 연금을 수령 신청을 하면 매년 현재 공시이율 기준으로 486만원을 수령하게 됩니다.

이때 한 번 정해진 연금 수령 기준액은 최저보증이율로 떨어진다 하더라도 363만원만큼은 사망 시까지 보장되는 것입니다. 그렇다면 누구나 이 연금 수령 기준액을 많이 받고 싶어할 것입니다. 이 연금 수령기준액은 계약 시점, 연금개시 시점의 적립금, 상품의 특징으로 결정됩니다. 누구나 연금을 많이 받고 싶어하기 때문에 공시이율의 연

금보험상품보다 가능성이 높은 변액연금보험을 추천합니다. 공시이율형은 수익률은 일정 수준 이상으로 높아질 수 없지만 펀드로 운용되는 변액연금보험은 높아질 가능성이 있습니다. 아예 가능성이 없는 것과 가능성이 존재하는 것은 매우 큰 차이입니다.

시작하기도 전에 펀드 손실에 대한 걱정을 하시는 분들이 매우 많습니다. 하지만 이런 부정적인 요소는 노력과 관심을 통해 극복할 수 있습니다. 일반 펀드와 마찬가지로 포트폴리오 분산과 장기투자를 통해 리스크를 해소할 수 있다면 평균적인 수익률을 충분히 얻을 수 있습니다.

또한 적극적인 관리를 하시는 분들에게 더 없이 좋은 펀드 변경과 배분 기능도 있습니다. 한 변액보험상품 내에는 여러 개의 펀드가 존재합니다. 이 펀드들을 시기에 따라 변경하거나 비율을 조정하면 상품을 해지하지 않고도 수익률을 관리할 수 있습니다. 또한 세월이 지나 새로운 유형의 펀드들이 추가되기도 합니다.

예를 들어 현재는 선택할 수 있는 펀드의 종류가 국내투자에 국한돼 있지만 10년 후에는 해외펀드가 추가될 수도 있습니다. 물론 이런 기능은 회사와 상품에 따라 달라지며 불가능한 상품도 있습니다. 변액연금의 펀드는 가입자의 니즈에 따른 선택의 폭이 넓기 때문에 노후준비를 하는 동안 다양하게 활용할 수 있습니다.

변액연금상품들 중 적립금의 일정 부분을 보장해 주거나 연금 개시 시점에 원금을 보장해 주는 상품도 있습니다. 예를 들어 매월 적립금의 최소 85%는 보장해 주고 적립률이 올라가도 올라간 만큼의 85%는 계속 보장해 주는 것입니다. 어떤 상품은 원금의 150%를 연금 개시 시점(상품 가입 후 최소 운용 기간 제한 있음)에 반드시 보장해 주기도 합니다. 이런 기능들은 펀드의 수익 손실은 걱정하지만 수익률은 관리하기 싫은 고객들에게 매우 매력적입니다. 하지만 모두 완벽한 상품은 존재하지 않습니다. 이런 상품들의 숨겨진 특징은 펀드 선택에 많은 제약이 있거나 펀드 운용에 대한 선택권은 고객에게 있는 듯하지만 사실은 회사가 갖고 있다는 것입니다.

예를 들어 의무적으로 (국채)채권형 펀드에 대한 비율이 70% 이상이어야 하거나 펀드의 투자 포트폴리오 비율을 아예 공개하지 않기도 합니다. 이럴 경우, 세월이 흘러 증시가 많이 상승했다 하더라도 상승에 대한 수익률을 그대로 반영하지 못해 상대적인 박탈감을 느낄 수 있습니다. 물론 개인적인 성향에 따라 상품을 선택해야 하지만 특별한 기능이나 보증을 해 주는 펀드는 그만큼 가입자의 자율운영권이 줄어들므로 주의해야 합니다.

25

퇴직금을 '진짜 퇴직금'으로 대접하자

퇴직연금 알기

퇴직연금은 기존 「근로기준법」에 명시된 퇴직금 제도에서 「근로자퇴직급여보장법」이 제정됐으며 2005년 12월 1일에 시작됐습니다. 이 제도의 가장 큰 의미는 임직원의 퇴직금이 사내 유보금이 아닌 제3의 금융기관에 위탁운용된다는 점입니다. 이 제도 이전에는 회사가 임직원에게 퇴직금을 지불하지 못하는 일도 종종 발생했습니다. 임직원의 입장에서는 경제적으로 큰 타격을 받을 수밖에 없는 일이기 때문에 외부 기관에 적립함으로써 이런 일을 방지하는 것입니다.

재직 기간 중에는 금융기관으로 퇴직금이 예치돼 운용되고 퇴직 후에는 개인퇴직연금계좌(IRP)로 수령할 수 있습니다. 이직하고 난 후 퇴사하면 이와 마찬가지로 개인퇴직연금계좌로 퇴직금을 수령하기 때문에 여러 회사에 근무하더라도 최종적으로는 퇴직금이 분산되지 않고 한곳으로 통합해 관리할 수 있습니다.

과거에 회사를 이직하면 퇴직금을 개인계좌에 일시금으로 수령하고 이직한 회사에서 다시 퇴직금이 적립되는 방식이었습니다. 중도에 수령한 퇴직금은 소비에 사용돼 노후를 대비한 노후자산으로 만들어지지 않은 사례가 많았습니다. 정부는 미래의 노후자산을 현재의 소비에 사용되지 않게 하고 회사로부터 퇴직금을 받지 못하는 사례를 줄이기 위해 퇴직연금 제도를 권장하고 있습니다.

또한 기업에 여러 혜택을 부여함으로써 퇴직연금 제도로의 전환을 독려하고 있습니다. 또한 퇴직연금계좌의 자산을 연금으로 수령 시 절세혜택을 주고 개인퇴직연금계좌에 추가납입을 할 경우 세액공제 등의 혜택을 줘 노후자산을 형성할 수 있도록 장려하고 있습니다.

퇴직연금 제도는 확정급여형(DB, Defined Benefit)과 확정기여형(DC, Defined Contribution) 그리고 개인형 퇴직연금계좌(IRP, Individual Retirement Pension) 등이 있으며 각각의 특징을 잘 이해하고 선택해 관리한다면 행복한 노후를 보낼 수 있습니다.

확정급여형(DB)

확정급여형은 과거의 퇴직금 제도와 매우 비슷합니다. 계속 근로 기간 1년에 대해 30일 평균임금으로 계산된 금액을 지급하는 방식입니다. 기존 퇴직금 제도와의 차이점은 퇴직금을 회사계정이 아닌 외부 금융기관에 위탁한다는 것입니다. 확정급여형은 회사가 주체가 돼 운영합니다.

회사는 수익이 발생하거나 손실이 생기는 것과는 무관하게 계산된 퇴직금 모두를 지급해야만 합니다. 근로자는 퇴직금 운영에 대한 권한도 없고 책임도 없는 것입니다. 확정급여형의 장점은 근속연수가 길고 그에 따른 급여 인상률이 일정하게 유지되거나 높은 경우 근로자에게 유리하다는 것입니다. 하지만 이직이 잦고 근속기간에 따른 급여 상승이 적거나 제한적이라면 적립금의 규모는 상대적으로 낮아질 수 있기 때문에 불리할 수 있습니다.

쉽게 정리하면, 퇴직금을 근로자가 책임지고 운영하는 확정기여형의 매년 수익률이 임금상승률보다 낮다면 확정급여형이 더 나은 선택이 되는 것입니다.

확정기여형(DC)

확정기여형은 회사가 지급해야 하는 퇴직금을 매년 정산해 근로자의 퇴직계정에 적립하는 방식입니다. 회사는 통상 연간 임금의 1/12 이상을 적립하며 근속연수 1년에 해당하는 금액을 지급하면 의무를 다하게 됩니다. 지급된 퇴직금은 근로자의 계정에서 운영되며 근로자가 직접 운영에 대해 책임을 지고 관리합니다. 확정급여형의 경우 근로자의 최종 근속연수와 그때까지의 급여 인상률에 따라 퇴직금이 결정됩니다. 확정기여형은 매년 정산된 금액을 운영한 수익률의 결과에 따라 퇴직금이 변화합니다. 만일 매년 꾸준하고 높은 수익률을 냈다면 퇴직계정의 퇴직금이 많아지는 것입니다.

따라서 확정급여형과 확정기여형 중에서 선택해야 하는 경우 장단점을 잘 파악해야 합니다. 만약 해당 회사의 급여 인상률이 낮고 장기 근속이 어렵거나 투자에 대한 기대감과 결과를 좀 더 높이고자 한다면 선택과 결과가 변화할 가능성이 있는 확정기여형이 유리합니다.

개인형 퇴직연금계좌(IRP)

근로자가 아니더라도 누구나 개인형퇴직연금계좌를 개설할 수 있습니다. 자영업자를 포함한 개인사업자들이 퇴직금을 형성할 목적으로 만들기도 합니다. 퇴직연금 제도에 가입이 돼 있는 근로자가 퇴사한다면 퇴직일시금을 개인형 퇴직연금계좌로 받아야 하기 때문에 반드시 필요합니다. 다만 노후를 위해 장기로 운영해야 할 퇴직일시금을 세금을 내고서라도 해지해 현재의 소비에 사용하는 근로자가 많으므로 특수한 경우를 제외하고 해지를 하지 못하게 해야 한다고 생각합니다.

당장의 소비에만 집중하면 결코 노후자산을 형성하지 못할 것이고 결국 노후의 삶은 황폐해질 것입니다.

개인형 퇴직연금계좌를 개설해 납입한다면 매년 최대 700만원까지 세액공제 혜택을 부여하고 있어 노후자산의 형성에 도움이 됩니다. 투자수익과 세제혜택을 동시에 얻을 수 있는 매력적인 제도이지만 아직까지는 많이 활용되고 있지 못하고 있는 실정입니다.

퇴직연금 관리의 중요성

퇴직연금은 노후준비에 있어서 매우 큰 비중을 차지하고 있습니다. 납입만 꾸준히 잘하면 되는 국민연금이나 회사에서 책임과 관리를 하는 확정급여형 퇴직연금은 개인이 신경 쓸 일이 없습니다. 하지만 확정기여형이나 개인형퇴직연금계좌의 경우에는 개인의 관심과 관리에 따라 동일한 금액과 기간을 납입하더라도 결과는 크게 달라질 수 있습니다.

❖ 퇴직연금 운용의 중요성

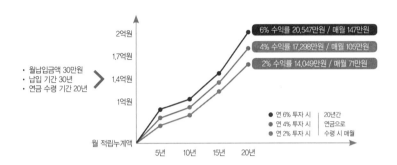

예를 들어 35세에 월평균 30만원씩 30년간 납입하는 것으로 가정하고 계산해 보겠습니다. 총 원금은 1억 800만원이며 매년 수익률이 2%면 퇴직연금의 적립금이 1억 4,049만원, 6%라면 2억 547만원입니다. 그리고 이 돈을 20년간 나눠 연금으로 수령한다면 2%일때는 매월 71만원, 6%일 때는 147만원이 됩니다. '2%'와 '6%'는 연금 수령액 기준으로 두 배의 차이가 납니다. 이렇게 수익률은 연금에 매우 큰 영향을 미치고 있습니다. 이렇듯 퇴직연금 가입이 중요한데도 방치하거나 크게 관심을 두지 않습니다.

현황을 한번 살펴볼까요? 2018년 12월 금감원의 조사에 따르면 퇴직연금의 연간 총 수익률은 1%입니다. 물가상승률을 따라가지도 못할 뿐 아니라 자산증식은 거의 없이 원금만으로 수십년이 흘러 노후를 맞이하게 될 것입니다. 여전히 많은 사람이 펀드 선택이나 관리에 대한 두려움 때문에 실적배당형 대신 원리금 보장형(예·적금 형태의 상품)을 선택하고 있어 퇴직연금의 자산증식이 이뤄지지 않고 있습니다.

- **제도별 수익률 현황('18.12월말, 금감원)**

  · (연간수익률) '18년 연간 수익률(총비용 차감 후)은 1.01%로 전년(1.88%) 대비 0.87%p 하락

- **제도유형별/운용방법별 연간수익률 현황(연도별)**

(단위: %)

연도	전체				원리금 보장형				실적 배당형			
	전체	DB	DC/기업형 IRP	IRP	전체	DB	DC/기업형 IRP	IRP	전체	DB	DC/기업형 IRP	IRP
'18년	1.01	1.46	0.44	△0.39	1.56	1.54	1.72	1.28	△3.82	△0.25	△5.52	△5.38
'17년	1.88	1.59	2.54	2.21	1.49	1.48	1.63	1.19	6.58	5.54	7.11	6.64
'16년	1.58	1.68	1.45	1.09	1.72	1.69	1.90	1.46	△0.13	1.43	△0.52	△0.56

제도별 수익률 현황

가입자는 처음 퇴직연금에 가입할 때 은행 예·적금 형태의 원리금 보장형과 펀드인 실적배당형 중에서 개인의 선호에 따라 선택할 수 있습니다. 한 번 선택했다고 끝이 아니라 가입 기간 중 변경할 수 있으며 실적배당형은 퇴직연금 사업자의 여러 상품을 선택할 수 있습니다. 실제로 많은 사람이 가입 이후 변경을 하지 않고 처음 상태 그대로 방치하고 있습니다.

퇴직연금의 펀드는 우리가 일반적으로 시중에서 가입할 수 있는 펀드와 동일합니다. 다만 주식형 펀드와 같은 위험 자산에는 총 70%의 비율까지만 선택할 수 있고 채권이나 채권펀드와 같은 비위험 자산군에 속하는 펀드들도 함께 포트폴리오로 구성해야 합니다. 실제로 퇴직연금계정에서는 많은 펀드를 포함해 ETF나 채권에 직접투자까지 가능해져 다양하게 운용할 수 있습니다. 현재 퇴직연금 가입자라면 가입을 진행한 회사의 홈페이지나 담당자를 통해 선택할 수 있는 상품 목록을 확인할 수 있습니다. 나의 노후생활을 바꿔줄 퇴직연금! 지금부터라도 관심을 갖고 꾸준히 살펴보시기 바랍니다.

잠깐만요

퇴직연금도 이전할 수 있다

퇴직연금을 가입한 회사의 상품군을 살펴봤더니 선택의 폭이 너무 좁거나 상품 라인업이 마음에 들지 않을 수 있습니다. 추후 연금을 수령할 때 설정할 수 있는 인출 옵션이 너무 한정적이라 불만이 생길 수도 있습니다. 이럴 때는 퇴직연금도 이전할 수 있습니다.

예를 들어 퇴직연금 제도를 현재 재직 중인 회사에서 시행할 때 A, B, C라는 세 기관이 선정됐고 그중 A에 나의 퇴직연금이 가입 중이라고 가정해 보겠습니다. A가 마음에 들지 않아 B와 C를 살펴봤더니 이 역시 편의성이나 선택의 폭이 좁아 불만일 수 있습니다. 이럴 때 근로자는 회사의 담당자에게 D라는 회사를 선택할 수 있게 해달라고 요청할 수 있습니다. 회사는 근로자의 퇴직연금 선택에 관한 요구사항을 들어줘야 하기 때문입니다.

그 대신 새로운 D를 선택할 수 있도록 업무를 처리하려면 해당 업무 담당자가 업무를 할애할 만큼의 가치와 이유가 있다고 느끼는 것이 좋겠죠? 그래서 혼자만의 의견보다는 동일한 의견을 갖고 있는 동료들과 함께 건의하는 것이 좋습니다. 일반적으로 근로자들은 해당 회사에 기존에 있는 사업자로만 퇴직연금을 운영해야 한다고 알고 있습니다. 각 회사들은 상품 라인업이나 인출 옵션 등 선택 가능한 조건이 모두 다르기 때문에 다양한 니즈가 있을 수 있습니다. 그래서 현재 선택할 수 있는 회사가 얼마 없다면 추가 확장에 대한 요청을 하시기 바랍니다.

이제 퇴직연금의 사업자를 변경할 수 있다는 사실을 알게 됐으므로 과연 지금의 사업자는 나와 잘 맞는지 잘 판단해 보시기 바랍니다. 만약 불만족스럽다면 새로운 사업자에게로 이전해 보는 것은 어떨까요?

연금이 있다면 내가 준비해야 할 금액은?

노후 기간에 대한 생각은 사람마다 다를 수 있지만 평균 90세 이상은 생존한다고 봐도 무방합니다. 따라서 적어도 65세에 경제적으로 은퇴한 후 25년을 최소한의 생활비만으로 생활한다고 생각해 보면 많은 돈이 필요합니다.

앞 예시에서처럼 계산한 결과, 노후자금으로 총 6억원(매월 200만원의 생활비를 은퇴 이후 25년간 사용했을 경우이며 이자율이나 물가상승률은 무시)이 나에게 필요하다는 결론이 나왔다고 가정해 보겠습니다.

여기서 주목할 점은 우리가 이 돈을 모두 준비할 필요는 없다는 사실입니다. 이미 의식하지 못한 채 준비하고 있는 노후준비 연금이 있으니까요. 그만큼을 제외하고 나머지를 개인적으로 준비하면 됩니다. 훨씬 수월하겠죠? 그럼 한번 살펴보겠습니다.

- 현재 국민연금을 가입 중이라면 월 생활비의 몇 %를 충당할까요?
- 퇴직연금에 가입돼 있다면 월 생활비의 몇 %가 예상되나요?
- 현재 주택이 있다면 주택연금 신청 시 얼마나 수령하나요?
- 농지연금 신청자 대상이 될까요? 얼마나 예상되나요?
- 현재의 급여 이외에 미래에 발생이 예상되는 소득이 있나요?

현재 국가에서 희망하는 국민연금의 소득대체율은 40%입니다. 하지만 향후 줄어들 가능성도 있고 개인의 납입조건도 편차가 있습니다. 그래서 계산 시엔 좀 더 낮게 가정하거나 국민연금공단 홈페이지를 이용해 미래에 받을 현재 가치 기준의 연금액을 계산해 본 후 이 금액으로 체크하면 됩니다. 예를 들어 내 매월 필요 생활비가 200만원인데 예상연금액이 현재 가치 기준 60만원이라면 소득대체율은 30%라고 가정하시면 됩니다.

또한 현재 회사를 다니고 있는 직장인이라면 퇴직연금에 가입돼 있을 것입니다. 이

역시 ±를 고려해 10~20%를 계산합니다. 퇴직연금 부분은 미래를 예상하기가 쉽지 않기 때문에 20% 미만으로 예상하는 것이 좋습니다. 여기서는 중간정산을 한 번 받은 후이기 때문에 10%라고 가정하겠습니다.

만약 내 소유의 주택이 있다면 노후에 주택연금도 이용할 수 있습니다. 주택 가격에 따라 달라지므로 한국주택금융공사 홈페이지를 통해 내 주택 가격으로 받을 수 있는 연금을 예상해 체크해 봅니다. 주택가격에 따른 종신형 연금 수령 예시표를 참고하시면 됩니다. 퇴직연금에 가입 중이며 3억원의 주택을 소유한 40대 남자를 예로 들어 계산해 보겠습니다. 이렇게 나에게 있는 옵션을 고려해 하나씩 체크해 보시기 바랍니다.

총 은퇴 필요 자금 – 국민연금 – 퇴직연금 – 주택연금 = 추가로 필요한 개인 노후자금

→ (총 필요한 노후자금 매월 200만원 기준: 6억원) – (국민연금 소득대체율 30% 가정) – (퇴직연금 10% 가정: 중간정산을 받은 이후에 가입) – 주택연금 매월 75만원

→ (총 필요한 노후자금 매월 200만원 기준: 6억원) × 60% – 매월 75만원

→ (매월 120만원: 3억 6,000만원) – 매월 75만원

→ (매월 45만원: 1억 3,500만원)

노후에 필요한 매월 생활비 200만원

— 국민연금 소득대체율 30% 60만원

— 퇴직연금 10% 가정 20만원

— 주택연금 매월 75만원

_____

준비해야 할 필요 노후자금 매월 45만원

> 은퇴 시까지 필요 노후자금
> 25년 × 월 45만원
> ⇒ 총 1억 3500만원
> (현재 화폐 기준)

수익률과 물가상승률이 제외된 간편 계산식으로 계산해 봤습니다. 앞으로 직장에 성실히 다니고 국민연금과 퇴직연금 및 주택연금을 받는다고 가정하면 이 가정에서 최소한의 생활비인 매월 200만원에 해당하는 노후자금을 준비하려면 앞으로 매월 45만원씩 저축하면 된다는 결괏값이 나옵니다. 그대신 물가가 상승한다고 가정해

물가상승률을 뛰어넘을 수 있는 저축을 한다면 좀 더 정확도가 높아집니다.

처음 들었던 6억원의 4분의 1 수준이므로 노후준비에 대한 부담은 한결 줄어들었으리라 생각합니다. 물론 좀 더 나은 노후를 위해선 추가 저축이 필요하며 수익률을 높게 만들어 낼 수 있다면 은퇴 후 매월 높은 소득을 기대할 수 있겠죠? 종이 한 장을 꺼내 예시처럼 계산해 보시기 바랍니다.

넷째
마당

| 투자: 주식과 부동산, 펀드 |

소심하고 안전하게,
노후준비 투자법

7
장

노후준비를 위한
주식투자법은 따로 있다

26

위험도,
수익률도 큰 주식투자

신중해야 하는 주식투자

재테크에서 주식투자를 빼놓을 수는 없습니다. 다만 현재 노후자산을 준비하는 자신의 연령에 따라 다르게 접근하시길 바랍니다. 앞에서 설명한 바와 같이 노후자산을 준비하는 방법은 매우 다양합니다. 주식투자도 이런 방법 중 하나입니다. 다만 투자에도 분산이 필요하듯이 투자 방법에서도 분산이 필요합니다.

나이에 따라 비중을 나누는 이유는 '실패' 때문입니다. 특히, 가장 무서운 것은 온라인에서 검색을 한 후 책 몇 권을 읽고 주식투자에 적극적으로 임할 때입니다. 이런 경우 종종 초기 몇 번의 시도가 성공하면 과도한 자신감을 심어 줍니다. 하지만 초심자의 행운은 나의 진정한 실력이 아니기 때문에 오랫동안 꾸준하게 성공을 가져다 주지 못합니다. 자칫 몇 번의 성공이 자만을 가져와 전 재산을 투자했다가 손실이 생기면 그만큼 복구하는 데 오랜 시간이 필요하게 될 것입니다. 특히 은퇴가 많이 남지 않은 시점에서는 그 손실이 더 뼈아프게 느껴질 것입니다.

그래서 주식은 나이에 따라 원칙을 정해 비중을 나눠 투자하고 점점 실력과 많은 경험이 쌓여 진짜 실력을 갖추게 되면 그때 적극적으로 뛰어들어도 늦지 않습니다. 하지만 대부분 이런 과정을 거치기 싫어 하고 주식의 특성상 단기간에 큰 수익률을 낼 수 있기 때문에 급하게 투자했다가 쓴맛을 보고 주식시장을 떠나곤 합니다.

주식투자의 비중을 나이에 맞게 조절하자

만약 현재 20대라면 가용할 수 있는 자금 전체로 주식을 하기보다 비중의 최고 20~30%까지 적극적으로 시도해 보는 것이 좋습니다. 혹시 실패하거나 손실이 발생한다 하더라도 충분히 회복할 기회가 있고 좀 더 본격적으로 공부할 수 있는 여유가 있기 때문입니다. 주식투자가 익숙해지고 숙련된다면 이후에 비중을 높여 좀 더 많은 시도를 해 볼 수 있습니다. 그만큼 안정적으로 성공적인 주식투자가 될 확률이 높으니까요.

그런데 시작하는 나이가 30~40대라면 전체 자산의 10~20% 이내에서만 하시기 바랍니다. 주식투자 이외에도 해야 할 것이 많고 이제는 다져나가야 하는 시기이기 때문입니다. 리스크를 감내하기 어려운 연령대이기 때문에 혹시 문제가 발생해도 큰 타격이 없는 전체 자산의 10% 이내를 추천합니다.

만약 50~60대라면 주식투자 자체를 다시 한번 재고하시기 바랍니다. 공부를 해서 전문성을 갖추기에는 어려운 시기이며 적극적인 자산 형성보다 안정적인 인출을 준비해야 하는 시기이기 때문입니다. 주식투자를 해 보고 싶다면 게임머니처럼 소액으로 하고 자산 증식으로 인생을 바꾸겠다는 생각보다는 여행자금이나 용돈벌이 정도를 목표로 하시기 바랍니다.

주식투자, 가볍게 보다간 큰코다칠 수 있다

주식투자는 결코 가볍지도, 쉽지도 않습니다. 공부도 많이 해야 하고 시장의 흐름에도 관심을 가져야 합니다. 그냥 가만히 앉아 누군가가 알려 주는 정보나 눈에 쉽게 띄는 이슈로 쉽게 접근하면 실패하기 마련입니다. 꾸준히 공부해 본인만의 소신과 원칙을 만들어야 합니다. 전문가의 조언도 자주 참고하면 나의 시야를 넓히는 데 많은 도움이 됩니다. 또한 증권사나 전문기관에서 발행한 리포트를 신중하게 읽어 보면서 투자에 대한 감각을 키우는 것을 추천드립니다.

많은 사람이 주식투자를 하면서 일상생활에 지장이 있을 정도로 무리하는 모습을 종종 보게 됩니다. 만약 주식투자가 나의 삶을 침범할 정도로 부정적인 영향을 미친다면 바람직하지 못하며, 특히 내가 주식투자를 위해 사용하는 시간은 나의 또다른 노동력이라는 점을 명심해야 합니다. 업무 시간까지 영향을 받을 정도로 많은 시간을 투자해 만들어 낸 수익보다 본업으로 발생한 노동소득이 많다면 투자에 대한 생각을 재정립해야만 합니다.

주식은 매우 좋은 투자 수단이지만 자칫 무협지에 나오는 주화입마처럼 부정적인 요소도 동시에 갖고 있는 '양날의 칼'입니다. 과연 나에게 이 칼이 잘 맞을지 잘 살펴보고 시도해 보시기 바랍니다.

27
주식투자를 위한
다양한 지표와 용어

주식투자의 기초적인 방법론

주식투자를 하기 위해서는 많은 지식과 노하우가 필요합니다. 일반적으로 잘 알려진 방법론은 기본적 분석*과 기술적 분석*을 통한 매매입니다. 먼저 기본적 분석을 통해 큰 흐름부터 작은 흐름까지의 흐름을 판단해 봅니다. 세계경제의 거시적 시장을 분석하고 과거의 데이터를 통해 앞으로의 흐름을 예상해 투자할 국가나 분야 등을 결정합니다. 그 이후 내재가치가 우수하거나 지표가 탄탄한 기업을 골라 대략적인 매매 시기를 정합니다. 이와 더불어 시장의 미시적인 흐름에 따라 매매 시기를 결정하고 대응하는 기술적 분석을 통해 투자를 해야 합니다.

기본적 분석을 선호하는 사람들과 기술적 분석을 선호하는 사람들이 나뉘기도 하는데, 어떤 방법이 옳고, 어떤 방법이 그르다고는 할 수 없습니다. 따라서 개인의 선호도에 맞게 투자를 해야 합니다. 가급적 두 가지 방법 모두 잘 숙지할 것을 추천합니다.

기본적 분석 방법

기본적 분석에서 가장 중요하게 살펴보는 것은 재무제표와 같은 기업의 지표들과 해당 업종의 흐름, 해당 산업의 향후 전망이나 타 업체와의 경쟁력, 보유 기술 등입니다. 또한 세계경제에서의 돈의 흐름을 잘 관찰해야 합니다. 만약 큰돈을 움직이는 기관들이 해당 산업이 불투명하다고 판단해 관련 업종에서 모두 돈을 빼거나 경기 흐름이 꺾인다고 전망해 위험 자산에서 모든 자산을 매각하고 있다면 투자를 하기에 적절하지 못한 시기인 것입니다.

이런 흐름을 판단하려면 적은 시간으로는 매우 어렵습니다. 오랜 시간 꾸준히 공부해야 이러한 통찰력이 생기기 때문입니다.

각종 경제 보고서나 신문을 꾸준히 읽는 것과 한 기업을 판단할 때 해당 법인의 사업보고서를 자세히 살펴보는 것도 많은 도움이 됩니다.

경제 보고서를 가장 잘 만드는 곳 중 하나는 국내 대기업의 연구원입니다. 사업을 영위해야 하는 대기업은 경제에 가장 민감하기 때문에 많은 돈을 투자해 경제 동향을 살핍니다. 현대경제연구원(www.hri.co.kr), LG경제연구원(www.lgeri.com), 삼성경제연구소(www.seri.org)를 추천합니다. 또한 인터넷으로 경제 신문을 검색해 보거나 매일경제, 한국경제 홈페이지를 통해 매일 주요 뉴스들을 살펴보실 것을 추천합니다. 포털의 경제 뉴스는 너무 양이 많거나 중복되는 뉴스가 많기 때문에 경제 신문을 우선 살펴보는 것이 좋습니다.

법인의 사업보고서는 금융감독원의 기업공시 사이트인 다트(dart.fss.or.kr)를 적극 추천합니다. 내가 관심이 있거나 투자결정을 해야 하는 기업이 있다면 반드시 이곳의 사업보고서를 읽어보시기 바랍니다.

기술적 분석 방법

기술적 분석은 주가의 차트를 보고 분석하는 방법입니다. 주가 차트에는 과거의 주식 가격과 거래량을 포함한 기록이 나열돼 있습니다. 이 과거의 데이터를 분석함으로써 여러 패턴으로 추세를 찾아 내 미래의 주가를 예측합니다. 주로 단기투자를 선호하는 투자자들이 많이 이용하며 일봉과 거래량, 이동평균선 등으로 매매 시기를 잘 포착해 투자수익을 낼 수 있다는 것을 전제로 사용하는 방법입니다.

장점으로는 반복되는 추세나 패턴을 읽어 내기 때문에 빠른 분석과 판단으로 거래를 할 수 있다는 것을 들 수 있고 단점으로는 과거의 데이터가 미래의 결과와 항상 일치하지 않고 패턴과 추세도 너무나 다양해 명확하게 일치하거나 규칙이 적용되기 어렵다는 것을 들 수 있습니다. 거래의 흐름은 심리적인 부분이 많이 반영되는데, 이를 공식화하기는 어렵기 때문에 수많은 전문가가 다양한 이론을 쏟아 내고 있지만 여전히 실전에 적용해 투자수익을 내기가 어려운 것입니다.

주식투자의 기초 지표

기업의 가치를 평가하기 위해 사용되는 지표 중 가장 많이 사용되는 지표를 소개하겠습니다. 주식투자를 한다면 반드시 숙지해 구구단처럼 자연스럽게 사용해야 하고 각 용어가 지니고 있는 의미도 잘 이해하고 있어야 합니다.

❖ **주식투자의 기초 지표 용어**

EPS(Earning per Share)	주당 순이익 = 연간 순이익 / 총 발행 주식수
BPS(Book-value per Share)	주당 순자산 = 총 자본 / 총 발행 주식수
PER(Price/Earning Ratio)	주가 순이익 배수 = 주가 / 주당 순이익
PBR(Price/Book-value Ratio)	주가 순자산 배수 = 주가 / 주당 순자산
ROE(Return on Equity)	자기자본 이익률 = 연간 순이익 / 자본총계 = 주당 순이익 / 주당 순자산

EPS는 주식 1주당 해당 연도의 이익을 얼마나 만들어 냈는지를 보여줍니다. EPS가 높다는 것은 1주당 이익을 많이 낸 것이므로 그만큼 경영 실적이 좋고 배당 여력이 높다고 추측할 수 있습니다.

BPS는 주식 1주가 갖는 해당 회사의 청산 가치를 뜻합니다. 여기서 청산 가치란, 총 자산에서 총 부채를 뺀 것이므로 1주의 실질적인 회사자산을 얼마나 갖고 있는지 알 수 있기 때문에 이 수치가 높을수록 수익성이나 재무건전성이 높은 기업이라 판단할 수 있습니다.

PER은 주가가 1주당 수익의 몇 배가 되는지를 나타냅니다. PER이 낮다는 것은 주당이익에 비해 주가가 낮은 것이므로 앞으로 상승할 가능성이 큽니다. 예를 들어 PER이 10이면 시가총액이 연간 순이익의 10배라 판단하기도 합니다(연간 순이익 × PER = 주가 × 주식수 = 시가총액).

PBR은 주가가 해당 회사의 순자산의 몇 배인지를 나타내는 지표로, 낮을수록 좋습니다. 만약 PBR이 1이라면 주가와 기업의 1주당 순자산이 같다는 의미이고 1 미만이면 주가가 회사의 순자산에도 못 미치기 때문에 만약 이 회사를 청산하게 되면 주가보다 많은 배당을 받을 수 있다는 의미입니다.

ROE는 회사의 자기자본을 통한 이익률을 나타냅니다. ROE가 높다는 것은 자기자본에 비해 순이익을 많이 내므로 순자산가치가 그만큼 빠르게 성장한다는 뜻입니다.

나만의 투자 방법을 찾아라

노후준비의 한 방법으로 주식투자를 활용하기로 결정했다면 나에게 적합한 투자법을 찾아야 합니다. 주식 시장에는 수많은 투자기법, 이론, 방법이 존재합니다. 일일이 나열하기 힘들 정도이고 주식전문가마다 사용하는 방법이 모두 다릅니다. 이 중 나와 궁합이 잘 맞는 방법을 찾아야 합니다. 궁합이 잘 맞는지 보려면 공부해 보고, 적용해 보고, 경험해 보는 것이 가장 좋습니다.

자신만의 투자 원칙을 세우지 않고 남들의 이야기나 방송, 신문 등에 혹해 투자했다가는 소중한 돈을 날리기 십상입니다. 또한 대박난다는 주변의 정보를 듣고 공부를 하기도 전에 먼저 투자부터 시작해 전전긍긍하는 사례도 심심치 않게 들을 수 있습니다. 주식투자에 대한 공부가 우선이며 그 이후에 정보나 소문을 듣게 된 종목에 대해 검증을 해야 하는데 대부분은 공부는 등한시한 채 먼저 투자부터 했다가 낭패를 당합니다. 혹시라도 그 투자가 잘되면 마치 운이 아니라 정말 실력이 좋아서 투자에 성공했다고 착각해 더 과감하고 큰 투자를 했다가 많은 손해를 보기도 합니다.

처음 분석 시에는 목표가격과 손절매 기준을 정하고 주가가 떨어진다면 어느 가격에서 추가매수할지를 정해야 합니다. 주식투자자금에서도 꾸준히 장기보유할 종목의 금액과 급등주나 테마주처럼 단기매매를 할 목적의 자금의 비중을 나눠 매매해야 합니다.

어떤 주식이 매력적이라고 해서 비중 원칙을 무시하고 갑자기 투자금을 쏟아붓는다면 손실위험 때문에 꾸준한 투자를 하기가 어렵기 때문입니다. 종목 선정의 기준을 만들어야 합니다. 예를 들어 지표분석을 할 때 "ROE가 20% 이상이고 PBR 2 이하는 회사만 투자한다."와 같은 원칙을 만들기 바랍니다. 이 외에도 투자를 시작하기 전에 촘촘하고 탄탄한 나만의 원칙을 반드시 만드시기 바랍니다.

원칙을 만드는 공부 방법은 무엇인지 간단하고 속 시원히 알려드리면 좋겠지만, 사실 여기에는 정답이 없습니다. 책과 경험과 강의, 신문 등 실제로 본인이 다양한 곳에서 정보를 받아들이고 반복적으로 숙련해 자기 것으로 만들어야 합니다.

증권사 HTS로 투자 정보를 얻자

알아두세요

객장

증권사의 영업소 내에 위치하
며 주식 거래를 하려는 사람들
이 주로 모여 있는 장소입니다.
고객의 투자를 독려하기 위한
시세판이나 각종 투자 자료도
배치돼 있어 주식투자를 하려
는 사람들에게 유용했지만 인
터넷이 발달하면서 온라인 시
스템 거래가 활발해져 지금은
이용객이 많지 않습니다.

홈트레이딩 시스템

온라인으로 주식 거래를 할 수
있는 프로그램으로, 증권사에
서 무료로 제공합니다. Home
Trading System의 약자를 따서
HTS라고 부릅니다.

실제로 주식투자를 하려면 증권사의 증권거래용 계좌를 이용해야 합니다. 과거에는
전화로 매매를 하거나 객장˚에 나가 중개인을 통해 거래해야 했습니다. 하지만 요
즘은 스마트폰 앱을 활용하거나 PC로 증권사의 홈트레이딩 시스템˚을 이용해 거래
할 수 있습니다. 스마트폰을 이용한 거래는 간편하게 외부에서 활동하며 할 수 있다
는 장점이 있지만 상세한 분석을 하는 데는 적합하지 않습니다. 따라서 진지하게 주
식에 투자하려 한다면 HTS(홈트레이딩시스템)을 사용할 것을 추천합니다.

HTS를 설치하는 법

지금부터 HTS에서 활용하거나 알아 두면 좋은 방법을 소개하겠습니다. 먼저 HTS
를 설치하기 위해서는 증권사의 홈페이지에 접속해야 합니다. PC에 설치한 후 증권
용 공인인증서로 로그인을 합니다. 증권용 공인인증서는 증권사에 계좌를 만든 후
발급받을 수 있습니다. 처음 로그인을 하면 상단에 다양한 메뉴를 볼 수 있습니다.
모든 메뉴를 사용할 필요는 없지만 다양한 기능을 활용하면 큰 도움이 되므로 시간
을 들여 천천히 자세히 살펴보는 것이 좋습니다. 이번에도 삼성증권을 기준으로 설
명하겠습니다.

투자 종목을 선정하는 데 필요한 리포트

상단 메뉴에서 [투자정보 – 추천종목/리포트]를 클릭하면 투자 종목을 찾는 데 도

움이 될 만한 리포트를 살펴볼 수 있습니다. 마땅한 종목을 찾지 못했을 때는 이곳이나 증권사 홈페이지에서 여러 가지 종목에 관련된 분석 리포트를 살펴보는 것이 좋습니다.

기업 상세 정보 보는 법

종목을 찾았다면 해당 회사에 대한 상세 정보가 필요합니다. [투자정보 – 기업/재무/IR]로 들어가면 해당 기업에 대한 정보를 찾을 수 있습니다.

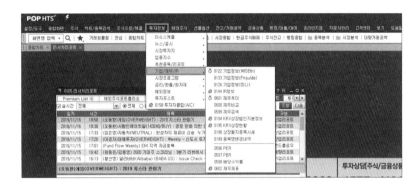

특히 기업정보는 기업개요나 재무제표부터 경쟁사 비교나 업종 분석 등 매우 자세한 내용을 보여 주고 있으므로 투자 결정을 할 때 큰 도움이 됩니다.

종합차트로 정보를 최종 검토한다

[종합차트]를 통해서도 많은 정보를 한눈에 알 수 있습니다. 이 종합차트는 사용자의 개인 설정에 따라 그 위력이 천차만별입니다. 다만 수많은 설정 기능 중 내게 유용한 것들을 활용하는 안목이 필요합니다. 인터넷이나 각종 서적에 많은 기법이 나와 있으므로 이 중에서 나에게 맞고 내 투자원칙에 잘 맞는 것들을 찾아 설정하시기 바랍니다. [종합차트]를 열면 좌측에는 다양한 분석을 할 수 있는 [지표]가 있고 우측에는 사용자의 분석에 도움이 되는 아이콘들이 있습니다. 이 차트는 [일간/주간/월간/년간/분간/시간] 등으로 볼 수 있습니다. 실제로 많은 투자자가 차트 분석을 통해 선정된 종목을 살펴보고 매매를 합니다.

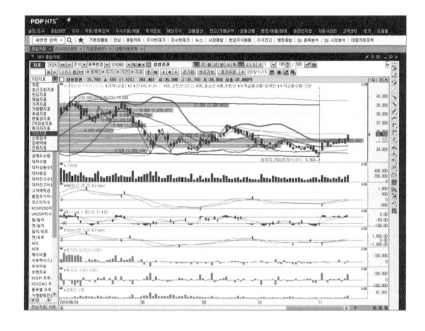

28

월세받는 건물주 부럽지 않은 배당주 투자

주식투자의 기본 개념

많은 사람이 주식은 상승이냐, 하락이냐의 방향을 맞추는 게임 정도로 생각합니다. 그러나 자세히 알고 보면 주식투자는 매우 합리적인 투자 수단 중 하나입니다. 마치 경주마 게임에서 베팅하거나 카지노의 바카라처럼 양자택일하는 투기와는 다릅니다. 쉽게 사고팔 수 있고 매일매일 움직이는 시세 때문인지 주식투자를 도박처럼 여기는 사람이 많습니다. 그러나 기본적인 주식의 개념에 대해 잘 이해한다면 매력적인 투자 수단으로 느껴질 것입니다.

만약 TV에서 매우 장사가 잘되는 가게가 분점을 내기 위해 투자자를 모집하려 한다는 이야기를 보게 된다면 한 번쯤 고민하게 될 것입니다. 이미 상사가 잘되는 곳으로 검증됐다면 다음 분점도 장사가 잘될 확률이 높아 그만큼 성공 확률이 높기 때문입니다. 투자자에게는 운영 비용을 제외하고 남은 이익을 투자금의 비율에 따라 나눠 준다고 합니다. 투자자는 투자한 후 가끔 경영 상태를 점검하고 투자 보고서를 통해 확인만 할 뿐, 모든 업무는 해당 업체의 대표가 한다고 합니다. 투자자는 발생한 이익을 가져갈 뿐 별다른 비용이나 노력은 크게 필요치 않다고도 합니다. 다만 장사가 잘되지 않으면 투자금에 손해를 입을 수도 있습니다. 만약 투자금을 만원부터 받겠다고 한다면 이 사업에 한번 투자해 보고 싶어지지 않을까요?

사실 이 이야기는 주식투자에 대한 이야기입니다. 다만 규모와 종류가 다를 뿐입니다. 사업을 하기 위해 법인 회사를 만들면 주식이 발행됩니다. 이 주식이 바로 '회사의 소유권'입니다. 발행된 주식을 많이 소유하고 있다면 최대 주주로서 의사결정권을 가장 많이 갖고 있겠죠?

이렇게 발행된 주식을 편하게 사고팔 수 있도록 한 것이 코스피*나 코스닥* 거래소입니다. 바로 시장에서 물건을 사고팔듯이 편하게 거래할 수 있게 국가에서 만들고 운영하는 것입니다. 우리는 이 주식을 사고팔며 투자하는 것이고요. 매력적인 사업일수록 사려는 이가 많을 것이고 프리미엄으로 가격이 올라갈 것이며 이와 반대로 쇠퇴하고 있거나 하락하는 사업체라면 팔려는 사람이 많아 가격이 떨어질 것입니다. 이렇게 가격은 시장의 논리에 따라 형성됩니다. 하지만 합리적이고 이성적인 거래만 있는 것이 아니라 감정적이거나 비이성적인 요소로 인한 거래도 많기 때문에 수학적인 계산처럼 딱 맞아떨어지는 흐름을 보이지는 않습니다.

이렇게 주식투자는 한 사업체에 대한 소유권을 거래하는 것이므로 앞으로 유망하거나 인기가 많아질 사업에 투자하는 것이 기본입니다. 그러나 많은 사람이 이런 주식의 기본 개념을 무시한 채 도박 게임의 한 종류처럼 단순히 방향 맞추기만을 하려고 합니다. 주식의 개념을 이해한다면 투자가 조금은 다른 시각으로 보이지 않을까요?

알아두세요

코스피
증권 시장에 상장된 상장 기업의 주가를 종합적으로 표시한 수치이며 한국 주식시장의 움직임을 측정하는 지표로 이용됩니다.

코스닥
코스닥 시장에 상장된 기업의 주가로 나타내는 지표입니다. 코스피는 주로 대기업이나 규모가 크고 오래된 기업이 상장돼 있고 코스닥은 중소기업이나 벤처기업 등의 기술 기업들이 상장돼 있습니다.

월세처럼 배당을 받을 수 있는 배당주

앞에서 한 가게를 예로 설명했습니다. 장사가 잘돼 이익이 생기면 투자자의 투자금 비율에 따라 배분한다고 했습니다. 이는 실제 주식투자에서 배당*이라는 개념으로 사용되고 있습니다. 다만 회사마다 이익률이 다릅니다. 그리고 경영 방법에 따라 발생한 이익을 사업 발전을 위해 재투자해 시설투자나 제품개발연구에 사용할 수도 있습니다. 이익이 생겼다고 해서 무조건 주주들에게 배분하는 것이 아니라 주주총회를 통해 배당 여부와 규모를 결정합니다. 이에는 주식배당과 현금배당이 있습니다.

이 배당받을 권리는 배당기준일에 주식을 소유하고 있어야만 주어집니다. 일반적으로 배당기준일이 다가올수록 주가가 올라가고 배당기준일이 지나가면 주가가 하락하는 경우가 많습니다. 배당을 하고 나면 그 직후에는 회사가 가지고 있는 현금이 그만큼 줄어듭니다. 기업의 자산이 배당만큼 감소하면 그 가치, 즉 주가도 떨어지는 것은 당연하겠죠.

배당주식투자는 월세를 받는 건물에 투자하는 것과 매우 비슷합니다. 건물을 매수하면 월세를 받다가 부동산 가격이 상승하면 매매차익까지 발생합니다. 배당주 투자 또한 배당을 받으며 주식을 보유하다가 주식가격이 오르면 매도를 해 매매차익까지 함께 얻을 수 있습니다. 배당수익과 매매수익으로 두 가지 수익이 발생하기 때문에 매우 매력적이며 주가가 변동한다 하더라도 배당으로 발생한 수익 때문에 하락 시의 손실률을 줄여 줍니다.

배당투자 수익률을 무시하지 마라

주식투자를 선호하는 분들은 고수익률을 매우 중요시합니다. 아무래도 주식의 특성상 높은 수익을 단기간에 올리는 것이 가능해 보이기 때문입니다.

배당주 투자는 매우 유용하며 상대적으로 안전한 편입니다. 더욱이 매년 받는 배당으로 예·적금 이상의 기본 수익률을 누리며 사업운영이 잘되는 회사라면 주가 상승까지 가능하므로 매우 매력적인 투자 방법이라 할 수 있습니다. 그러나 의외로 이런 매력적인 배당주 투자는 수익률을 이유로 무시당하기도 합니다. 일반적으로 추구하는 주식투자 수익률에 비해 배당주 투자의 수익률이 낮아 보이기 때문입니다.

그러나 여기서 간과되는 사실이 있습니다. 일단 배당을 하는 회사는 사업매출과 순이익이 매우 안정적이라는 것입니다. 무한경쟁의 시대에서 해당 업종에서 꾸준히 자신의 위치를 지키며 계속 수익을 내는 회사는 앞으로의 발전 가능성 또한 매우 높은 편입니다. 그만큼 추후 주가 상승에 대한 가능성도 높습니다.

그리고 배당을 받은 돈으로 계속 추가로 투자해 주식의 보유량을 늘린다면 마치 복리처럼 내 소유 주식은 어느새 눈덩이처럼 커져 있을 것입니다. 배당률이 변하지 않아도 배당금은 보유 주식이 늘어났기 때문에 그만큼 늘어나는 것입니다. 단순히 눈에 보이는 주식의 매매차익보다 이렇게 보유주식을 늘려 배당금과 매매차익을 추가로 누린다면 엄청난 효과를 가져다 줄 것입니다. 배당주 투자의 매력, 정말 놀랍지 않나요?

만약 노후준비의 한 방법으로 배당투자를 결정했다면 소유한 배당 주식이 점점 늘어날 것이고 그만큼 배당금도 늘어날 것입니다. 이는 내가 소유한 건물이 점점 늘어나 받는 월세가 늘어난 것과 같습니다. 월급이 없는 상황에서 월급 역할을 해 주는 것이죠. 다른 매력적인 방법과 더불어 어깨를 나란히 할 수 있는 배당주 투자도 은퇴 재테크로 강력히 추천합니다.

 잠깐만요

배당주 쉽게 찾기

아직 주식투자가 노련하지 않다면 배당주를 찾기도 쉽지 않을 것입니다. 수많은 회사의 정보를 상세히 탐색해 배당률을 하나하나 점검하기는 매우 어렵기 때문입니다. 더욱이 온라인 검색으로 정보를 찾는 데는 한계가 있기 때문에 한정적인 종목만 보게 될지도 모릅니다.

평상시 흔히 접하는 네이버를 이용하면 배당주들의 정보를 매우 쉽게 얻을 수 있습니다. 이렇게 배당률 높은 회사들의 리스트를 확보해 한 종목씩 검토한 후 집중적으로 투자할 회사를 고르는 것도 쉬운 투자 방법 중 하나입니다.

- 네이버에서 [더보기]를 클릭해 '증권(금융)'을 클릭합니다.
- 상단에서 [국내증시]를 클릭하고 왼쪽의 목록 중 [배당]을 클릭합니다.

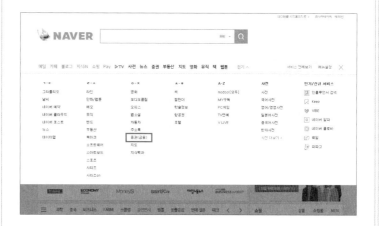

각 종목마다 과거 3년 전 배당금부터 현재의 배당수익률까지 한눈에 정렬됩니다. 상장돼 거래되는 종목 중에서 원하는 조건으로 필터링해 리스트를 만듭니다. 이 종목들 중 한 종목씩 상세 정보를 확인하면 투자 종목을 쉽게 선정할 수 있습니다.

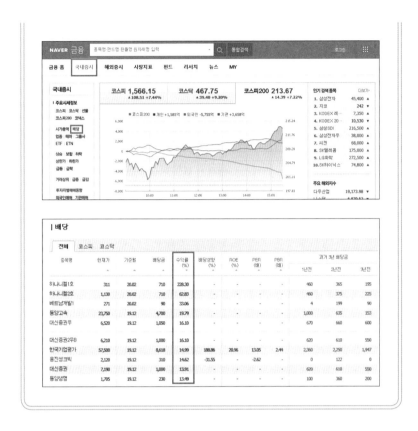

| 배당

	종목명	현재가	기준월	배당금	수익률(%)	배당성향(%)	ROE(%)	PER(배)	PBR(배)	과거 3년 배당금		
										1년전	2년전	3년전
	하나니켈1호	311	20.02	710	228.30	-	-	-	-	460	365	195
	하나니켈2호	1,130	20.02	710	62.83	-	-	-	-	460	375	225
	베트남개발1	271	20.02	90	33.06	-	-	-	-	4	199	90
	동양고속	23,750	19.12	4,700	19.79	-	-	-	-	1,000	635	153
	대신증권우	6,520	19.12	1,050	16.10	-	-	-	-	670	660	600
	대신증권2우B	6,210	19.12	1,000	16.10	-	-	-	-	620	610	550
	한국기업평가	57,500	19.12	8,618	14.99	188.86	20.96	13.05	2.44	2,360	2,250	1,947
	웅진씽크빅	2,120	19.12	310	14.62	-31.55	-	-2.62	-	0	122	0
	대신증권	7,190	19.12	1,000	13.91	-	-	-	-	620	610	550
	동양생명	1,705	19.12	230	13.49	-	-	-	-	100	360	200

29

주식투자도 글로벌 시대,
해외주식투자는 필수!

더 이상 미룰 수 없는 해외투자

이제는 과거에 비해 해외여행객이 많이 늘어났습니다. 더욱이 요즘은 온라인으로 해외에서 물건을 구매하는 것도 흔한 일이 돼버렸습니다. 그만큼 전 세계의 경계선이 허물어졌으며 진정한 글로벌 시대가 됐습니다. 그런데 주식투자는 어떤가요?

증권사에서는 각종 매체를 통해 해외주식 거래에 대한 홍보를 합니다. 수수료도 매우 낮아졌고 거래 방법도 점차 편리해지고 있습니다. 해외주식에 투자하는 비율은 점점 늘어나고 있지만 아직은 국내주식에만 투자하는 사람이 훨씬 많습니다. 어쩌면 해외주식거래가 복잡하고 어려웠던 과거에 대한 인식이 강하게 남아 있거나 해외주식에 대한 막연한 두려움 때문일지도 모릅니다.

한국의 주식시장은 전 세계에 약 2%에 해당합니다. 그만큼 매우 좁은 시장이며 투자 또한 한정적일 수밖에 없습니다. 전 세계 주식시장의 움직임은 동일하지 않습니다. 예를 들어 미국시장은 호황인데 한국시장은 침체일 수도 있으며 일본시장은 횡보할 수도 있습니다. 이렇듯 각 나라의 주식시장은 서로 영향은 있지만 늘상 다르게 움직이고 있습니다. 만약 앞으로 한국 주식시장의 하락세가 명확하다면 계속 투자를 하고 계실 건가요? 아님 투자를 멈추실 건가요? 이때 미국 주식시장은 호황이 예상된다면 투자를 멈추는 것보다 자금을 옮겨 미국주식에 투자하는 것이 좀 더 나은 방법일 겁니다.

기업도 글로벌 경쟁을 하고 있습니다. 기업의 이익률이 높아져야 주식투자의 수익률도 높아지는 것입니다. 만약 국내업체와 경쟁하고 있는 미국 기업이 앞으로 시장 지배력이 더 커지고 성장률의 상승이 눈에 띄게 보인다면 투자해 보고 싶은 욕구가 생기지 않을까요? 이제는 국내주식투자뿐 아니라 해외주식투자에도 눈을 돌려야 할 때입니다.

매력적인 해외투자 분야

스마트폰의 등장으로 세계의 많은 사업이 사라졌으며 이와 반대로 급성장한 사업들도 쏟아져 나왔습니다. 이 시기에 등장한 새로운 패러다임이자 흐름을 '4차산업'이라 부르기도 합니다. 미래를 위한 투자를 한다면 쇠퇴하는 분야가 아닌 앞으로 무한한 성장 가능성이 있는 곳을 선택해야 투자수익의 가능성이 높아집니다. 이제 막 우리 삶의 변화를 가져다 준 4차산업은 빼놓을 수 없는 투자 포인트로서 정말 많은 기대가 되는 분야입니다.

4차산업의 핵심이 되는 회사들은 과거의 평가 잣대로는 가늠할 수 없으며 새로운 평가를 받고 있습니다. 예를 들어, 과거에는 공장을 짓고 창고를 만들어 생산된 물건을 보관했다가 매장에서 판매했습니다. 하지만 지금은 공장이 필요하지 않은 서비스사업 매출만으로도 글로벌 기업이 되고 직접 모든 제품을 생산하지 않으면서도 제품을 판매하는 회사들이 있습니다. 그만큼 비용은 줄어들었지만 오히려 판매는 늘고 있어 많은 수익을 거둬들이기도 합니다. 우리가 잘 알고 있는 넷플릭스, 페이스북, 애플, 구글, 아마존 같은 회사들은 점점 글로벌 거대 공룡이 돼가고 있으며 해당 산업의 후발주자들이 따라잡기 어려울 만큼 경쟁력을 갖추고 있습니다. 비용의 효율은 높이고 매출소득의 한계선 없이 무한한 이익증대가 가능한 4차산업들은 매우 매력적인 투자 분야입니다.

만약 네이버와 구글이 직접적으로 경쟁한다면 앞으로 더 많이 성장하고 많은 이익을 가져다 줄 회사는 어디일까요? 현대차와 테슬라가 글로벌 시장에서 경쟁한다면 테슬라가 현대차보다 판매량이 늘어나지 않을까요? 이미 아마존에서 물건을 구매하는 것은 국내 온라인 마켓에서 구매하는 것만큼이나 일상이 돼버렸고 국내의 넷플릭스 가입자는 점점 늘어나고 있습니다. 넷플릭스의 경우 국내뿐 아니라 전 세계적으로 가입자가 늘어나고 있으며 매월 서비스 이용료 매출은 무섭게 늘어나고 있습니다.

앞으로 높은 수익률이 예상되는 곳이 어디냐고 묻는다면 주저 없이 4차산업의 핵심 회사들을 말할 것이고 이 회사들에 대한 투자는 필수라고 말할 것입니다. 더욱이 달러에 대한 투자도 함께 이뤄지기 때문에 화폐의 분산투자가 이뤄지기도 합니다. 어쩌면 해외주식투자가 우리의 노후를 바꿔 주지 않을까요? 시야를 넓혀 4차산업과 해외투자를 더 이상 미루지 말고 반드시 실행하시기 바랍니다.

2019년 국내 부동산시장 vs. 해외주식 수익률

❖ **2019년 아파트 평균 매매가 상승률**

출처: KB부동산

2019년 대한민국은 부동산 폭등의 영향을 받아 뜨거웠습니다. 많은 부동산 대책이 쏟아져 나왔고 오히려 이것이 아파트 가격 상승을 부추겨 많은 사람이 집을 사지 못할까봐 불안해했습니다. '더 늦기 전에, 더 오르기 전에'라는 공포심으로 무리하게 아파트를 매수한 사람도 있습니다.

그런데 2020년 1월 '강남아파트보다 삼성전자 주식이 낫다고?'라는 제목의 뉴스가 나왔습니다. 강남의 A 아파트는 2015년 1월부터 2019년 말까지 5년간 126% 급등했습니다. 수익률이 두 배가 넘게 상승했습니다. 이 기간 동안 삼성전자의 주가는 133% 상승했습니다. 연간 현금흐름도 주식 쪽이 나았습니다. 만약 10억원으로 두 자산을 투자했다면 A 아파트의 연간 현금흐름이 1억 2,000만원이고 삼성전자의 현금배당금은 1억 2,300만원입니다. 큰 차이는 아니지만 A 아파트보다 삼성전자가 나은 수익률을 보여 줬고 여기에 세금까지 고려한다면 차이는 더욱 벌어질 것입니다.

최근 선두주자들은 몇 년 전부터 해외주식투자를 적극적으로 시작했는데, 특히 2019년에는 금융기관의 홍보 덕분에 많은 사람이 해외주식투자를 시작했습니다.

앞에서 해외투자를 강조하며 4차산업에서 글로벌 핵심기업들을 언급했습니다. 만약 2019년에 글로벌 리더들을 담고 있는 QQQ*에 투자했다면 수익률이 40%이고 배당과 달러가격의 변동까지 감안한다면 더 높은 수익률을 보여 줍니다. 해외주식투자는 목돈이 필요한 부동산과 달리 소액으로도 할 수 있는 투자 방법이며 거래 방법도 간편합니다.

알아두세요

QQQ
미국의 나스닥에 투자하는 대표적인 ETF(증권처럼 거래하는 펀드)

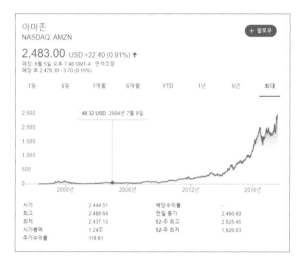

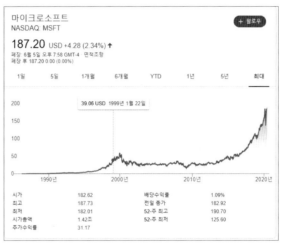

여기서 강조하고 싶은 점은 너무 한 가지 투자 방법에만 편중되지 않아야 한다는 것입니다. 여러 재테크 중 영원한 상자는 없습니다. 특히나 한국은 부동산 불패신화에 길들여져 있기 때문에 다른 투자 방법은 일단 기피부터 하는 경향이 강합니다. 하지만 이제는 폭넓은 시야가 필요할 때입니다. 은퇴 재테크를 준비할 때도 다양한 자산군에 대한 투자를 고려하시기 바랍니다.

 잠깐만요

각 나라의 주가지수를 알아보자

세계 각국에는 주식시장이 있습니다. 주식을 서로 거래할 수 있게 만든 거래소를 부르는 명칭은 각국마다 다릅니다. 그리고 이 각국의 주식시장을 나타내는 대표 지수가 있습니다. 한국은 코스피와 코스닥, 미국은 다우와 나스닥, 중국은 상해종합과 상해A/상해B, 홍콩은 항셍과 홍콩H, 일본은 니케이와 토픽스, 영국은 FTSE, 독일은 DAX, 러시아는 RTS, 캐나다는 TSX와 TSXY, 인도는 SENSEX, 베트남은 VN입니다.

증권사 시스템으로 종목 거래해 보기

거래의 시작은 계좌 개설부터

주식에 투자하기로 했다면 증권사의 거래 시스템을 이용해야 합니다. 가장 먼저, 거래할 계좌가 있어야 합니다. 어느 증권사를 이용해도 상관없으며 현재 갖고 있는 계좌를 활용해도 됩니다. 요즘은 증권사에 직접 방문하지 않아도 스마트폰 하나로 '비대면 계좌개설'을 통해 계좌개설부터 종목 거래까지 가능합니다.

여기서는 삼성증권을 예로 들어 설명하겠습니다. 먼저 스마트폰에 삼성증권 애플리케이션을 설치합니다. 설치 후에 나타나는 첫 화면에서 [계좌개설]을 클릭합니다.

먼저 계좌개설 전에 공인인증서(없어도 상관없지만 있는 것이 좋습니다)와 신분증(주민등록증 또는 운전면허증)을 준비해야 합니다. 그리고 입금 시 바로 내역을 확인할 수 있는 [본인의 계좌]와 [OPT]도 함께 준비하시면 좋습니다. [계좌개설]을 누르고 [시작하기]를 누르면 개인의 기본 정보를 입력합니다. [휴대폰 SMS 인증]과 [공인인증서 인증]이 있으니 편한 방법을 선택하시면 됩니다. 여기서는 [휴대폰 SMS 인증]

방법을 사용해 진행합니다. 휴대폰 번호와 통신사를 입력해 인증번호를 발송하고 인증번호가 확인되면 [다음]을 클릭합니다.

준비된 신분증을 스마트폰 카메라로 촬영합니다. 이때 신분증에 빛이 반사되면 안 되므로 실내에서 촬영 시에는 주의해야 합니다. 화면에 신분증이 알맞게 들어오면 [인식성공]이라는 메시지가 나타납니다. 이때 화면에서 실제 신분증 정보를 정확히 인식했는지 다시 한번 확인해야 합니다. [약관 및 개인정보] 약관을 확인하고 체크 합니다. 마케팅 이용 동의의 경우 선택 사항이므로 반드시 동의하지 않으셔도 무관 합니다.

계좌에 대한 기본 정보를 입력한 후 [다음]을 클릭합니다. [잔고 조회 및 수령방법]을 선택한 후 [약관 및 이용고지 확인]을 체크합니다. 사용하실 아이디와 계좌 비밀번호 4자리를 입력합니다. 계좌 비밀번호는 잊지 않도록 유의하시기 바랍니다. 이후에 등록할 6자리의 [간편비밀번호]와 혼동하는 경우가 많으니 구분해 기억하세요!

 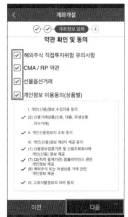 

[고객확인의무 등록]에서 알맞은 정보를 입력하고 나면 계좌가 개설됩니다. 그리고 투자성향을 체크합니다. 이때 투자성향 결과가 [초고위험투자성향]이 나올 경우 가장 폭넓은 투자상품 선택이 가능하고 보수적인 성향이 나올수록 거래에 제한을 받게 됩니다.

그리고 마지막으로 [타 금융기관 본인계좌 확인]을 해야 합니다. 타 금융기관의 본인 계좌로 삼성증권에서 1원을 입금하며 인증번호 확인용 번호를 함께 남깁니다. 이 인증번호를 입력하면 계좌개설이 모두 마무리됩니다.

주식 주문 방법

종합계좌가 만들어진 이후 해당 계좌에 거래할 만큼의 돈을 입금합니다. 현금이 있어야 주식거래를 할 수 있는 것은 아니지만, 빚 거래는 위험성이 높습니다. 애플리케이션을 실행한 후 메뉴 화면으로 들어갑니다. 여기서 [트레이딩 – 국내주식 – 주식주문]을 클릭합니다. 어떤 종목에 투자할지는 사전에 결정돼 있어야겠죠? 만약 삼성증권 주식에 투자하려 한다면 돋보기 모양을 클릭한 후 삼성증권을 검색해 클릭합니다. 화면에는 삼성증권의 주식 주문 화면이 나타납니다. 여기서 계좌 비밀번호, 매수할 단가, 수량을 입력하고 [현금매수] 버튼을 누르면 거래 주문이 입력됩니다.

내가 주문했다고 해서 바로 매수가 되는 것은 아닙니다. 누군가가 해당 단가에 내가 주문한 수량만큼 반대 매매를 해 주는 사람이 있어야 합니다. 양쪽의 거래 조건이 일치한다면 거래가 마무리됩니다.

주식이 잘 매수됐는지는 알림 메시지도 나타나지만 화면 중간에 있는 [잔고]를 통해서도 확인할 수 있습니다. 잘 매수됐다면 [잔고] 화면에 내가 주문한 만큼의 주식이 있을 것이고 잘 안 됐다면 [미체결] 화면에 남아 있을 것입니다.

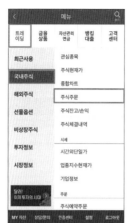

해외주식투자는 이렇게

해외주식투자도 크게 다르지 않습니다. 다만 해외주식의 경우 사전에 거래이용 신청을 하고 해당 국가의 통화로 환전돼 있어야 합니다. 먼저 애플리케이션 메뉴에서 [트레이딩 – 해외주식 – 해외주식거래이용신청]을 합니다. 그리고 [트레이딩 – 해외주식 – 환전]을 통해 거래할 국가의 통화로 환전합니다. 이후는 국내주식과 동일하게 [해외주식주문]으로 거래를 진행하면 됩니다.

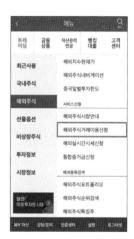

30

증시가 하락하는 시기에
할 수 있는 투자는?

하락이 무서워 투자를 하지 않는다?

투자시장은 언제나 등락을 반복하며 호황과 불황을 오고갑니다. 이를 '경제주기'라고도 표현합니다. 보통은 호황이 시작되면 며칠 또는 몇 주만에 끝나는 것이 아니라 적어도 수개월에서 수년은 긍정적인 영향을 미친다고 해석합니다. 이와 반대로 불황도 한 번 시작되면 단기간에 호황으로 돌아서기 어렵습니다.

평상시에는 경제 소식들이 남의 이야기라고만 여겼습니다. 하지만 내가 투자를 시작하면 관심 없던 경제 신문이 눈에 들어오고 뉴스가 들리기 시작합니다. 경제 상황에 대해 영향이 매우 적은 예·적금으로 투자했다면 무관심할 수도 있습니다. 그러나 원금이 보장되지 않고 수익률이 변동되는 곳에 투자했다면 경제 소식에 따라 내 자산이 크게 늘어날 수도, 줄어들 수도 있기 때문에 뉴스에 매우 민감해집니다.

일반적으로 증시가 좋다는 뉴스는 좋은 소식입니다. 좋은 뉴스 덕분에 '내 투자자산은 상대적으로 얼마나 불어났을까?'에 대해서만 관심을 가질 뿐, 다른 걱정은 하지 않습니다. 또한 증시가 좋을 때는 대부분의 투자 상품이 좋은 결과를 보여 주기 때문에 투자 분야에 대한 선택 위험이 줄어듭니다. 그래서 더욱 마음 편히 수익률 증가에 대한 즐거움을 만끽합니다.

그러나 수많은 경제 전문가가 "경제가 불황일지도 모르며 경기는 하락국면으로 접어들고 증시는 장기적으로 폭락할지도 모른다."라고 발표한다면 매우 심란해질 것입니다. 내 자산이 투자상품으로 이뤄져 있다면 그 소식과 함께 증시가 하락할 때 자산도 함께 줄어들기 때문입니다.

하지만 증시 하락이 두려워 자산을 현금화해 그냥 보유만 하고 있다면 잠자는 돈이 됩니다. 만약 생활비라도 꺼내쓴다면 오히려 자산은 줄어들 것이고 언제까지 현금을 보유해야 할지 막막할 것입니다. 증시의 하락 시기에도 상승하는 위험 자산도 있겠지만 분야나 상품을 잘 골라 내기는 매우 어려울 것입니다. 상대적으로 상승하는 분야보다 하락하는 분야가 많기 때문입니다.

이때 우리는 어떻게 투자해야 할까요? 경제 상황이 불안하고 경기 하락이 예상되며 위험 자산군에 대한 리스크가 커지고 수익률은 하락할 때 수익률이 상승할 수 있는 투자 방법을 소개하겠습니다.

누구나 공감하는 안전자산

국채(채권)

먼저 국채입니다. 폭락이나 불안정성이 확대되는 시기에는 '안전자산 선호 심리'가 부각됩니다. 우리가 흔히 알고 있는 은행의 예·적금보다 확실한 안전성을 선호합니다. 은행의 예·적금이 가장 안전하다고 생각하지만 은행도 파산할 수 있고 저축 금액이 예금자보호 한도인 5,000만원 이상이라면 그 역시 위험에서 벗어날 수 없습니다. 더욱이 노후자산의 규모는 예금자보호 한도보다 큽니다. 이 시기에 안전성이 높은 곳으로 자산을 옮겨야 하는 것은 일반 개인뿐 아니라 여러 기업이나 금융회사 및 기관들도 마찬가지입니다.

예를 들어 국민연금도 주가 하락 시기에 아무런 행동도 하지 않고 가만히 있는다면 국민의 노후자산이 큰 손실을 입을 수도 있습니다. 또한 현금도 무조건 안전하다고 볼 수는 없습니다. 경우에 따라 해당 화폐를 발행한 국가의 파산이나 화폐가치 하락으로 인한 구매력 손실이 발생할 수도 있기 때문입니다.

국채의 경우 기간에 따라 다양한 종류의 채권이 있으며 일반적으로 불확실한 상황일수록 장기간의 채권이 인기가 많습니다. 채권도 직접투자 방법이 있지만 거래 금액의 제한이나 편의성 등을 고려해 직접 거래보다 ETF 거래나 펀드를 통해 간접투자하는 것을 추천합니다. 국채에 투자하는 펀드나 ETF에 대한 정보는 포털 웹사이트에서 손쉽게 얻을 수 있습니다. 간접투자의 자세한 방법은 이어지는 7장에서 소개하겠습니다.

따라서 이 시기에는 채무의 불이행 가능성이 적은 채권과 사용가치가 없어질 가능성이 적은 화폐가 평소보다 선호도가 높아집니다.

금

국채와 더불어 금은 안전자산으로 인식되고 있습니다. 금은 다른 재화에 비해 휴대가 쉬워 인류에게 오랜 기간 가치를 인정받고 화폐의 의미를 지니고 있었습니다. 실제로 화폐와 금을 일정한 비율로 교환해 사용하던 시절도 있었습니다.

금은 평상시에는 매력적인 투자처라고 보기 어렵습니다. 하지만 금융위기나 경제위기가 발생하면 지금의 종이 화폐에 대한 불안감이 생깁니다. 실제로 확률은 매우 낮지만 화폐를 발행한 국가가 부도가 난다면 그 지폐는 그저 단순한 종이에 불과합니다. 하지만 금은 세계 어디에서나 화폐로서의 가치를 지니기 때문에 위기 상황이 닥치면 금에 대한 선호도가 높아집니다. 경제나 증시가 불안한 시기에 투자자산은 대부분 팔려고 하므로 수익률이 하락하지만 금은 반대로 전 세계 사람들이 사려고 하므로 가격이 올라 수익률이 상승하는 것입니다.

그리고 금은 인플레이션에 대한 방어 기능도 갖고 있습니다. 화폐가 너무 많아지면 상대적으로 가치가 하락합니다. 만약 안전자산으로 금이 아니라 화폐를 선택했는데 정부의 정책으로 화폐를 대량 유통해버린다면 내가 보유한 화폐는 그 가치가 떨어질 것입니다. 반대로 금을 갖고 있다면 화폐가치 하락한 만큼 가격이 상승해 인플레이션을 방어할 수 있습니다.

이처럼 금은 위기 상황에서 더욱 빛을 내기 때문에 안전자산으로 각광받고 있습니다.

안전자산 투자는 ETF로

그런데 이 자산들에 직접투자를 하려 할 경우 거래 규모나 보관의 편의성, 거래 방법 등이 불편할 수 있습니다. 또한 현물 투자의 경우 세금과 사고팔 때의 가격 차이 때문에 손해가 발생합니다. 그래서 직접 금은방을 통해 금을 사들이는 실물투자 방법보다 ETF나 펀드 등을 통한 간접투자를 추천합니다. 233쪽의 예시는 네이버에서 금과 국채 ETF 종목을 찾는 방법이며 포털 웹사이트가 아닌 각 증권사의 홈페이지나 HTS를 이용해도 각 종목에 대한 정보를 쉽게 찾을 수 있습니다.

ETF에 대한 거래 방법은 '무작정 따라하기: 애플리케이션을 활용해 해외 ETF 거래하기'를 참고하세요. 금은 KODEX 골드선물(H)처럼 ETF를 추천합니다. 달러나 엔화 같은 외화의 경우, 직접 화폐를 환전해 보유해도 되지만 편의성과 실용성을 감안한다면 달러나 엔화 채권이나 펀드에 투자하는 것을 추천합니다.

국채는 증권사 홈페이지에 접속하면 추천 상품 등의 정보를 확인할 수 있고 포털 웹사이트에서 직접 검색해 찾을 수도 있습니다. 국채의 경우는 기간에 따라 분류됩니다. 증시하락이 예상될 때는 이 불안정한 시기가 언제까지 계속될지 누구도 장담할 수가 없습니다. 따라서 기간이 짧은 국채보다 기간이 긴 국채가 인기가 많습니다.

만약 3년 만에 불경기가 끝날 거라 예상했는데 3년이 넘어도 불황이 계속된다면 3년 만기가 되는 국채가 매우 아쉬울 수 있습니다. 그래서 3년보다 10년 국채를 추천합니다. 이 국채 역시 펀드와 ETF 모두 투자가 가능합니다. 펀드로 투자한다면 보유 종목의 상세 내역을 열람해 10년물 국채가 포함됐는지 체크합니다. 자산운용보고서나 자산 현황을 살펴보면 알 수 있습니다. ETF의 경우 포털 웹사이트에서 다음과 같이 검색하면 얼마든지 확인해 볼 수 있습니다.

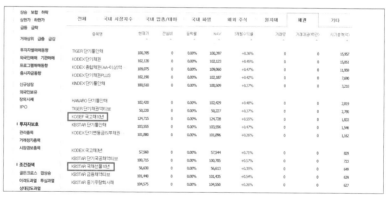

채권 ETF 예시(네이버 화면)

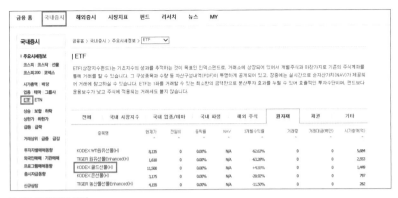

금 ETF 예시(네이버 화면)

증시가 하락하면 수익이 나는 인버스 상품 투자

알아두세요

인버스 상품
기초 자산의 움직임과 정반대
로 움직이도록 설계된 상품을
말합니다. 예를 들어 '코스피
200인버스'는 코스피200 지수
가 하락할 때 그만큼 상승하는
특징을 갖고 있습니다.

알아두세요

상장지수증권(ETN)
특정 지수의 수익을 추종하도
록 만들어진 파생결합증권을
말합니다. ETF처럼 거래소에 상
장돼 자유롭게 사고팔 수 있으
며 많은 종목이 있어 다양한 투
자를 할 수 있습니다.

인버스 상품®은 기초자산의 움직임을 정반대로 추종하도록 설계된 금융투자상품입니다. 일반적인 투자상품과 달리, 기초자산의 수익률이 상승하면 인버스 상품의 수익률이 하락하고, 기초자산이 하락하면 인버스 상품의 수익률이 상승합니다. 그럼 기초자산이 무엇이냐에 따라 상품의 구성이 달라지겠죠? 일반적으로 가장 많이 설정돼 있는 상품은 코스피200지수를 기초자산으로 설정한 펀드 형태입니다. 시중에서 접할 수 있는 것들로는 일반적인 펀드와 상장지수펀드(ETF), 상장지수증권(ETN)® 등을 들 수 있습니다. 이 중 거래하기 쉽고 비용이 저렴한 ETF로 투자하는 방법을 추천합니다.

예를 들어 설명하겠습니다. 가장 많이 거래되고 있는 인버스 ETF 중 하나인 KODEX 인버스 ETF에 투자했습니다. 그런데 오늘 코스피 200 지수의 수익률이 1% 하락했습니다. 그렇다면 내가 투자한 KODEX 인버스 ETF는 반대로 수익률이 1% 상승합니다.

다음의 코스피를 그대로 따라가는 'KODEX 200'과 'KODEX 인버스'를 살펴보면 서로 그래프가 반대로 움직이고 있다는 것을 확인할 수 있습니다.

따라서 대응하기 힘든 짧은 시간의 일시적은 하락이 아닌 앞으로 증시하락이 예상된다면 단순히 현금을 보유하거나 언제 오를지 몰라 전전긍긍하며 일반적인 증시상품에 투자할 것이 아니라 나의 자산 중 일부를 인버스 ETF에 투자하는 것도 좋은 방법 중 하나입니다.

정반대로 움직이는 인버스와 일반 ETF

잠깐만요

상품명만으로 상품의 특징을 살펴볼 수 있다!

포털 웹사이트나 증권사의 거래 프로그램의 종목 검색창에 '인버스'를 입력하면 수많은 종목과 펀드가 검색됩니다(2019년 6월 기준). 종목의 명칭을 자세히 살펴보면 기초자산이 무엇인지 알 수 있습니다.

예를 들어 'KOSEF 미국달러선물 인버스2X'를 살펴볼까요? 이 ETF는 종목 명칭 가장 앞에 있는 KOSEF로 보아 키움투자자산운용에서 만들었습니다. 미국달러선물지수의 움직임을 반영하며 종목명 마지막에 '2X'라고 표시돼 있습니다. 일반적인 인버스 ETF는 지수의 움직임과 1:1 비율로 반대로 움직이지만 이 상품의 경우 1:2의 비율로 움직입니다. 즉, 미국달러선물지수가 1% 하락할 때 이 투자상품은 2% 상승한다는 의미입니다. 이렇게 상품명만으로도 충분히 상품의 특징도 살펴볼 수 있답니다. 다음은 포털 웹사이트에서 종목의 상세 내역으로 들어가 살펴본 내용입니다.

상품개요

기초지수명	미국달러선물지수
최초설정일/상장일	2011-03-31 / 2011-04-01
펀드형태	수익증권형
총보수	0.490%
회계기간	2013년 1월 1일부터 매 1년간
분배금기준일	회계기간 종료일(종료일이 영업일이 아닌 경우 그 직전 영업일)
유동성공급자(LP)	키움증권, 한국증권, 신한투자, 미래에셋대우, 메리츠, KB증권, 리딩투자
자산운용사	키움투자자산운용
홈페이지	http://www.kiwoomam.com

상품설명

1좌당 순자산가치의 일간변동률을 기초지수인 F-USDKRW 지수 일간변동률의 음의 1배수와 유사하도록 투자신탁재산을 운용하는 것을 목표로 합니다. 미국달러선물 가격을 나타내는 기초지수 F-USDKRW 지수의 일별 수익률의 -1배 수익을 추종하는 ETF로서, 원달러(USD/KRW) 환율의 하락(원화강세/달러약세)에 투자해 수익을 추구합니다. 원달러(USD/KRW) 환율을 기초자산으로 하는 선물(매도)에 대부분 투자하고 미국달러선물 ETF에 일부 투자하여 운용합니다. 기초지수는 한국거래소에서 산출하며 미국달러선물시장에 상장된 선물 최근월물과 동일하게 연동하는 지수입니다. 최근월 종목의 만기 도래 시, 최종거래일과 직전 2거래일 동안 1/3씩 분할하여 차근월물 종목으로 교체함으로써 미국달러 선물가격을 연속성 있게 나타내는 지수입니다.

순자산가치(NAV)추이

2020-01-06 ~ 2020-04-06   일간 주간 월간

날짜	순자산가치(NAV)	ETF종가	괴리율(%)
2020/04/03	9,822.06	9,850	0.28
2020/04/02	9,858.00	9,855	-0.03
2020/04/01	9,845.67	9,845	-0.01
2020/03/31	9,949.28	9,940	-0.09
2020/03/30	9,880.77	9,900	0.19
2020/03/27	10,004.87	10,010	0.05
2020/03/26	9,839.43	9,840	0.01

■ 괴리율 — 순자산가치(NAV)(좌) -- ETF 종가(좌)

8
장

은퇴 후를 위한
부동산 활용법

31

집만 믿고 있어도,
집이 없어도 문제다

우리에게는 살 집이 필요하다

한국인들에게 집은 굉장히 큰 의미를 갖고 있습니다. 삶의 전부라고
해도 과언이 아닙니다. 부동산은 한국인들의 절대적인 투자 수단입니
다. 그런데 최근 그 절대적인 투자 수단이라는 믿음에 금이 가기 시작
했습니다. 특히 은퇴를 앞두거나 은퇴를 이미 시작해버린 사람들에게
부동산이 고통으로 작용하는 경우가 많이 발생하고 있습니다.

집은 우리에게 반드시 필요합니다. 하지만 노후를 준비하는 과정에서
집 이외에 다른 별도의 준비가 충분하지 않다면 많은 문제가 발생합
니다. 부동산의 가격 상승을 기대하며 대출을 받아 투자하고 수년 후
오른 가격으로 매매하는 과정은 흔히 반복돼 왔습니다.

그런데 늘 그랬듯이 노후를 앞둔 시점의 매매에서도 대출을 받고 큰
수익을 기대하고 더욱 비싼 부동산을 매입했는데 원하는 시점에 충분
한 매도가 이뤄지지 않는다면 문제는 심각해집니다. 현금이 부족하기
때문입니다.

50대 이전에는 혹시 원치 않는 상황이 발생되더라도 은퇴 시기까지

시간이 충분히 남아 있기 때문에 시장 상황이 변할 때까지 기다릴 수 있었습니다. 그러나 노후를 앞둔 상황에서는 경제적 은퇴 이후 소득이 없기 때문에 대출 이자조차 메꾸지 못할 수도 있습니다. 만약 매매가 원활하지 않다면 큰 손해를 보고 헐값에 매도해야 하고 매도 이후 또 다른 거주지를 찾아 다시 다른 부동산을 매입해야만 합니다. 결국 손에 남는 현금이 별로 없는 상태에서 재산만 줄어든 결과가 되는 것이지요. 만약 투자한다면 안정적으로 생활할 수 있는 거주 주택 이외의 추가 부동산으로 할 수 있어야 여유가 생깁니다.

이와 반대로 집이 없어도 문제입니다. 한국의 50~60대 모두가 집을 갖고 있지는 않습니다. 오히려 없는 가정이 더 많습니다. 내 집이 없는 사람들은 소득도 충분하지 못할 뿐 아니라 노후준비도 안 돼 있는 경우가 대부분입니다.

매월 생활비를 어찌 해결한다 하더라도 만약 임대(전세나 월세)가격이 상승하기라도 한다면 치명적인 타격을 입게 됩니다. 점점 교외로 가야 하거나 낙후주택으로 이주할 수밖에 없으며 그들의 자녀에게도 부모의 거주 문제는 심각한 부담으로 작용합니다. 이렇게 집만 있어도, 집이 없어도 노후생활에 문제가 됩니다.

공공주택을 활용하자

부동산을 여러 채 확보해 투자할 수 있을 만큼의 자산이 있다면 이런 문제에서 논외가 됩니다. 하지만 집 한 채 마련하는 것이 빠듯하다면 적극적인 자산증식의 수단으로 부동산에 투자하기보다는 거주의 안정성에 중점을 두는 것이 좋습니다. 가장 추천하고 싶은 방법은 정부 제도를 이용하는 것입니다.

어차피 노후에는 도심 내 핵심 지역에 꼭 거주할 필요는 없습니다. 이 부분만 고집하지 않는다면 공공주택 제도를 적극 추천합니다. 다만 공공주택의 경우 여러 가지 이유로 물량이 매우 부족한 편이며 대부분 도심 외곽에 있습니다. 하지만 시세보다 매우 저렴하게 살 수 있습니다.

부동산 상승기의 경우 공공주택의 분양가격은 이미 책정됐는데 부동산가격 급등으로 당첨되기만 해도 엄청난 시세차익이 생기기도 합니다. 공공주택이 일반 민영 아파트에 비해 투자가치가 없다는 편견은 없어진 지 오래이며 경쟁률 또한 매우 치열합니다. 만약, 공공임대라면 임대료 상승에 제한율이 있기 때문에 부담도 적은 편이고 임대인과의 마찰 같은 불편함도 없습니다. 오히려 기관에서 관리해 주기 때문에 만족도도 매우 높은 편이고 관리 및 보수 문제도 발생하지 않습니다.

공공주택 임대나 매입은 지역 및 개인의 조건에 따라 당첨 가능 여부가 결정됩니다. 정부 사이트인 마이홈(www.myhome.go.kr)에서 기본적인 진단을 할 수도 있고 LH청약센터(apply.lh.or.kr)에 들어가면 공고, 당첨 조건에 관련된 다양한 정보를 얻을 수 있습니다. 꼼꼼히 살펴보고 나에게 맞는 유형을 선택해 꾸준히 지원한다면 반드시 만족스런 결과가 있을 것입니다.

여기서 주의할 점은 바로 '선입견'입니다. 많은 사람이 공공주택에 대해 부정적인 인식이 강합니다. 공공주택이 시세보다 저렴하다고 해서 주거의 질이 떨어지는 것은 아닙니다. 물론 고급 주택과 비교하는 것은 무리가 있겠지만 일반적인 주거지와 비교한다면 가격조건부터 관리 및 편의싱까지 매우 만족도가 높습니다.

부동산에 무리하게 투자하느라 별도의 노후자산을 준비하지 못하는 것보다 조금 눈높이를 낮춰 공공주택을 선택하는 것은 어떨까요? 예를 들어 빚이 5억원이 남아 있는 10억원짜리 주택을 구입해 이자를 내며 가격상승을 초조하게 기다리는 부담스런 노후준비보다 5억원짜리 집을 공공주택을 활용해 4억원에 매입하고 그 차액 1억원으로 월 지급식 펀드에 가입하고 매달 납입해야 했던 이자 대신 연금을 납입한다면 보다 여유 있고 윤택한 노후생활을 맞이하게 될 것입니다. 부동산에 대한 방법과 인식을 조금은 바꿔야 하지 않을까요?

LH 청약센터(apply.lh.or.kr)

마이홈(www.myhome.go.kr)

32

철저한 계획이 필요한
내집마련

내집마련의 우선순위는 생활의 안정

주거는 인간의 삶에서 가장 중요한 요소 중 하나이고, 내집마련은 공통 관심사입니다. 짚고 넘어가지 않을 수 없는 주제이므로 이번에는 내집마련을 어떻게 계획하고 준비해야 하는지 알아보겠습니다.

집은 한 번 매수하면, 쉽게 바꾸기 어렵습니다. 나를 둘러싼 모든 환경에 영향을 미치기 때문입니다. 이 책에서 다루는 '내집'의 가장 우선순위는 바로 '주거 생활 안정'입니다. 단순히 경제적인 금전과 관련된 것만이 아니라 생활 터전으로서의 의미를 더 강조합니다. 따라서 주택을 마련할 때는 주거환경과 예산을 고려해 결정해야 합니다.

주거환경에 따른 지역 선정

내집마련 시에는 가장 먼저 '주거환경을 나에게 맞출 것인지', '내가 주거환경에 맞춰 생활할 것인지'를 결정해야 합니다. 금전적으로 여유가 있어서 임대가 아닌 '내집'으로 시작하는 경우는 전자에 해당하고, 임대인의 횡포에 스트레스를 받았거나 부동산 중개인의 달콤한 말에 혹해 집을 덜컥 구매해버리는 경우나 집값 상승에 따른 두려움 때문에 집을 구입해버리는 경우는 후자에 해당합니다.

구매한 주택의 주거환경에 적응하기 힘들거나 나에게 잘 맞지 않을 때는 다시 이사를 해야 하기 때문에 스트레스가 동반됩니다. 따라서 내집마련 시에는 주거환경을 가장 먼저 고려해야 합니다.

이에는 여러 가지 방법이 있습니다. 내가 익숙하고 잘 아는 동네를 선택해 주거계획을 수립하고 주택을 구매하기 전에 먼저 임대로 살아보는 것입니다. 그만큼 주택 구입의 시기를 늦췄다가 주택가격의 상승으로 손해를 입지는 않을까 걱정이 되기도 하지만 이는 관점의 차이일 뿐입니다. 주택가격이 항상 상승하지는 않기 때문입니다.

시기에 따라 집값이 오르지 않거나 하락할 때도 있고, 다른 물가상승에 비해 덜 상승할 때도 있는데 일단 구매하기로 마음먹으면 유독 집값이 폭등하는 것처럼 보일 때가 많습니다. 막상 구입하고 보니 주거환경이 내 예상과 달라 결정을 번복하거나 매도 후 이사를 하게 되면 이로 인한 경제적 손실이 더 클 수도 있습니다. 따라서 집을 오로지 투자 목적으로만 여기는 것이 아니라면 주택가격 변동에 너무 집착할 필요가 없습니다.

주택 선정의 기준은 개인마다 다릅니다. 나에게 가장 중요한 요소가 무엇인지, 우선순위가 무엇인지 고려해야 합니다. 예를 들면 직장, 교통(대중교통보다 자가운전), 가족의 주거지(부모님 및 형제)와의 거리, 교육(어린이집, 유치원, 학교), 주변 환경(마트, 도서관, 공원)과 같은 외적인 요소가 있고 채광, 주차 공간, 주택의 구조, 층, 평형과 같은 내적인 요소가 있습니다. 만약 주택을 나에게 맞춰 구매할 계획이라면 예상(또는 분석)과 실제는 다를 수 있으므로 직접 거주하면서 만족도를 체크해 보는 것이 중요합니다.

내 재정 환경에 맞는 예산 수립하기

주택을 구입하기로 마음먹었다면 가장 먼저 시세를 알아봐야 합니다. 지금 당장 주택을 구매해야 한다면 예산에 맞춰 주택을 매수해야겠지만, 만약 그렇지 않다면 주거 지역을 선정한 후에 예산에 맞춰 보는 것이 좋습니다.

우리나라 사람들은 대부분 아파트를 선호합니다. 아파트가 편리하기도 하지만 투자가치가 높다고 판단하기 때문입니다. 하지만 안정된 주거생활이 목적이라면 꼭 아파트만 고집할 필요는 없습니다. 일반적으로 아파트의 가격은 다가구, 다세대 주택, 빌라보다 높기 때문에 나의 예산에 맞게 주택을 선택하는 것이 중요합니다. 또한 소득 활동으로 번 돈을 오로지 주택 구입을 위해 사용하는 것은 아니므로 예산 계획을 잘 세워야 합니다. 먼저 주택을 위해 할애할 수 있는 현재 상태의 목돈에 대해 파악합니다. 그리고 내가 매수하고자 하는 주택의 시세를 파악해 봅니다.

요즘은 온라인으로도 주택 시세파악을 간편하게 할 수 있습니다. KB부동산이나 네이버부동산 홈페이지를 이용할 수도 있고, '호갱노노'와 같은 애플리케이션으로도 시세 파악이 가능합니다. 그러나 실제 상세 조건에 따라 정확한 가격은 달라질 수 있습니다. 따라서, 정확하게 시세를 파악하기 위해서는 해당 부동산 근처의 중개사무소에 직접 방문하는 것이 좋습니다. 방문할 때는 적어도 세 군데 이상을 방문하는 것이 정확도도 높고 여러 정보를 얻기에도 좋습니다. 다만, 손님 유치를 위한 홍보멘트에는 주의하는 게 좋겠죠?

이제 해당 주택의 가격과 내가 보유한 예산의 차액에 대해 많은 고민을 해야 합니다. 바로 여기서 내가 미리 정해 놓은 기준의 예산 계획이 매우 중요합니다. 대부분은 이때 주택담보대출*을 이용합니다. 대출 시에는 매월 상환금과 대출 비율이 매우 중요합니다. 정부정책과

알 아 두 세 요

주택담보대출
주택을 담보로 대출받는 것을 말합니다. 일반적으로 10~30년 동안 장기간에 걸쳐 상환합니다. 일반적으로 정부 정책이나 규제에 따라 주택가격의 20~70%에 해당하는 금액을 대출을 받을 수 있습니다.

규제에 따라 제한을 받긴 하지만 나의 생활에 큰 영향을 미치기 때문입니다. 만약 단기간의 주택가격 상승에 대한 기대감만으로 많은 대출을 받으면 생활이 점점 힘들어지고 심리적인 압박에 시달릴 것입니다.

더욱이 주택담보대출뿐 아니라 자동차대출, 신용대출 등 다른 대출까지 있다면 매월 열심히 일해 월급을 받아도 남는 것이 없어 허탈감을 느끼기 십상입니다. 월급을 받아 별도의 저축 없이 대출 상환만 하게 된다면 주택 구입 이외의 재무적 이벤트에 필요한 자금을 충당하지 못할 수도 있습니다. 자동차 구입, 자녀의 학자금이나 결혼처럼 목돈이 필요한 상황이 생기면 대출을 늘리는 결과만 초래할 뿐이기 때문에 저축과 대출 상환을 병행하는 것이 좋습니다.

대출 상환 금액은 가급적 소득의 30%를 넘지 않아야 다른 재무계획에 악영향을 미치지 않습니다. 예를 들어 매월 실수령액 소득 500만원인 40세 남성이 현재 2억원을 갖고 있고, 5억원의 주택을 구입하려 한다고 가정해 보겠습니다. 60살에 은퇴를 생각해 대출 기간을 20년으로 한다면 '이자율 2.4%, 원리금 균등 상환으로 매월 약 158만원을 상환하게 됩니다. 그런데 만약 다른 대출이 있어 현재 100만원을 상환 중이라면 주택담보대출까지 매월 총 258만원을 대출 상환금으로 납부해야 합니다. 이는 매월 소득의 50%에 해당하므로 이 남성에게 5억원의 주택 구입을 위한 3억원 대출은 다소 무리라고 할 것입니다.

그런데 만약 다른 대출 없이 주택담보대출만 있다거나 3억원의 대출 기간을 30년으로 늘려 매월 117만원만 주택담보대출로 상환한다면 적정한 대출 계획이 됩니다. 이렇게 내가 필요한 자금의 규모와 상환 계획을 탄력적으로 조정해 현재의 내 생활이 대출 때문에 너무 힘들어지지 않는 한도 내에서 대출을 실행해 주택을 구입하는 것이 바람직합니다.

실제로 단기간의 시세차익을 목적으로 무리한 대출을 받아 아파트를 구입했다가 계획처럼 주택가격이 오르지 않아 결국 경매로 집을 넘기게 되거나 주택을 급매로 되파는 사례가 종종 발생합니다. 투자의 관점에서 볼 때 주택가격 상승은 내가 통제할 수 있는 것이 아닙니다. 따라서 주택 구입 시에는 시세차익보다 주거 안정에 목표를 두시길 바랍니다.

 잠깐만요

주택담보대출 시 숙지해야 할 용어

주택담보대출 비율은 여러 제도의 영향을 받습니다. 지역에 따라 투기지역과 조정지역 그리고 일반지역으로 구분되고, 이에 맞춰 LTV와 DTI, DSR의 비율이 달라집니다. 주택담보대출을 활용한 예산 계획 시에도 이 비율에 따라 판단해야 하므로 이에 관련된 용어를 반드시 이해하고 있어야 합니다.

• **주택담보대출 비율(LTV, Loan To Value ratio)**

주택을 담보로 대출받을 때 인정되는 비율을 말합니다. 예를 들어 주택가격이 5억원, LTV가 60%라면 최고 3억원까지 대출할 수 있습니다. 만약 정부에서 해당 지역의 LTV를 50%로 제한하면 대출은 2억 5천만원까지만 가능합니다.

• **총부채상환 비율(DTI, Debt To Income)**

주택담보대출의 원리금 상환액을 포함해 기타 부채에 대한 연간 이자 상환 총액을 연소득으로 나눈 비율을 말합니다. 예를 들어 연소득이 5,000만원인 사람이 DTI가 50%인 지역에서 주택담보대출을 받으려면 주택담보대출 연간 원리금 상환 총액과 기타 부채의 연간 이자 상환 총액의 합이 2,500만원을 넘지 않아야 합니다.

• **총부채원리금상환 비율(DSR, Debt Service Ratio)**

대출을 하려는 사람의 모든 대출의 연간 원리금 상환액을 연소득으로 나눈 비율을 말합니다. DTI에 비해 한도가 적은 편입니다.

33

부동산 투자로
노후준비하기

부동산을 활용한 노후준비

부동산에 너무 무리하게 투자하느라 별도의 노후자산을 준비하는 것은 옳지 않지만, 여전히 부동산은 좋은 투자처입니다. 물론 가장 이상적인 것은 증권과 부동산을 분산해 투자하는 것입니다. 부동산 투자를 위해서는 폭넓은 지식이 필요하며, 다양한 방법을 알아야 나에게 적합한 포트폴리오를 구성할 수가 있기 때문에 공부가 필요합니다.

또한 젊을수록 매매수익 중심으로, 은퇴 시기가 다가올수록 현금흐름 중심으로 투자해야 합니다. 만약 똑같이 아파트 투자를 한다고 가정했을 때 20~30대라면 현재의 월세보다 시간이 걸려도 미래의 핫이슈나 지역적 인기도 상승으로 인한 매매차익을 중심으로 투자해야 합니다. 은퇴를 앞둔 50~60대라면 향후의 기대감으로 인한 가격 상승보다 당장의 원활한 현금흐름을 가져다 줄 월세 중심의 유동성을 확보할 수 있는 투자를 해야 합니다.

부동산 은퇴설계 시 고려해야 할 세 가지

부동산으로 노후를 준비하려면 크게 세 가지를 고려해야 합니다.

① 나이에 맞는 투자 전략

첫째, 내 나이에 맞는 투자 전략을 준비해야 합니다. 부동산의 종류는 매우 다양합니다. 크게 거주용 부동산인 주택과 상업용 부동산인 상가와 오피스 그리고 땅이 있습니다. 각각 장단점이 있으며 나의 재무 계획과 자본 규모에 따라 투자 가능한 영역도 달라집니다.

투자 방법도 중개사무소를 통한 거래와 공부와 경험이 필요한 경매나 공매, 직거래나 급매, 분양권 거래 등이 있습니다. 만약 은퇴를 앞둔 시점이라면 환금성이 떨어지고 거래에 시간이 필요한 땅 투자는 말리고 싶습니다.

만약 개발 이슈 때문에 땅 투자가 하고 싶다면 다른 여유 자금으로 적어도 5년 이상은 돈 걱정 없이 살 수 있어야 합니다. 만약 매매가 원활하지 않다면 유동성 부족으로 매우 곤란한 상태에 빠지게 될 것입니다. 아직 20~30대라면 폭넓은 공부를 위해 다양한 투자를 경험해 보는 것이 좋습니다.

어떤 사람에게는 경매가 잘 맞을 수도 있지만 어떤 사람에게는 분양권 거래나 중개소를 통한 거래가 성격에 잘 맞을 수도 있습니다.

어떤 방법이 나에게 잘 맞을지 모르기 때문에 아직 시간적 여유가 있는 20~30대라면 잘 맞는 방법을 찾을 때까지 노력해 보기를 추천합니다. 40~50대라면 수능시험을 앞둔 고 2, 고 3과 같습니다. 가장 자신 있거나 익숙한 분야를 선택해 시행착오를 겪지 않는 것이 중요합니다. 무난하게 주택(아파트)이나 오피스텔 투자로 시작해 보는 것이 좋습니다.

② 미래 인구구조의 변화

둘째, 향후 인구구조의 변화에 민감해야 합니다. 이미 초고령화 사회가 된 사실은 누구나 알고 있습니다. 그렇다면 향후 큰 평수의 아파트보다 작은 평수의 소형 아파트가 더욱 인기가 많아질 것입니다. 인구구조는 지역적 특성에도 많이 반영됩니다. 젊은 층들은 직장문제로 수도권이나 대도시 중심으로 모입니다. 이 사람들은 대부분 가정을 이루고 있으며 월세보다는 가급적 대출을 활용한 전세나 내집마련을 목표로 거주하고 있습니다.

지방의 소도시나 외곽지역에는 공장지대나 수도권에서 할 수 없는 업종들이 모여 있습니다. 이 지역에는 한국인보다 외국인 노동자나 본국에서 생계가 어렵기 때문에 한국에서 수년간 살기로 결정한 중국인들이 많습니다. 이들 덕분에 작거나 중심지가 아니더라도 전세보다 월세가 인기가 많습니다. 의외로 수익률도 높은 편입니다. 다만 매매는 잘 이뤄지지 않고 매매차익을 노리기도 쉽지 않습니다. 이렇게 인구트렌드에 따라 장단점이 있기 때문에 인구구조에 민감해야 합니다.

③ 정보 수집과 정리

셋째, 각종 정보를 민감하게 수집해 나만의 데이터지도를 구축해야 합니다. 부동산 투자를 위해 많은 노력을 기울여도 전국의 모든 부동산과 모든 지역을 잘 다루기는 어렵습니다. 오히려 전업 투자자가 아니라면 어려울지도 모릅니다. 따라서 내가 사는 지역이나 투자 가능한 자본을 고려해 특정 지역들을 선정해 집중적으로 분석해 보는 것이 좋습니다.

그리고 해당 지역들에 대한 각종 정보에 끊임없이 귀기울여야 합니다. 알토란 같은 정보는 행운처럼 갑자기 나타나는 것이 아니라 끊임없이 노력했던 자에게 보이는 것입니다. 누구에게는 지나가는 소식도 면밀히 분석하고 관찰했던 이에게는 황금같은 기회로 보일 수 있기 때문입니다. 가격 변화부터 지역 정책의 흐름까지 각종 데이터를 나만의 방식으로 정리해 시각화하거나 구축해 놓는 것이 좋습니다. 정리해 놓지 않으면 다시 생각났을 때 다시 찾기도 어렵거니와 시간이 흐르면 헷갈리고 잊어버릴 수도 있기 때문입니다.

34

부동산 종류별 특징 완벽 분석

입지에 민감한 오피스텔

오피스텔은 주거용과 업무용이 동시에 가능한 부동산입니다. 동일한 매물도 임대인에 따라 주거용으로 임대를 하는 경우가 있고 업무용으로 월세를 놓는 경우가 있습니다. 또한 오피스텔은 월세 매물이 많은 편입니다. 일반적인 주택에 비해 동일한 규모라면 월세 시세가 더 높은 편이지만 실내 인테리어와 공용시설(주차장, 편의시설, 관리실 등)의 장점을 선호하는 사람들이 주로 임차합니다. 일반 빌라나 주택에 없는 특징 때문에 월세가 조금 높아도 감안하는 것이고 그만큼 소득이 높은 사람들이 많아 연체율도 상대적으로 적은 편입니다.

오피스텔은 특히 입지에 민감한 편입니다. 역세권이거나 주변이 직장 밀집 지역이거나 대학가 등의 인구밀집 지역이어야 합니다. 만약 가격이 저렴하다는 이유로 인구가 적은 곳에 투자한다면 투자 성과도 미미하고 임대가 잘 안 돼 기대했던 수익률과는 거리가 멀어질 수도 있습니다. 그래서 투자를 결정하기 전에 직접 주변을 둘러보고 여러 부동산을 방문해 시세나 주변 환경에 대한 정보를 수집해야 합니다.

오피스텔은 매매가격이 다른 부동산에 비해 더디거나 잘 오르지 않는 편입니다. 그래서 처음부터 급매나 경매 등을 이용해 시세보다 낮은 가격에 매수하는 것이 좋습니다. 수익률에 대한 판단을 할 때도 매매가격이 잘 오르지 않는다는 점을 감안하고 안정된 노후생활을 위해 월세수익률에 집중해 고르는 것이 좋습니다.

관리가 필요한 빌라

빌라는 다른 부동산에 비해 투자금이 적게 필요하다는 장점이 있습니다. 또한 인구구조 변화에 따라 큰 주택이나 아파트보다 소형 평수에 대한 수요가 점점 늘어나고 있는 추세입니다. 따라서 빌라 투자를 한다면 소형 빌라를 추천합니다.

빌라는 주거밀집지역이나 같은 유형의 주택이 많은 지역이 좋습니다. 예를 들어 상가와 오피스텔과 아파트가 함께 있는 곳보다는 주변이 대부분 빌라인 곳이 좋습니다.

신축 빌라는 직접 관리해야 합니다. 따라서 내부시설(싱크대, 수도, 전기 시설, 화장실 등)이 너무 노화돼 있다면 매입시점에 수리를 하고 임대를 하는 편이 임대 중 스트레스도 덜하고 세입자들의 만족도도 높일 수 있습니다. 또한 수리돼 있는 집은 비슷한 다른 매물에 비해 월세도 조금 높게 받을 수 있으므로 오히려 이익입니다. 자주는 아니지만 종종 관리에 대한 업무가 생기기도 합니다. 따라서 너무 먼 곳보다는 가까운 거리의 빌라에 투자하는 것이 좋고, 만약 멀다면 내 잡무를 처리해 줄 부동산 중개업소와 관계를 맺어 두는 것이 좋습니다.

월세수익보다는 시세차익, 아파트

아파트는 대표적인 부동산 투자처입니다. 최근에는 나홀로 아파트나 작은 단지도 생기는 추세지만 투자성을 고려하면 대단지 아파트가 좋습니다. 아파트는 다른 부동산 투자에 비해 월세수익률은 조금 덜 매력적인 편입니다. 그러나 매매수익률이 높기 때문에 매월 고정적인 현금흐름보다 매매 차익을 고려하고 투자하는 것이 좋습니다. 아파트는 관리가 수월한 편이기 때문에 많은 투자자가 스트레스를 덜 받고 수월하게 투자하는 편입니다.

수익률을 높이기 위해서는 시세보다 낮은 가격에 매수하는 것이 중요하지만 이슈가 있는 곳을 잘 선정하는 것이 좋습니다. 해당 매물이 재개발지역으로 선정되거나 주변에 역이 생기는 등의 호재가 있는 곳을 찾는다면 더욱 높은 매매수익을 거둘 수 있을 것입니다.

노후를 아파트로 준비하려 한다면 임대수익을 내기 위해서는 많은 투자금이 필요합니다. 투자금이 넉넉하지 않을 경우라면 추후 아파트 가격이 상승할 만한 매물을 잘 고른 후 주택연금을 신청해 은퇴하는 것도 좋은 방법입니다.

미래의 아파트 가격이 높아진 상태에서 주택연금을 신청한다면 임대 관리나 계속되는 투자에 대한 고민 없이 편안하게 거주하며 은퇴생활을 즐길 수 있기 때문입니다. 이렇게 아파트 투자는 임대와 매매 수익 그리고 주택연금까지 고려할 수 있는 매력적인 투자처입니다.

매력적이지만 리스크가 큰 상가

부동산투자를 한 후 월세를 받아 노후생활을 하는 상상을 할 때 가장 먼저 떠오르는 투자처는 '상가'일 것입니다. 잘 골라 투자하면 정말 매력적이지만 자칫하면 큰 손해와 막심한 스트레스를 받을 수도 있습니다. 그 핵심은 '상권의 형성'에 있습니다.

이미 상권이 잘 형성된 곳은 가격이 높고, 월세수익률이 좋은 매물은 쉽게 나오지 않습니다. 따라서 내 입맛에 맞는 매물을 구하기가 어렵습니다. 그래서 보통 아직 상권형성이 안 된 분양 상가 투자를 하는 경우가 많습니다.

하지만 그만큼 리스크도 큽니다. 향후 가격 형성에 따른 자산 증가가 이뤄질 수도 있지만 상권이 원하는 만큼 형성되지 않았을 수도 있고 상가가 너무 많이 공급돼 예상했던 만큼의 월세로 임대가 되지 않을 수도 있습니다.

또한 상가 투자자들의 큰 고민 중 하나는 '관리'입니다. 위치가 좋고 수요가 풍부한 지역이거나 독점적인 상가라면 장사가 잘돼 입점하려는 업체가 많을 것입니다. 그만큼 임차하려는 이가 많기 때문에 여유 있게 임대 관리를 할 수도 있습니다. 그러나 보통의 경우에는 월세를 꼬박꼬박 받는 것이 쉽지 않아 스트레스를 받기도 합니다.

한 번 투자한 상가가 영원한 것은 아닙니다. 상권이 점차 변하고 주변의 경쟁률에 따라 다른 매물로 갈아타야 할 수도 있으므로 상가만 있으면 편안한 노후를 보낼 수 있을 것이라는 안일한 생각은 금물입니다. 상가는 '월세의 꽃'이라고 불리지만 그만큼 잘 알고 계속 공부해야 하는 분야입니다. 은퇴하기 전부터 경험해 보고 숙련시키지 않으면 자칫 고생문이 열릴 수도 있습니다. 따라서 상가로 은퇴생활을 즐기고 싶다면 미리 준비하시기 바랍니다.

반전을 노린다면 단독주택

지어진 지 오래된 단독주택들은 관심을 많이 받지 못하는 편입니다.

그러나 의외로 단독주택 투자로 큰 수익을 내는 경우도 있습니다. 보통의 단독주택들은 마당과 주차장을 포함합니다. 따라서 그만큼 전체 면적이 큰 편입니다.

단독주택 투자를 할 경우 보통 땅 값을 계산하며 건물 값은 헐값이거나 계산하지 않는 경우가 대부분입니다. 이것을 매입해 투자형 부동산으로 탈바꿈시키기도 합니다.

먼저 위치가 좋은 경우라면 리모델링을 해 일반 카페나 음식점 같은 상가나 스튜디오, 사무공간으로 임대를 계획하는 것입니다. 상권이 형성된 곳 중 홍대나 이태원에서는 오래된 주택을 인테리어한 후 음식점으로 사용하는 곳이 많습니다. 다만 위치가 적합하지 않다면 자칫 무용지물이 될 수도 있으므로 지역이나 위치를 잘 선정해야 합니다.

상업용으로 적합하지 않다면 주거용으로 투자하는 것이 좋습니다. 땅에 대한 가격만 지불하고 다세대 주택으로 새로운 신축 건물을 짓는 것입니다. 이는 사많은 건축업자가 사용하는 방법으로, 설계비와 공사비만 잘 책정한다면 적은 돈으로 큰 이익을 거둘 수 있습니다. 경우에 따라 가장 위층을 주인 세대로 설계해 임대 관리를 하면서 노후를 보내는 분들도 많습니다. 처음부터 잘 지어진 건물을 매입하는 것보다 차라리 구옥을 매입한 후 직접 공사를 진행하는 것이 훨씬 적은 돈으로 수익을 만들어 낼 수 있기 때문입니다.

다만 전체 땅을 매입하고 공사를 진행하려면 비용과 시간이 필요하고 가성비 좋은 건축업체를 찾아야 하는 등의 노력이 필요합니다. 실제의 투자금은 땅 매입만큼을 준비한 후 대출을 받아 건축을 진행하거나 일부 세대를 분양해 건축 비용을 충당하기도 합니다. 꼼꼼한 계획이 투자의 성공 여부를 좌우하기 때문에 철저한 준비가 필요합니다.

장기투자에 적합한 토지

토지투자로 은퇴하는 데는 크게 세 가지 방향이 있습니다.

첫 번째는 '매매수익'입니다. 이는 환금성이 떨어지고 자칫 장기투자가 될 수 있기 때문에 다른 자금이나 노후준비가 된 경우에 선택하는 것이 좋습니다.

두 번째는 '지료를 활용한 은퇴소득입'니다. 즉, 다른 이에게 땅을 임대하는 것입니다. 도시에서는 주로 주차장이나 세차장으로 이용하는 경우가 많고 외곽 지역에서는 농사에 이용하는 경우가 많습니다. 미리 수요를 파악해 현금흐름을 계산해 보는 것이 중요합니다. 또한 호재가 있다 하더라도 매매가 이뤄지기 전까지 시간이 오래 걸리는 사례가 많으므로 단기적인 투자로는 접근하지 마시기 바랍니다.

세 번째는 '농지연금을 염두에 두고 투자하는 것'입니다. 다만 농지연금을 신청하기 위해서는 신청일 직전까지 5년의 경력이 필요합니다. 따라서 농지연금을 고려해 투자한다면 계획한 시점 전까지 미리 경력에 대한 준비를 해야 합니다.

부동산도 포트폴리오가 필요하다

으레 쉽게 주변에서 누군가가 부동산으로 큰 이익이 났다는 소문을 듣게 됩니다. 이 이야기를 들으면 '나도 한번 같은 투자를 해 볼까?'라는 생각이 듭니다. 그러나 타이밍, 자금 규모, 적합성이 다를 수 있습니다.

한 가지 예로 갭투자*가 적은 돈으로 단기간에 큰 수익을 낼 수 있다고 해서 따라 했다가 전세가 하락으로 어쩔수 없이 경매로 집을 넘긴 사례도 있습니다. 또 경매를 하면 부자가 돼 여유로운 삶을 살게 된다

알 아 두 세 요

갭투자
전세가와 매매가의 차이가 적은 매물을 전세를 포함해 적은 돈으로 매매하는 투자 방법을 말합니다.

는 책을 읽거나 강연을 듣고 시작했다가 명도*로 스트레스만 잔뜩 받고 포기하거나 낙찰가격을 잘못 산정해 손해를 보고 매도하는 사례도 있습니다.

다른 사람의 성공담만으로 나의 투자를 결정했다가는 포기하거나 손해를 보기 십상입니다. 만약 나의 노후를 부동산으로 준비하려고 한다면, 나의 투자자금과 은퇴까지의 기간을 고려해 준비해야 합니다. 또한 각 부동산의 종류에 따른 투자 방법을 살펴보고 스스로 흥미를 느끼고 적극적으로 할 수 있는 방법을 선택해야 합니다.

한 가지 투자 방법으로 깊이 있게 투자하는 것도 좋지만 모든 투자는 순환주기를 갖고 있기 때문에 내가 선호하는 투자 형태가 항상 승승장구할 수 없다는 사실을 인지하고 다양한 방식으로 투자해야 합니다. 특히 상호 보완적인 투자 포트폴리오를 계획하면 더욱 좋겠죠? 예를 들어 절반은 매매차익을 중심으로 한 매물을 선택하고, 절반은 현금흐름 중심의 매물을 선택할 수도 있습니다. 또 단기 매매와 장기 투자, 급매라는 세 가지 방식으로 포트폴리오를 계획할 수도 있습니다. 어떤 방법을 선택하든 충분히 준비하시길 바랍니다. 증권뿐 아니라 부동산도 포트폴리오가 필요하다는 점을 명심해야 합니다.

❖ 부동산 종류별 특징과 투자전략

오피스텔	매매로 시세차익을 얻기보다는 월세수익률에 집중하는 편이 좋다.
빌라	투자금이 적게 필요하지만, 직접 관리해야 한다.
아파트	월세수익률보다 시세차익에 무게를 두고 투자하는 편이 좋다.
상가	상권에 따라 리스크가 큰 편이므로 투자 전에 많은 공부를 해두어야 한다.
단독주택	전체 면적이 크다는 점을 살려 깔끔하게 리모델링한다면 시간과 비용은 들지만 적은 돈으로 수익을 만들어낼 수 있다.
토지	환금성이 떨어지므로 장기투자를 염두에 두고 매입해야 한다.

9장

위험은 줄이고
수익률은 높이는 간접투자,
펀드

35

간접투자가 수익률이 낮다는
편견을 버려라

간접투자와 분산투자

간접투자 방식에 대해 선입견을 갖고 있는 분들이 많습니다. 특히, 수수료나 사업비가 들어가므로 차라리 직접투자를 하면 수익률에 도움이 될 것이라 생각합니다. 또 주변 사람의 경험담을 듣거나 어쩌다 보게 된 뉴스의 일부분을 보고 수익률은 낮고 위험성을 높다고 생각하기도 합니다.

특히, 마음이 급하거나 빠른 결과를 원하는 사람들일수록 단기간의 수익에 집착합니다. 이들 대부분은 리스크로 큰 손실을 입게 됩니다. 매우 일부만 성공하지만 이 역시도 지속적이지는 못합니다. 공격적인 성향이거나 본인이 선택한 투자에 대한 확신이 강한 사람들일수록 간접투자보다는 직접투자를 선호합니다. 직접투자가 수익률을 좀 더 극대화시킬 수 있을 것이라 믿기 때문입니다.

은퇴 시기가 다가온 분들일수록 간접투자를 권유받으면 "얼마 되지도 않는 수익률로 도움이나 되겠습니까? 그러지 말고 대박날 만한 종목 하나만 추천해 주세요."라거나 "지인한테 들은 이야기인데 여기

일단 계약금만 넣고 분양받으면 금방 프리미엄으로 1~2억원은 금방이라는데요?"라고 말하는 경우도 많습니다. 보통 간접투자 상품 추천을 요청하고 상담을 받을 때는 연평균 5~10% 정도를 예상하라는 설명을 듣습니다. 아마도 하루빨리 자산을 늘리고 싶은 사람들에게는 5~10%가 매우 지루한 숫자로 들릴지도 모릅니다.

그러나 꾸준한 수익률은 복리효과의 영향으로 자산증식에 많은 도움이 됩니다. 만약 단기간의 고수익이 날 수 있다며 리스크가 큰 투자를 하면, 몇 번은 성공해 좋은 결과를 낼 수 있을지도 모릅니다. 그러나 연속적으로 성공하지는 못할 것입니다.

예를 들어 운 좋게 성공해 몇 번 성공하더라도 마지막에 한 번 손실이 난다면 그간의 수익률을 포함해 큰 손실을 입기 십상입니다. 그래서 더욱 몇 번의 고수익이 아닌 꾸준하게 지속할 수 있는 방법을 선택해야 합니다. 더욱이 노후자금은 점점 자금의 규모가 커지므로 무리한 투자는 절대 금물입니다.

투자 기간을 정했다면 시작한 시점의 투자수익보다 투자를 멈추기 직전의 수익률이 더욱 중요합니다. 중간에 수익률이 높아지거나 낮아져도 결국 돈을 찾는 시점이 아니면 의미가 없기 때문입니다.

직접투자를 잘하려면 많은 시간과 노력을 기울여야 합니다. 하지만 과연 전문적으로 오랜 경험과 노하우가 있는 간접투자 전문가를 따라갈 수 있을까요?

아마도 쉽지 않을 것입니다. 물론 가능한 경우가 있겠지만 내가 그 특별한 경우에 해당하리라는 보장도 없습니다. 간접투자는 드문 경우의 뛰어난 수익률을 나타내는 직접투자보다 수익률이 낮을 수 있지만 꾸준하고 안정적으로 성공적인 투자를 지속할 가능성은 직접투자보다 월등히 높습니다. 또한 직접투자를 위해 필요한 많은 시간과 노력을 절감시켜 주고 그 대신에 내가 잘하거나 생산성을 높일 수 있는 소득 확보에 시간을 쓸 수 있습니다. 어쩌면 직접투자를 공부하고 조금 더

수익률을 높이며 사용한 시간만큼 고효율로 소득 활동을 한다면 차라리 더 좋은 결과를 얻을 수 있을지도 모릅니다.

단순 수익률의 크기보다 중요한 것은 상대적 차이

특정한 해의 투자수익률에 대한 결과를 보고 간접투자를 가볍게 여기는 사람들이 많습니다. 단순 수익률의 숫자 크기로 판단할 것이 아니라 해당 해외 시장의 상황이 어떠했는지와 그에 따른 상대적인 차이로 판단해야 합니다. 가장 최근인 2019년을 예로 들어 보겠습니다. 만약 2019년에 간접투자 상품인 ETF에 투자했다면 어땠을까요? 물론 간접투자라고 해도 분산투자는 필수입니다.

가장 대표적으로 추천했던 펀드는 미국의 나스닥 지수(인덱스펀드)입니다. 1년간 환차익을 제외하고도 40%의 수익률을 가져다 줬습니다. 물론 전체적인 시장의 상승률이 높았던 해이긴 하지만 직접투자처럼 고생하지 않고 여유롭게 간접투자로 만든 결과임을 감안한다면 결코 무시할 수 있는 수치는 아닙니다. 만약 똑같은 시기에 직접투자를 했다면 40% 이상의 수익을 거두기가 쉬웠을까요?

대부분의 사람들은 매매타이밍과 심리적인 요인들 때문에 40%까지 상승하는 동안 기다리지 못하고 중간에 매수, 매도를 반복했을 것입니다. 그렇다면 편안히 1년을 기다리는 것에 비해 타이밍을 맞추려 하다가 오히려 잘못된 매매타이밍으로 적은 수익률밖에 올리지 못할 수도 있습니다.

모든 직접투자가 실패 확률이 높거나 나쁘다는 것은 절대 아닙니다. 하지만 직접투자가 수익률이 낮다는 편견은 버려야 합니다. 직접투자로 비용을 줄이고 간접투자의 전문가보다 더 뛰어난 종목 선정으로 높은 수익률을 낼 수 있다는 막연한 기대감도 갖지 말아야 합니다.

간접투자가 앞의 예처럼 40%의 수익률을 보장해 주지는 않습니다. 어떤 해는 그보다 작거나 오히려 손실일 수도 있습니다. 하지만 S&P 500(미국 인덱스)만 살펴본다면 지난 10년간의 평균 수익률은 연 10% 이상이었습니다. 투자금을 늘리기 위해서만 노력할 뿐, 편안하고 여유롭게 수익률을 신경 쓰지 않은 결과입니다. 직접투자로도 좋은 결과를 가져올 수 있지만 간접투자 또한 훌륭한 투자 방법이라는 것을 기억하시기 바랍니다(다음은 평상시 간접투자를 설명하기 위해 갖고 다니는 2019년 샘플 계좌임).

미국 나스닥 지수 투자 그래프

간접투자 수익률 예시 샘플 계좌

36

투자 초보를 위한
채권과 채권형 펀드 투자

채권과 채권형 펀드

알 아 두 세 요

채권
돈을 빌려 준 권리를 말하며, 여기서 채권은 정부, 공공 단체, 주식회사 등이 자금을 조달하기 위해 발행하는 차용증서를 말합니다.

주식만큼이나 증권 시장에서 큰 축을 담당하고 있는 것은 채권*입니다. 채권은 쉽게 말해 돈을 빌려 주고 난 후 그 권리를 표시해 준 증서입니다. 채권은 발행 주체에 따라 명칭이 달라집니다. 국가에서 발행하면 국채, 회사에서 발행하면 회사채 등의 명칭이 주어지고 정부나 공공기관(단체), 주식회사 등에서 주로 발행합니다. 개인간 돈 거래를 할때도 채권자와 채무자 사이에서 이자를 주고받기도 하죠? 이와 마찬가지로 증권시장에서 거래되는 채권에도 이자율이 있습니다. 채권도 주식처럼 시장에서 거래되며 인기도에 따라 채권의 가격이 상승하기도 하고, 하락하기도 합니다.

이자율은 변동하지 않지만 채권의 거래가격은 변할 수 있습니다. 금리가 하락하면 채권가격은 상승하고 상승하면 하락합니다. 채권가격을 간단히 표현하면 프리미엄의 결과입니다. 내가 갖고 있는 채권보다 시장금리가 하락한다면 내 채권에는 그만큼 프리미엄이 붙어 가격이 상승하는 것입니다. 쉽게 비유한다면 나는 10% 이율의 채권을 갖

고 있는데 시중에서 구할 수 있는 채권이 5% 이율이라면 내 채권을
갖고 싶은 사람들이 그만큼 웃돈을 얹어서라도 내 채권을 갖고 싶어
하는 것과 같습니다. 실제로는 시장금리가 점점 떨어지니 나의 채권
을 갖고 싶은 사람들이 많아질 것입니다.

일반적으로 채권의 가격 등락율은 주식에 비해 매우 적은 편이라 안
정적이라고 표현하기도 합니다. 채권의 가격 변동이 복잡하게 느껴진
다면 단순하게 만기까지 보유해 이자소득을 취하는 방식도 채권 투자
의 방법 중 하나입니다.

채권에서는 발행 주체의 신용도가 매우 중요합니다. 신용도가 낮다면
그만큼 채무 불이행과 파산의 위험율이 높은 것이고 높다면 안정적인
것입니다. 그래서 국채는 상대적으로 다른 채권보다 신용도가 높으며
그만큼 이자율이 낮습니다. 만약 채권의 이자율이 매우 높다면 이는
채권의 신용도가 상대적으로 좋지 못하다는 것을 의미하기도 합니다.

채권에 직접투자하기

이런 채권은 개인이 직접투자하기도 하고 펀드를 통해 투자하기도 합
니다. 직접투자할 경우, 정해진 이자율에 따라 이자를 받는 것을 목적
으로 하기도 하고 가격 상승에 따른 매매차익을 목적으로 투자하기도
합니다.

신용도가 상대적으로 낮은 국가의 채권은 이자율이 높습니다. 해당
국가의 부도만 없다면 높은 이자가 매력적일 것입니다. 대표적인 해
외채권으로는 인도나 브라질 채권을 들 수 있으며 이미 많은 분이 투
자하고 있습니다. 이런 해외채권 투자의 경우 채권을 발행한 국가의
부도 위험과 각국의 통화 거래로 발생하는 환율 손익을 조심해야 합
니다.

예를 들어 달러로 발행한 채권의 이자율이 매우 높아 투자했는데 달러 가격이 폭락하고 원화가격이 급등한다면 아무리 이자율이 높아도 이익률은 그만큼 감소하며 심지어 손해를 볼 수도 있기 때문입니다. 이런 채권은 은행이나 증권사를 통해 직접 거래할 수 있습니다.

주식은 불안하고 은행보다 높은 이자를 받고 싶다면 안정적인 채권 투자를 하는 것도 좋은 방법입니다. 단, 아무리 신용도가 높은 국가가 발행하는(예 한국) 채권이라 해도 원금 보장은 적용되지 않으며 완전한 무위험은 없습니다.

채권형 펀드를 통한 간접투자 방식

채권을 직접투자하는 방법도 있지만 1인이 여러 채권에 분산해 전문적으로 투자하기는 현실적으로 어려움이 많습니다. 그래서 직접투자보다 펀드를 이용한 간접투자가 많이 이용됩니다.

채권형 펀드˙는 펀드의 구성에 따라 다양한 상품이 있습니다. 국채를 중심으로 투자했다면 '국채펀드', 국내가 아닌 전 세계 채권에 골고루 투자했다면 '글로벌채권펀드'라고 합니다. 이처럼 펀드의 명칭으로 펀드의 구성 종목에 대한 추측이 어느 정도 가능하며 자세한 내용이 궁금하다면 간단한 온라인 검색만으로 해당펀드가 어떤 채권을 매수한 상태인지 확인할 수 있습니다.

채권형 펀드 중에서 하이일드 펀드가 수익률이 높아 인기가 매우 많은 편입니다. 하이일드 펀드란, 수로 투기등급 채권에 투자하는 펀드를 말합니다. 자금 조달이 어려운 기업들이 발행한 채권에 투자하기 때문에 이자율은 높지만 그만큼 위험율도 높습니다. 하지만 일반적인 채권형 펀드에 비해 기대수익률이 높아 찾는 고객이 많습니다. 하이일드 펀드는 경기가 불황일 때 주의해서 투자해야 합니다. 그만큼

알 아 두 세 요

채권형 펀드
이자를 받을 수 있는 채권이나 채권 관련 파생상품에 신탁 재산의 60% 이상을 투자하는 펀드를 말합니다.

채권을 발행한 기업의 부도 가능성이 높아져 투자손실 가능성이 평상시에 비해 매우 높아지기 때문입니다. 따라서 하이일드 펀드는 경기를 살펴보고 투자해야 손실 가능성은 줄이고 수익률은 높일 수 있습니다.

채권 정보를 얻고 거래해 보자

채권 직접투자, 어떻게 할까?

직접하는 채권 투자는 어렵지 않습니다. 보통 은행의 예·적금은 원금 보장 기능과 예금자보호 때문에 선호하는 분들이 많습니다. 하지만 5,000만원이 초과하면 여러 은행에 나눠야 하고 예금금리도 적습니다. 이런 분들께는 채권투자를 추천합니다. 그럼 지금부터 채권을 직접투자하는 방법을 소개해드리겠습니다.

채권은 장내채권*과 장외채권*으로 나뉩니다. 먼저 장내채권은 증권거래소가 개설한 시장에서 매매하는 형태입니다. 가격이 실시간으로 공시되며 주식처럼 거래소를 통해 다양한 거래가 이뤄집니다. 장외채권은 증권사의 창구를 통해 매매가 이뤄지며 일반적으로는 증권사가 미리 매수한 채권을 고객에게 나눠 판매하는 형태가 많습니다. 즉, 증권사가 도매시장에서 가져온 채권을 소분해 개인에게 소매하는 형태입니다. 채권은 워낙 거래 규모가 크기 때문에 이처럼 증권사가 고객에게 소액으로 판매하는 것이 활성화돼 있습니다. 일반적인 채권 거래는 장외거래가 90% 이상을 차지한다고 해도 과언이 아닙니다. 그만큼 거래소를 통한 거래보다는 직접 거래가

알아두세요

장내채권
공식시장인 증권거래소에서 거래하는 채권

장외채권
증권거래소 밖에서 비공식적으로 매매하는 채권

많으며 대부분은 기관들끼리의 거래가 많습니다. 그래서 증권사가 미리 확보한 물량을 장외거래로 개인에게 판매하는 상품이 많습니다.

채권의 정보를 얻어야 투자에 대한 판단을 할 수 있습니다. 정보는 증권사나 거래소를 통해 얻을 수 있습니다. 먼저 증권사에서 정보를 찾는 방법부터 소개하겠습니다. 이에는 홈트레이딩시스템(HTS)을 설치해 확인하는 방법과 홈페이지를 통해 확인하는 방법이 있습니다. 여기서는 홈페이지를 통해 확인하는 방법을 살펴보겠습니다. 먼저 홈페이지에서 로그인합니다. 이 책에서는 삼성증권을 예로 들어 설명하겠습니다.

증권사 홈페이지에서 채권 정보 얻기

증권사 홈페이지에서 [금융상품 – 채권]을 클릭합니다. [장내채권] 또는 [장외채권]을 선택하고 신용등급, 채권유형, 매수 방식, 잔존기간 등을 원하는 조건으로 차례대로 클릭합니다. 개인세후금리나 매매 금리 및 법인세전금리는 좀 더 세부적인 조건이므로 크게 신경 쓰지 않아도 무방합니다.

여기서는 신용등급*은 [A], 채권 유형*은 [회사채], 매수방식*은 [일반식]을 선택해 보겠습니다.

알 아 두 세 요

신용등급
채무 이행 능력이 얼마나 있는지를 등급으로 표시한 것으로 'AAA〉AA〉A〉BBB〉BB〉B'처럼 알파벳의 순서와 개수로 표시됩니다. 동일한 등급에서는 +, − 로 구분합니다. 예를 들어 A+가 A−보다 높은 등급입니다.

채권 유형
채권을 발행한 주체를 말합니다. 국채는 국가, 지역채는 지방자치단체, 특별채는 특별법에 의해 설립된 특별 법인, 금융채권은 금융기관, 회사채는 기업이 발행 주체입니다.

매수 방식
매수 방법에 따른 구분입니다. 일반식은 일시납 투자와 동일한 방식입니다. 적립식과 이표적립식은 (현재까지는) 온라인으로는 불가능하며 잘 사용하지 않는 방법입니다. 적립식은 매월 동일한 금액에 대해 매수 신청을 하는 것이고, 이표적립식은 채권에서 발생하는 이자로 다시 채권을 매수하는 방식입니다.

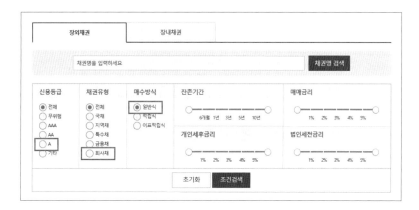

[조건 검색]을 누르면 현재 거래할 수 있는 수많은 채권을 볼 수 있습니다. 만기나 금리, 투자 수익률, 이자 지급 방법 등을 볼 수 있으며 [분석]을 클릭하면 해당 증권

사에서 제공하는 좀 더 자세한 정보를 볼 수 있습니다. 채권 매수에 대한 투자를 편리하게 결정하는 데 도움이 됩니다.

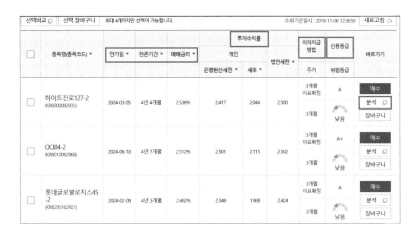

[분석]을 클릭하면 분석 조건을 설정해야 합니다. 일반적으로는 과세기준은 [개인], 매도일자는 만기일로 설정합니다. 물론 중간에 매도는 가능하지만 미래의 매도 수익률에 대한 예측은 정확하지 않으니 참고만 하시기 바랍니다. 기준금액은 [수량] 또는 [금액]* 중에서 선택해야 합니다. [금액]이 좀 더 직관적이고 계산하기 쉽습니다. 예시이므로 100만원을 입력하고 [분석하기]를 눌러 보겠습니다.

알 아 두 세 요

수량을 선택하면 기준 가격에 수량을 곱한 금액을 투자하는 것을 말하고 금액을 선택하면 기준 가격에 따라 수량이 자동으로 입력되는 것을 말합니다.

현금흐름과 투자분석
예상 매수 및 매도 일자를 입력
하면 그에 따른 결괏값을 예상
해 보여 줍니다.

이표과세상세
채권에서 발생하는 이자 내역

[현금흐름]과 [투자분석]*에 대한 내용은 기본이며 [이표과세상세]*를 누르면 이자 금액과 지급일 그리고 세금까지 상세하게 살펴볼 수 있습니다. 여기서 [현금흐름]이란, 발생하는 이자와 세금을 함께 표시해 주는 것이고 [투자분석]은 기간에 따른 수익률을 중점으로 보여 주는 것입니다. 그리고 하단의 [매도하기], [매수하기]를 통해 거래할 수도 있습니다. 대부분의 증권사가 이처럼 시스템에서 정보를 제공하고 있으니 쉽게 찾아보실 수 있을 것입니다.

한국거래소 홈페이지(www.krx.co.kr)에서도 채권에 대한 정보를 확인할 수 있습니다. 거래소 사이트에서 [시장정보 – 채권]을 누르면 거래소에 있는 수많은 채권 정보를 찾을 수 있습니다.

현금흐름

항목	금액
수량	975,000
매수금액	999,765원
매도금액	982,390원
표면이자	7,390원
기타이자	0원
표면세금	1,130원
기타세금	0원
세후금액	981,260원

매도과세상세

투자분석

총표면이자(과표)		127,985원
총기타이자(과표)		0원
총표면세금합		19,560원
총기타세금합		0원
투자수익률	세전	2.499%
	세후	2.048%
은행환산(세전)		2.420%
BEP(세후)		0.000%
투자기간		1,581일

이표과세상세

매도하기　매수하기

채권발행정보

종류명	무보증사채	매출일	2019-03-05
발행일	2019-03-05	만기일	2024-03-05
표면이율	3.032%	할인/할증율	0.000%
만기상환율	100.00000%	이자방법	이표확정
보증기관	없음		

거래소 홈페이지에서도 증권사와 마찬가지로 [채권종류], [신용등급], [투자 기간]을
선택해 원하는 조건의 채권을 검색할 수 있습니다.

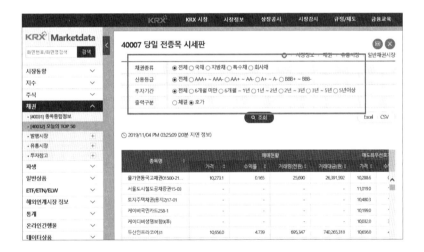

뭐가 좋은지 모르겠다면 베스트셀러를!

만약 채권 거래 경험이 많지 않은 분이라면 홈페이지에서 [오늘의 TOP 50]을 클릭
해 살펴보세요. 어떤 채권이 인기가 많고 거래가 잘되고 있는지 알 수 있을 것입니
다. 수익률과 만기, 신용등급 등을 간략하게 한눈에 살펴볼 수 있고 채권의 [종목명]
을 클릭하면 좀 더 상세하게 분석된 정보를 확인할 수 있습니다.

이렇게 증권사와 거래소를 통해 채권 정보를 확인하는 방법을 살펴봤습니다. 채권을 거래하려면 많은 정보를 찾아보는 것은 필수입니다. 하지만 추천하는 방법은 증권사를 통한 장외채권 거래입니다. 일단 거래 물량이 다양하고 좀 더 좋은 조건의 채권이 많은 편이기 때문입니다. 그래서 내 입맛에 맞는 채권을 찾을 확률이 더욱 높습니다.

원하는 조건의 채권이나 투자하고 싶은 채권을 찾았다 하더라도 증권사에 한 번 더 문의해 좀 더 좋은 조건의 채권은 없는지 추천받는 방법도 매우 유용합니다. 정말 좋은 조건의 채권은 홈페이지에는 공개돼 있지 않지만 VIP나 단골고객, 신규고객 유치용으로 증권사 지점에서 보유하고 있는 경우가 많기 때문입니다. 발품을 최대한 많이 파는 것이 좀 더 좋은 채권에 투자하는 데 도움이 된다는 점을 명심하시기 바랍니다.

37

금융투자로도 월세를 받을 수 있을까?

부동산 없이 월세받는 법

대부분의 사람들은 노후에 필요한 생활비를 확보하기 위한 소득원으로 국민연금이나 공무원연금 같은 공적연금이나 월세를 받을 수 있는 부동산만을 떠올립니다. 그러나 조금만 정보를 찾기 위해 주변을 살펴보면 매우 다양한 형태와 방법으로 소득원을 확보할 수 있습니다.

이때 중요한 점은 매월 또는 분기나 반기 등의 단위 형태로 꾸준히 소득이 마련돼야 한다는 것입니다. 매매를 통한 자본차익이나 투자자에게 지급되는 배당 형태가 될 수도 있고, 채권자에게 지급되는 이자와 같은 형태가 될 수도 있습니다. 가장 많이 알려져 있고 선호되는 상품으로는 신흥국 채권이나 부동산펀드, 리츠(REITs), 여러 가지의 월지급식 펀드, 배당형 펀드나 주식, 다양한 형태의 사모 펀드 등을 들 수 있습니다. 사모펀드의 경우 투자의 대상이나 제한이 매우 자유롭지만 투자 조건이 까다로운 편이기 때문에 쉽게 접근하기 어렵습니다. 하지만 월지급식 펀드나 리츠, 해외채권(예 브라질, 인도, 일본 채권)은 잘 알려져 있고 정보를 찾기도 쉽기 때문에 어렵지 않게 접할 수 있습니다. 일드* 상품들도 개인의 투자성향이나 조건에 따라 적합성이 달라질 수 있기 때문에 먼저 상품들의 특징을 먼저 알아야 합니다. 꼭 한 가지 상품에만 집중할 필요도 없고 계속 유지해야만 하는 것도 아니기 때문에 상품 교체나 포트폴리오 구성을 시의적절하게 바꿀 필요가 있습니다. 그중 가장 인기가 많고 대표적인 월지급식 펀드와 부동산 펀드를 소개해드리겠습니다.

월지급식 펀드란?

월지급식 펀드는 해외에서 많은 사람의 사랑을 받고 있습니다. 하지만 국내에서는 최근에서야 조금씩 알려지고 있습니다. 어쩌면 국내에서 펀드는 주식과 비슷하다는 고정관념 때문에 고수익을 추구하며 위험성이 매우 높다는 인식이 강해서 일지도 모릅니다.

하지만 해외에서는 펀드 그 자체만으로 투자 방법에 따라 부동산처럼 안정적인 자산으로 여깁니다. 그중 대표적인 방식이 월지급식 펀드입니다. 특히, 세입자와의 분쟁과 건물 관리로 인한 스트레스가 없기 때문에 국내에서도 부동산의 월세를 대신해 선택하는 사람이 많아지고 있습니다.

월지급식 펀드는 우리가 알고 있는 일반적인 펀드와 다르지 않습니다. 다만 펀드로부터 매월 분배금이란 명목으로 배당을 받습니다. 이 배당은 펀드에서 부분환매돼 출금되는 것과 비슷한 영향을 미칩니다. 일반 펀드는 매수 이후에 펀드가격이 계속 변동되며 최종 매도를 하면 손익이 확정됩니다. 하지만 월지급식 펀드는 손익 이외에 매월 지급금만큼 펀드 자산에서 차감되는 형식입니다. 즉, 펀드가격의 상승, 하락과는 별개로 매월 배당금만큼 펀드자산에서 출금하는 형태입니다. 그리고 이때 받는 배당금은 펀드의 종류에 따라 배당소득세가 과세될 수도 있습니다. 다만 연금처럼 매달 자산에서 수익금을 받지만 연금은 아니기 때문에 연금소득세가 발생하지는 않습니다. 개인에 따라 규모가 다르기 때문에 다른 소득과 합산해 종합소득과세가 적용될 수도 있습니다. 월지급식 펀드에서 매월 발생하는 현금흐름과 꾸준하고 안정적인 수익을 추구하는 펀드운용은 매우 큰 장점입니다.

❖ **월지급식 펀드의 현금흐름**

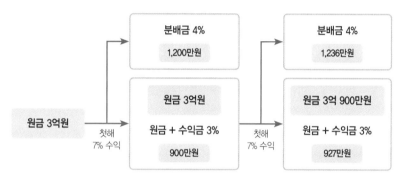

* 실제의 펀드는 월마다 정산하기 때문에 조금 다르지만 이해를 돕기 위한 예시입니다.

매월 배분하는 분배율은 다르지만 평균적으로 연 4~6% 정도가 일반적입니다. 이를 다시 12분의 1로 나눠 배당금이 매달 정해진 날짜에 계좌로 입금됩니다. 예를 들어 투자 원금이 3억원이고 분배율을 4%로 설정했다면 매월 100만원(3억원의 4%를 12개월에 나눠서 받는 금액)이 분배금으로 발생합니다. 여기서 원금의 3억원에 펀드가격이 상승해 수익률이 발생했다면 그만큼 분배금도 커집니다. 그런데 만약 해당 월에 수익이 나지 않았다면 드물긴 하지만 분배금이 지급이 되지 않을 수도 있고 원금에서 인출해 지급될 수도 있습니다. 따라서 분배율은 연 5%로 예상하는 것이 가장 무난합니다. 예를 들어 단순 계산으로 연 7%의 수익이 생겼다면 5%는 분배금으로 인출되고 2%는 펀드

자산이 커지는 효과가 있습니다. 따라서 물가상승률이 2%라면 이 경우에는 펀드자산이 물가상승률을 따라 커지는 셈입니다. 이렇게 수익에 따라 자산이 커지며 물가상승률을 따라잡거나 긍정적인 경우에는 자산이 커져 분배금이 점점 늘어나는 효과도 있습니다.

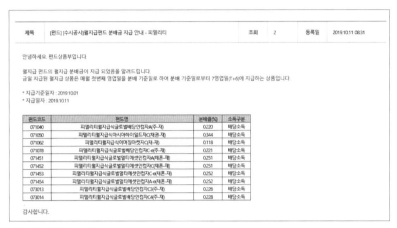

월지급식 펀드 지급 안내 예시

월지급식 펀드가 연금과 가장 다른 특징은 투자적립금이 살아 있다는 것입니다. 연금의 경우, 연금이 개시되면 중도에 해지할 수도 없고, 상속형을 제외하면 결국 연금 자산은 소멸합니다. 이것이 연금의 장점이자 단점입니다. 그러나 월지급식 펀드의 경우, 수익금을 배분하는 형태를 추구하기 때문에 최초의 투자자산은 유지한 채 매월 배당금을 지급받습니다. 혹시 가입 이후 수익률이 하락해도 시간이 지나 회복한다면 여전히 내 자산은 원금 이상인 것입니다. 만약 연간 배분율이 5%인데 그 이상의 수익이 난다면 이는 다시 원금 자산에 귀속되므로 결과적으로 동일한 5%지만 배당금은 점점 늘어나게 될 것입니다. 단, 주의할 점은 단기적인 투자는 조심해야 한다는 것입니다. 혼합형이나 채권형 중심이긴 하지만 분배금의 영향으로 단기간에 환매할 경우 펀드의 보수를 제외하면 자칫 손실이 생길 수도 있습니다.

채권형
채권에 투자하는 펀드

혼합형
채권과 주식에 투자하는 펀드

하이일드형
신용 등급이 낮은 고위험 고수익에 투자하는 펀드

배당형
배당 주식에 집중 투자하는 펀드

인컴형
채권, 배당주, 리츠 등과 같은 여러 상품에 투자해 일정한 현금 흐름(수입, 인컴)을 발생시키는 펀드

이머징마켓채권
신흥국을 뜻하며, 분류 기준은 명확하지 않지만 대표적으로 한국, 말레이시아, 러시아, 베트남, 중국, 인도, 태국, 터키, 필리핀, 이란, 파키스탄, 칠레, 체코 등의 국가들이 있습니다.

월지급식 펀드의 운용 유형은 주로 채권형*, 혼합형*이 일반적이며 하이일드형*이나 배당형*, 인컴형*도 인기가 많습니다. 안정적인 운용 목표가 있지만 수익률도 고려해야 하기 때문에 기대수익률이 너무 낮은 채권들보다는 회사채나 하이일드채권 등을 활용한 펀드를 추천합니다. 이 펀드들은 무난한 수익을 꾸준히 내는 편이라 안정성과 수익률을 둘 다 추구할 수 있기 때문입니다.

좀 더 위험성은 높지만 기대 수익이 높은 배당이나 인컴 펀드들은 주식형 펀드입니다. 주식형 펀드이긴 하지만 일반 주식형 펀드에 비해 고수익을 내긴 어렵습니다. 하지만 일반적인 주식형 펀드에 비해 안정성과 수익성이 꾸준히 높은 편이기 때문에 인기가 많습니다.

개인적으로는 너무 안정성을 우선한 채권형 펀드보다 이머징마켓채권*, 하이일드채권, 배당, 인컴형 펀드(펀드의 종류가 다양하고 분배금 지급에 대한 공지를 계속 하고 있습니다. 각 펀드마다 분배율은 다르며 시기마다 달라집니다)를 추천합니다. 수익성과 안정성 두 마리 토끼를 다 잡을 수 있고 오랜 기간 꾸준한 성과를 내고 있는 펀드들이 많기 때문입니다. 다음은 현재 월지급식 펀드의 분배금에 관한 한 증권사의 공지게시판입니다. 현재 많은 회사가 다양한 상품을 운영 중이며 분배금 지급 또한 꾸준히 계속 되고 있다는 것을 확인할 수 있습니다.

번호	구분	제목	첨부파일	등록일
		전체검색 : "월지급식" (으)로 검색한 결과입니다.(93 건)		
93	펀드	[수시공시]월지급 분배금 지급 안내 - 미래		2019.10.29
92	펀드	[수시공시]월지급 분배금 지급 안내 - 한국투신		2019.10.25
91	펀드	[수시공시]월지급펀드 분배금 지급 안내		2019.10.25
90	펀드	[수시공시]월지급펀드 분배금 지급 안내 - 피델리티		2019.10.11
89	펀드	[수시공시]피델리티EMEA증권C(주식)외 199건 투자설명서 변경		2019.09.30
88	펀드	[수시공시]월지급 분배금 지급 안내 - 미래		2019.09.30
87	펀드	[수시공시] 월지급펀드 분배금 지급 안내		2019.09.26
86	펀드	[수시공시]월지급 분배금 지급 안내 - 한국투신		2019.09.25
85	펀드	[수시공시] 미래 법인전용MMFA-4호 C 외 362건 투자설명서 변경	📄📄📄	2019.09.17

월지급식 펀드 예시

38

액티브펀드 vs. 패시브펀드, 어떤 것을 선택할까?

펀드의 두 종류

펀드는 크게 액티브펀드˚와 패시브펀드˚(인덱스펀드)로 나눌 수 있습니다. 먼저 인덱스펀드부터 설명하겠습니다. 인덱스펀드란, 특정 지수를 설정한 후 해당 지수와 동일한 움직임을 나타내도록 하는 펀드입니다. 예를 들어 미국의 나스닥˚ 100 지수로 설명하겠습니다. 이 두 그래프는 모양이 비슷한 정도가 아니라 완전히 일치합니다. 이 그래프는 나스닥 100˚ 지수이며 다음 그래프는 '미래에셋TIGER나스닥100증권'이라는 인덱스펀드입니다. 인덱스펀드는 추종하는 지수와 동일한 움직임을 목표로 합니다. 따라서 지수의 움직임을 좇아가는 것 이외에 초과 수익을 위한 종목 선정이 필요하지 않습니다. 그만큼 펀드 내 구성 종목을 위한 전문성이 덜 요구됩니다. 그래서 펀드의 보수도 액티브펀드에 비해 저렴한 편입니다. 현재 이 펀드의 경우 선취수수료˚는 없으며 총 보수˚는 연 0.49%입니다.

액티브펀드는 펀드매니저가 시장수익률보다 높은 초과 수익을 내기 위해 펀드를 좀 더 적극적으로 운용합니다. 그래서 펀드는 더 나은 성

나스닥 100 지수

인덱스펀드 예시

과를 낼 수 있는 종목을 고르기 위해 노력하며 펀드의 투자자는 그 전문성에 대한 비용을 지불해야 합니다. 그리고 비중 조절이 별도로 없고 추종지수와 동일하게 움직이도록 만든 패시브펀드와 달리 포트폴리오 내의 종목 비중도 펀드매니저의 판단에 따라 조정하며 수익을 내기 위해 노력합니다. 따라서 액티브펀드는 일반 패시브펀드에 비해 수수료가 더 비쌀 수밖에 없습니다.

AB미국그로스증권투자신탁(주식-재간접형)종류형A 19927 해외펀드 > 해외주식형

1,587.29 기준가 11.05
전일대비 ▼0.70 (-0.04%)

올해 수익률 25.37% 1개월 수익률 4.34% 3개월 수익률 1.61%
1년 수익률 16.78% 3년 수익률 63.68% 펀드등급 3년 ⬥⬥⬥⬥

1개월 3개월 1년 3년 5년 10년

최고 1,593.79 (11/01) 1,633.53
1,554.05
1,474.56
1,395.08
1,315.60
1,236.11
최저 1,196.37 (12/28) 1,156.63
설정액

11/05 12/03 01/02 02/01 03/04 04/01 05/02 06/03 07/01 08/01 09/02 10/01 11/01

액티브펀드 예시

위는 미국AB그로스증권이라는 액티브펀드로, 인덱스펀드와 비교하기 위해 선정했습니다. 그래프 모양을 살펴보면 인덱스펀드나 추종지수와 크게 다르지 않습니다.

다만 펀드 매니저는 초과수익을 위해 종목 비중 조정과 선별을 하므로 인덱스펀드와 비교하면 펀드의 변동성이 더욱 높아집니다. 액티브펀드는 인덱스펀드에 비해 상승장에서는 더 상승하고 하락장에서는 더 하락하는 특징이 있습니다. 그만큼 동일한 위험에 대해 더욱 민감하게 변동하는 것입니다. 따라서 일반적으로 상승장이 예상되거나 종목 선정이 필요한 시기에는 인덱스펀드보다 액티브펀드를 선택하는 것이 더 좋습니다.

그 대신 선취수수료가 있고 총 보수는 연 0.96%(위 펀드의 경우)로, 연간보수가 인덱스펀드보다 두 배가량 높습니다. 선취수수료까지 고려한다면 수수료는 인덱스펀드보다 많이 비싼 편입니다. 펀드 보수는 비싸지만 시장 상황에 따라 필요할 때는 시장수익률(인덱스가 추종하는)을 초과하기 위해 과감하게 액티브펀드를 선택하는 것도 좋은 전략입니다. 이와 반대로 시장이 하락이 예상될 때는 액티브펀드가 평균적인 시장 수익률보다 더 하락하는 경우가 많으므로 신중하게 선택해야 합니다.

인덱스펀드와 액티브펀드의 장단점

인덱스펀드와 액티브펀드는 각각 장단점이 있습니다. 저는 과거에 펀드매니저가 있는 액티브펀드가 인덱스펀드보다 무조건 나을 것이라고 생각했습니다. 전문가의 판단이 단순한 지수를 추종하는 전략보다 훨씬 효과적이라고 믿었기 때문입니다. 하지만 시장 상황에 따라 다르기 때문에 절대적인 법칙처럼 펀드매니저가 나을 거라는 믿음은 잘못됐다는 사실을 깨달았습니다. 상승장의 초과수익만 존재하는 것이 아니라 하락할 때의 초과하락도 고려해야 하므로 어느 한쪽만 무조건 좋다고 할 수는 없기 때문입니다.

결과적으로는 시기에 따라 적절한 선택이 필요합니다. 만약 어떤 펀드에 투자할지 고르기 어렵다면 인덱스펀드로 출발하는 것이 무난합니다. 인덱스펀드를 선택하는 것이 비용도 저렴하고 장기적으로도 펀드 선정을 위한 노력이 필요하지 않습니다. 우상향하는 시장의 수익률을 쉽게 확보할 수 있는 좋은 방법이기 때문입니다.

39

펀드계의 제왕,
ETF

ETF란 무엇인가?

ETF는 'Exchange Traded Fund'의 약자로, 거래소에서 주식처럼 거래하는 펀드를 말합니다.

일반 펀드를 흔히 '주식 꾸러미 세트'라고 표현합니다. ETF도 펀드이기 때문에 주식을 포함해 다양한 곳에 투자됩니다. 추종지수를 설정해 그대로 따라 움직이는 인덱스펀드와 같은 ETF도 있고, 설정 당시부터 대상이나 주제를 정해 특정한 콘셉트로 운용되는 테마 ETF도 있습니다.

주식뿐 아니라 채권이나 원자재, 부동산, 특별자산(금/선박/유전/부동산/물/예술품/지적재산권 등)과 같은 다양한 곳에 투자할 수 있으며 직접투자가 아닌 간접투자 상품입니다. 간접투자지만 상품에 따라 직접투자한 것과 동일한 효과를 내며 좀 더 효율적으로 투자할 수 있는 ETF(대체투자 포함)도 많습니다. 다만 아직 국내에서는 많이 알려지지 않고 금융기관에서 적극적으로 홍보하지 않고 있기 때문에 정보를 얻기가 쉽지 않습니다. 최근 젊은 계층이나 해외에서의 투자 경험이 많은 사람을 중심으로 온라인상에서 정보가 확산돼 투자의 한 분야로 자리잡고 있는 대표적인 간접투자 상품입니다. ETF가 점점 알려지기 시작함에 따라 금융회사들도 고객들의 선호도에 맞춰 조금씩 판매를 독려하거나 홍보를 늘리고 있지만 아직까지도 일반 펀드보다 친근함은 떨어집니다. 그러나 우리나라도 곧 해외처럼 일반 펀드보다 ETF를 찾는 사람들이 많아질 것이라 확신합니다. 앞으로 활발해질 ETF 투자에 대해 공부하고 한발 앞서 나간다면 노후준비에 큰 도움이 될 것입니다.

ETF의 장단점

EFT는 주식투자와 펀드투자의 중간쯤이라고 표현할 수 있습니다. 단순히 주식처럼 거래해서 주식과 비교되는 것이 아니라 직접 여러 주식에 투자하는 것과 동일한 효과를 지니기 때문입니다. 주식투자를 할 때 가장 큰 고민거리는 바로 종목에 대한 '선택 위험'입니다.

버크셔 해서웨이 주가 화면

만약 미국의 금융산업에 관심이 많아 해당 분야에 투자하고 싶다고 가정해 보겠습니다. 그중 대표적인 '버크셔 해서웨이'의 주식에 투자하려고 합니다.

1주의 가격이 (2019년 11월 10일 기준) 원화로 3억 8,374만원입니다. 주식 단 1주인데 말이죠. 엄청난 금액입니다. 한국에선 집 한 채 가격입니다. 이 회사가 정말 전망이 좋아 투자를 하고 싶다고 해도 필요한 투자 금액이 너무 큽니다. 또 이 엄청난 금액으로 한 주를 매수해 투자를 해도 혹시라도 해당 주식이 하락한다면 정말 난감할 수밖에 없습니다.

심혈을 기울여 고른 종목에 대한 위험을 바로 '선택 위험'이라고 합니다. 종목을 잘 고르면 좋겠지만 혹시라도 선택에 대한 위험 때문에 한 종목에 투자하는 것이 아니라 여러 종목에 나눠 분산투자해야 합니다. 그런데 관심 많은 금융 산업의 여러 종목에 투자하려면 일반적인 투자금의 규모로는 어림도 없을 것입니다. 하지만 ETF라면 소액으로도 얼마든지 가능합니다. 다음은 XLF라는 ETF의 투자 종목 내역입니다.

이 ETF에서 버크셔해서웨이는 12.86%만 차지하고 JP모건체이스, 뱅크오브아메리카, 웰스파고, 시티그룹 등 여러 금융 종목에 투자하고 있습니다. 만약 이 ETF에 투자하면 이 다양한 종목에 한꺼번에 투자되는 것입니다. 이 ETF의 1주당 29.84달러(2019년 11월 10일 기준 원화 3만 4,540원)로 투자할 수 있습니다. 버크셔해서웨이에 투자하기 위한 투자금의 규모로 331,526달러와 29.84달러는 엄청난 차이입니다. 한 종목에 대해 투자하기 위해 차이나는 필요 투자금의 크기는 만 배 이상입니다.

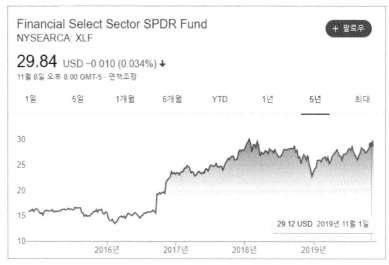

XLF 주가 화면

XLF ETF의 투자 종목 내역

ETF는 이렇게 하고 싶은 투자를 하기 위한 필요 투자금을 소액으로 줄여 투자를 가능하게 해 줍니다. 만약 ETF에 투자했는데 주가지수 가 상승했다면 그 상승분에서 운용보수를 제외하고 그대로 투자수익률로 확보할 수 있습니다. 다양한 주가지수와 여러 테마로 구성돼 있기 때문에 수많은 ETF 중 내가 원하는 스타일의 ETF를 찾아 꾸준히 투자한다면 반드시 좋은 결과가 있을 것입니다.

단점도 있습니다. 최근엔 많이 개선됐지만 여전히 거래 방법이 불편합니다. 아직까지는 국내 거래소 시장에서 거래할 수 있는 종목이 많지 않습니다. 그래서 해외주식시장에서 거래하는 경우가 많으며 주로 상장된 종목이 매우 많은 미국 거래소 시장에서 거래합니다. 해외주식시장에서 거래할 때는 해당 거래소의 화폐로 환전해야만 거래할 수 있습니다. 미국거래소에 상장된 ETF를 매수하려면 직접 달러를 환전한 후 달러를 내 계좌에 입금해 거래하는 방법도 있고 증권사에 입금된 원화를 증권사를 통해 환전한 후 거래하는 방법도 있습니다.

한국과의 시차 때문에 거래 예약 기능이 있지만 희망 거래가격이 시장에서 거래되는 가격과 일치하지 않으면 거래가 이뤄지지 않습니다. 가장 확실한 방법은 해당 국가의 장 개시 시간에 맞춰 거래하는 것인데 한국과는 시차가 있어 다소 불편할 수 있다는 단점이 있습니다. 거래 방법은 이어지는 '무작정 따라하기'에서 자세하게 알려드립니다.

ETF와 펀드의 다른 점

서로 사촌지간인 ETF와 펀드는 여러 종목에 분산돼 소액으로 투자하며 간접투자 방식(ETF는 펀드보다 직접투자에 가까움)이라는 비슷한 점도 있지만 세부적인 점을 살펴보면 비슷한 듯 다른 점들이 있습니다.

① 운영수수료

펀드에서 발생하는 수수료에는 펀드를 구매할 때 발생하는 판매수수료, 펀드를 운용하는 동안 발생하는 운용보수, 펀드를 환매해 현금화할 때 발생하는 환매수수료가 있습니다.

판매 수수료와 환매수수료는 일반 펀드에만 있고 ETF에는 없습니다. ETF는 상품 판매 방식이 아니라 주식 매매와 동일하기 때문에 주식 거래처럼 매매수수료가 발생하는데 수수료가 매우 낮고 최근에는 이것마저도 거의 없습니다. 인터넷을 통한 금융상품 가입이 늘어나면서 일반 펀드도 인터넷을 통해 직접 가입한다면 판매수수료는 거의 없다고 봐도 무방합니다. 여기서 주목할 점은 ETF의 경우 매우 낮은 운용 보수를 제외하면 비용이 거의 필요하지 않는다는 것입니다. 일반 펀드와의 큰 차이점 중 하나입니다.

② 총 보수

펀드 수수료에서 가장 큰 비중을 차지하는 것은 총 보수입니다. 총 보수란, 연간 계속 발생하는 비용으로 평균 1~3%가 발생되며 수익률에도 많은 영향을 미칩니다. 예를 들어 미국에 투자되는 일반펀드인 AB미국그로스C1의 경우 총 보수는 2.425%입니다. 이와 마찬가지로 미국에 투자되는 대표적인 ETF인 QQQ의 운용보수는 0.2%입니다. 290쪽의 그래프를 살펴보면 1억원 투자 시 30년 후 저비용 상품이 고비용 상품에 비해 약 30% 더 높은 자산을 만들 수 있다는 것을 알 수 있습니다. 단기간이라면 1~2%의 비용 차이가 작게 느껴지겠지만 장기간 투자해야 하는 노후자산은 큰 차이를 발생시킵니다. 운용보수의 경우 ETF가 일반 펀드에 비해 월등히 작고 효율적이라는 사실도 확인할 수 있습니다.

또한 표면적으로 잘 드러나지 않는 종목교체에 따른 매매비용도 일반 펀드가 ETF에 비해 회전율*이 높기 때문에 ETF가 투자자에게 매력적입니다. 이 비용 차이가 만약 복리로 매년 2% 이상 차이가 생긴다면 결과는 이 그래프보다 월등히 커질 것이기 때문에 절대로 간과해서는 안 됩니다.

알아두세요

회전율
특정 기간 동안 주식을 거래하는 비율로, 회전율이 높을수록 매매가 많았다는 뜻입니다.

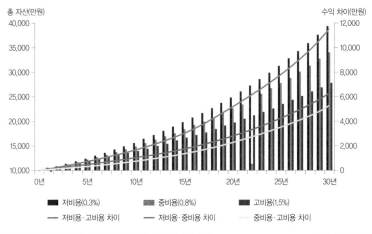

■ 작은 수수료 차이에 따라 장기투자의 수익률은 큰 차이를 나타나게 됨
  1억 투자 시 30년 후, 저비용 상품 총 자산은 4억원, 고비용 상품은 2억 8,000만원

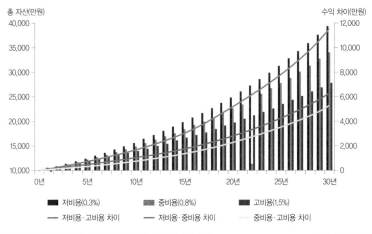

* 초기 자금 1억, 매년 5% 성장 가정, 총 비용 0.3%, 0.8%, 1.5%를 가정   출처: 삼성자산운용

③ 환매 기간

ETF는 거래 방식이 주식과 같습니다. 내가 만약 투자금을 회수하고 싶다면 매도(ETF를 거래소에서 다른 투자자에게 파는 행위) 거래 후 영업일 기준 2일 후에 내 증권계좌에 매도대금이 입금됩니다. 현금화할 경우는 2일이지만 종목을 교체해 다른 종목에 투자하려 한다면 매도 후 바로 해당 금액만큼 매수할 수 있습니다. 교체를 위해 매도 후 바로 재매수하는 것은 일반 펀드에서는 불가능한 방법입니다. 일반 펀드에서는 매도 후 입금이 완료된 후에야 다시 재투자할 수 있기 때문에 그만큼 펀드 교체를 위해서는 여유 있는 시간이 필요합니다.

일반 펀드는 해외에 투자됐다면 영업일 기준으로 최고 9일까지도 소요됩니다. 종목 교체의 필요성을 느끼고 대응하기 위해 매매를 한다면 주말이나 공휴일을 제외하고 영업일 기준 9일이기 때문에 그 시간 동안 대응이 너무 늦어져 버릴 수도 있으며 매도 주문을 내린 이후 9일 간의 변화에 대응하기도 어렵습니다. 따라서 투자자의 입장에서 볼 때 볼 때 ETF는 빠른 대응이 가능하며 일반 펀드보다 시간을 확보하기에도 유리합니다.

④ 투자 내역에 대한 실시간 확인과 종목 비중 변경

투자자는 펀드에 투자한 이후 내가 투자한 펀드에서 어떤 종목에 얼마큼 투자했는지, 투자 대상이 바뀌지 않았는지 궁금할 수도 있습니다. 또는 현재 어떤 종목에 투자되고 있는지 확인한 후에 투자 결정을 내릴 수도 있습니다. ETF의 경우 간단한 인터넷 검색만으로 언제든지 실시간으로 확인할 수 있습니다. 종목 교체 시에도 매일 공시를 하기 때문에 큰 시간차 없이 확인할 수 있습니다. 그러나 일반 펀드의 경우, 해당 자산운용사에서 발행하는 운용보고서를 받아야만 확인할 수 있습니다.

이 운용보고서는 평균 분기마다 한 번 발행되는데, 현재의 상황이 아니라 지난 일에 대한 내역이므로 투자자의 입장에서 다소 결과가 느리다고 느낄 수 있습니다. 보고서가 발행돼 도착할 때에는 이미 펀드매니저가 바뀌거나 보유 종목이 교체되는 등의 변화가 생겼을 수도 있기 때문입니다. 그 보고서를 보고 판단하기에는 늦은 감이 있기 때문에 빠른 판단이나 대응을 할 수 없습니다.

그 대신 투자 종목이나 운영원칙, 해당 운용담당자 등이 자주 바뀌는 것은 아니기 때문에 너무 조급해하지는 않아도 됩니다. 이와 반대로 ETF는 실시간으로 운용내역을 확인할 수 있으므로 투자자가 직접 정보를 파악을 하는 것이 쉽고 빠릅니다. 투자자의 입장에서는 당연히 재빠른 대응이 가능하고 투자 판단을 즉시 반영할 수 있는 ETF가 매력적으로 느껴질 것입니다.

ETF 거래 방법

ETF를 거래하려면 명칭부터 이해해야 합니다. [네이버금융]의 [국내
증시]에 들어가면 ETF에 대한 정보를 살펴볼 수 있습니다. 종목의 명
칭을 살펴보면, 맨 앞에 붙는 단어가 해당 ETF의 브랜드라는 것을 알
수 있습니다.

❖ 국내 ETF별 종류와 특징

ETF	보수	시가총액	자산운용사
KODEX 200	0.15%	6조 5,519억원	삼성자산운용
TIGER 200	0.05%	3조 3,967억원	미래에셋자산운용
KBSTAR 200	0.045%	1조 2,257억원	KB자산운용
ARIRANG 200	0.04%	7,322억원	한화자산운용
KOSEF 200	0.15%	6,838억원	키움투자자산운용
KINDEX 200	0.09%	6,814억원	한국투자신탁운용
파워 200	0.145%	1,427억원	교보악사자산운용
TREX 200	0.325%	214억원	유리자산운용

예를 들어 다음 사진의 코스피 200 지수를 추종하는 ETF를 살펴보겠
습니다. 종목 명칭에서 숫자 [200]은 상품명이고 그 앞에 붙어 있는
[KODEX]는 삼성자산운용을 뜻하며 [TIGER]는 미래에셋자산운용에
서 만든 ETF를 뜻합니다. 동일한 코스피 200 지수를 추종하더라도
보수나 규모면에서 각 브랜드마다 분명한 차이가 있습니다. 많은 회
사가 ETF를 만들고 있습니다. 삼성·미래에셋·한국투자·교보악사·
키움·KB·한화 등이 대표적입니다. 각 회사별로 브랜드 명칭이 있으
므로 ETF를 살펴보실 때 명칭을 보면 어느 회사에서 운용하는 것인
지 알 수 있습니다.

코스피 200 지수 추종 ETF(네이버금융 화면)

해외 ETF의 경우 종목의 명칭이 영어로 돼 있어서 철자가 매우 많습니다. 따라서 거래상의 편의를 위해 종목 코드를 정해 사용합니다. 다음 예시는 대표적으로 많이 거래하며 투자자들에게 인기가 많은 종목입니다.

어떤 종목의 ETF를 매수할 것인지 결정했다면 이 ETF를 거래할 회사를 정해야 합니다. 즉, 물건을 구매하는 판매처를 골라야 합니다. ETF는 증권이므로 일반 계좌가 아닌 증권용 종합계좌(주식거래 포함)를 개설하고 해당 증권 계좌에 투자할 금액을 입금해야 합니다.

❖ 해외 ETF별 종류와 특징

종목코드	운용보수	특징
QQQ	0.20%	미국 나스닥 100 지수를 추종
XLK	0.13%	미국 IT 업종 중·대형주에 투자
VIG	0.06%	매년 배당을 늘려온 대표적인 배당주에 투자
ROBO	0.95%	글로벌 로봇 및 자동화 시스템 관련 기업에 투자
FINX	0.68%	글로벌 핀테크 기업에 집중 투자
SCHH	0.07%	미국의 부동산 기업에 투자하는 부동산 리츠
XLV	0.13%	미국 헬스케어 업종에 투자
VGK	0.09%	유럽 선진국의 중·대형주 중심 투자(주로 서유럽에 집중)
EEM	0.67%	글로벌 이머징 시장에 투자
GLD	0.40%	금 실물에 투자, 현물 금 가격을 추종

만약 해외 ETF에 투자하고 싶다면 해외주식거래를 신청해야 합니다. 이후 과정은 주식을 매수하는 것처럼 내가 거래하고 싶은 투자 종목을 검색해 1주당 매수금액을 파악하고 내 투자금만큼의 수량을 입력한 후 매수하면 됩니다. 이때 주의할 점은 주식거래 시간에만 거래되므로 실시간 거래를 원한다면 시간에 유의하고 장 거래 시간에 맞춰 거래할 수 없다면 예약 시스템을 이용해야 한다는 것입니다. 다만 예약시스템의 경우 갑자기 해당 종목의 가격이 변경되면 미리 설정해놓은 예약 가격과 달라 다시 신청해야 할 수도 있습니다.

애플리케이션을 활용해 ETF 거래하기

국내 ETF 거래하기

계좌 개설에 관해서는 앞서 '주식계좌 개설하기'에서 설명했던 대로 진행하시면 됩니다. 여기서는 ETF에 대해서만 설명하겠습니다.

ETF는 이미 설명했듯이 국내 ETF와 해외 ETF로 나뉩니다. 국내 ETF의 경우 증권사를 통한 주식거래계좌만 있으면 거래할 수 있습니다. 그 대신 종목에 대한 정보가 미리 준비돼 있어야 합니다. 여기서는 가장 대표적인 KODEX200으로 거래하는 방법을 살펴보겠습니다.

한국은 거래서의 정규 거래 시간이 09:00 ~15:30까지입니다. 장 거래 시간에 애플리케이션을 실행한 후 메뉴에서 [트레이딩 - 국내주식 - 주식주문]을 클릭합니다. 화면 상단의 돋보기 버튼을 클릭한 후 거래하려는 종목을 검색합니다. 이때 종목코드나 종목명 둘 다 검색할 수 있습니다. KODEX200을 검색해 클릭하면 주식 주문 화면으로 돌아옵니다. 이때 내가 거래하고 싶은 가격을 클릭하면 [단가]가 자동으로 입력됩니다. 그리고 거래할 수량을 입력해 줍니다.

우측의 [기능] 버튼을 누르면 현재 내가 갖고 있는 금액으로 살 수 있는 수량을 표시해 줍니다. 수량과 단가 입력이 끝나면 총 매수 금액이 표시되는데, [현금매수] 버튼을 누르고 비밀번호를 입력하면 매수 주문이 끝납니다. 주문만 했다고 거래가 체결되는 것은 아닙니다. 내가 매수하려는 금액에 매도하는 수량이 있어야 합니다. 따라서 거래가 바로 체결되지 않고 미체결 상태로 남아 있을 수도 있습니다. 팔려는 사람과 사려는 사람의 가격이 일치해야 거래가 성립되기 때문입니다. 이 주식 주문 화면에서는 팔려는 사람들의 가격인 파란색 영역과 사려는 사람들의 가격인 분홍색 영역이 보이며 주로 가운데 가격에서 거래가 성립됩니다. 이 화면에서는 2만 8,995원과 2만 9,000원에서 가장 적정한 거래가 이뤄지겠죠? 거래 시간에는 이 화면의 가격 숫자가 계속 변하므로 잘 살펴보시고 거래하시기 바랍니다. 화면 우측 중간의 [미체결]을 클릭했을 때 표시되는 내역이 없다면 거래가 잘 이뤄진 것입니다.

해외 ETF 거래 이용 신청하기

해외 ETF는 해외주식입니다. 국내 ETF와 거래 방법은 동일하지만 해외주식거래이용 신청을 먼저 해야 합니다. 계좌 개설 이후 로그인을 하고 [트레이딩 – 해외주식 – 해외주식거래이용신청]을 클릭합니다. 여기서 투자성향이 [초고도위험투자형]이 아니라면 해외주식 거래 이용이 불가능합니다. 따라서 해외주식을 거래하려면 투자성향이 적합해야 합니다.

[해외주식 관련 약관]과 [권리발생 시 안내방법]을 모두 체크합니다. [약관], [거래설명서], [유의사항]을 모두 확인한 후 동의에 체크하고 공인인증서의 비밀번호를 입력합니다.

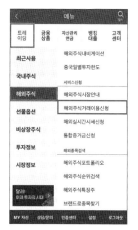

파생상품 ETF 거래 이용 신청하기

그다음은 파생 ETF 거래 이용을 신청해야 합니다. 파생 ETF 및 해외상장파생 ETF 는 일반적인 주식에 비해 투자위험도가 높으므로 미리 위험을 고지하고 확인하는 절차입니다. 애플리케이션을 실행한 후 [고객센터 – 신청/변경 – 파생ETF/ETP거 래신청]으로 들어갑니다. 국내상장파생ETF에 체크해 하단의 거래 이용 신청서까지 확인한 후 등록합니다. 그리고 해외 ETP도 체크해 등록합니다.

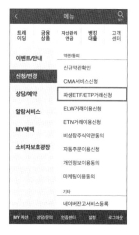

개인정보 QI 동의하기

해외와 국내 ETF를 모두 거래하기 위한 준비 작업의 마지막 단계입니다. 개인정보 제공에 동의해야 합니다. 앞과 달리, 적격 중개기관과 해외주식 또는 파생상품 거래 관련 개인정보제공에 동의해야 합니다. [고객센터 – 신청/변경 – 개인정보이용동의]의 순서대로 진행합니다. 필수 동의서(상품별)에서 (7)번과 (8)번 항목 동의에 체크하고 마지막으로 [확인]을 누르면 마무리됩니다.

환전 방법

국내ETF를 거래한다면 원화로도 가능합니다. 하지만 해외거래소에 상장된 ETF를 거래하려면 해당 국가의 화폐로 거래해야 합니다. 그래서 해외주식거래를 하는 것과 동일하게 환전한 후에 진행해야 합니다. 이에는 두 가지 방법이 있습니다. 첫째, 증권사에 원화를 입금한 후 증권사의 환전 서비스를 이용하는 것입니다. 다만 환전 수수료가 발생합니다. 둘째, 내가 거래하는 은행에서 저렴한 수수료로 환전할 수 있다면 해당 은행에서 환전한 후에 삼성증권의 내 계좌로 입금해 거래하는 것입니다. 두 가지 방법 중 편리한 방법을 선택하면 됩니다.

먼저 증권사를 통해 직접 환전하는 방법을 설명하겠습니다.

먼저 환전할 금액을 내 증권계좌에 입금합니다. 애플리케이션에서 [트레이딩 – 해외주식 – 환전]의 순서대로 클릭합니다. 상단의 [외화매수]를 클릭하면 매도통화는 원화로 기본 설정이 되며 [매수통화]를 선택해야 합니다. 얼마를 환전할 것인지 [환전신청금액]에서 기준 통화와 액수를 입력하고 [다음(환전처리)]를 누르면 환전이 마무리됩니다.

보유외화 입금 방법

다음은 직접 환전하거나 보유하고 있는 외화를 옮기는 방법입니다. 거래하는 금융기관에서 환전한 후에 이 외화를 입금해야 합니다. 이를 위해서는 외화계좌가 있어야 합니다. 그냥은 이체되지 않습니다. 원화 계좌이기 때문입니다. 그래서 애플리케이션에서 [뱅킹/대출 – 외화이체 – 외화가상계좌등록] 순으로 진행합니다. 비밀번호를 입력한 후 여권과 동일한 영문명을 입력하고 등록을 누르면 [외화가상계좌번호]가 생성됩니다. 보유하고 있는 외화를 이 계좌번호로 입금하면 외화로 해외주식(ETF)를 거래할 수 있습니다. 삼성증권의 경우 우리은행과 협력하고 있기 때문에 우리은행에서 환전하고 입금한다면 좀 더 간편합니다.

이번에는 직접 ETF를 거래하는 방법을 설명하겠습니다.

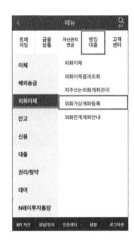

거래 방법

각 국가는 시차 때문에 거래 시간이 모두 다릅니다. 이 점 때문에 거래 방법이 두 가지입니다. 첫 번째는 해당 국가의 장 거래 시간에 직접 거래하는 방법이고 두 번째는 예약 거래를 하는 방법입니다.

먼저 직접 거래입니다. 외화까지 모두 준비가 됐다면 해당 국가의 거래 시간에 애플리케이션을 실행합니다. [트레이딩 – 해외주식 – 해외주식주문] 순으로 클릭합니다. 상단의 [종목명]을 검색해 선택하고 [수량]과 [단가]를 입력합니다. 우측 하단의 빨간색 [매수]를 누른 후 비밀번호를 입력하면 됩니다. 거래가 성사돼 잘 매수됐는지

확인하려면 화면의 중간에 보이는 [잔고]를 확인하면 됩니다. 아직 매수가 안 됐다면 [미체결]에 내역이 확인됩니다.

예약 주문의 방법도 이와 크게 다르지 않습니다. [트레이딩 – 해외주식 – 해외주식 예약주문]을 클릭한 후 [종목명]을 검색해 선택하고 [수량]과 [단가]를 입력합니다. 우측 하단의 빨간색 [예약매수]를 누른 후 비밀번호를 입력하면 됩니다. 장거래 외 시간에는 예약매수를 이용하는 것이 좋습니다. 다만 거래가격의 변동이 심하면 거래가 되지 않는 경우도 많으므로 다음날 반드시 거래가 잘 체결됐는지 확인하시길 바랍니다.

이처럼 해외 ETF는 준비 절차가 복잡한 듯 느껴지지만 한 번 해 놓으면 그 이후는 투자 거래만 계속하면 됩니다. ETF는 펀드보다 많은 장점이 있는데도 거래 방법이 어렵게 느껴집니다. 그동안 상세한 방법을 알려 주는 곳이 없어서 투자할 수 없었다면 지금부터 시작해 보세요.

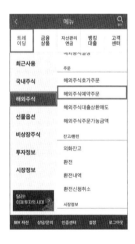

40

부동산도 간접투자 시대

건물주가 건물을 팔고 싶어하는 세 가지 이유

요즘 초등학생들에게 장래 희망에 대해 물으면 과거와 달리 "건물주요." 또는 "월세받는 집주인이요!"라고 대답한다고 합니다. 세상이 참 많이 변했죠?

그만큼 은퇴 이후 월세를 받으며 사는 것은 많은 사람의 꿈이 돼버렸습니다. 비단, 어린아이들뿐 아니라 성인들의 로망이기도 합니다. 그러나 그들의 꿈과는 달리 건물을 팔고 싶어하는 건물주들도 많습니다. 이해가 안 되죠? 이에는 크게 세 가지 이유가 있습니다.

① 시대의 흐름에 따른 지역의 인기도 변화

내가 잘 알고 있거나 살고 있는 지역을 떠올려 보세요. 과거에는 굉장히 활성화돼 있던 인기지역이 신도시나 새로운 지역이 생기면서 구지역으로 변해버린 경우가 있지 않나요? 부동산의 흥망성쇄 사이클은 갑자기 찾아오는 경우보다 나도 모르는 사이에 서서히 변하는 경우가 많습니다.

젊고 정보에 대한 포착이 빠르던 시절에는 걱정할 필요가 없습니다. 또한 늘 관심을 기울이며 활발하게 활동하기 때문에 변화에 민감합니다. 하지만 노후에는 둔감하고 늦을 수밖에 없습니다. 그래서 부동산이 호황일 때는 걱정 없이 편안하게 지내다가 세월이 흘러 어느새 나도 모르게 더 이상 월세는 오르지 않고 찾는 세입자는 줄어드는 경우가 많습니다. 핵심 지역의 우수한 입지를 갖고 있더라도 영원하리란 보장은 없습니다. 물가는 올랐지만 월세는 오르지 않아 물가대비 화폐가치가 떨어져 이전만큼 충분한 생활비를 사용하지 못하게 돼 팔고 싶다며 하소연하는 분들의 사연도 흔히 들을 수 있습니다.

② 관리 및 세입자에 대한 스트레스

건물주나 집주인이 되면 가만히 앉아 소득을 올릴 수 있다고 생각하는 사람들이 많습니다. 물론 회사에 다니는 것보다는 상대적으로 적게 일하지만 완전한 무노동, 무노력은 아닙니다.

세입자를 구하고 월세를 받고 세입자를 다시 내보내는 과정이 원활한 경우도 있지만 그렇지 못한 경우도 있기 때문입니다. 만약 공실이라도 생기면 소득원이 불안해지기 때문에 공백이 생기지 않도록 신경 써야 합니다. 당연히 시세도 잘 알고 있어야겠죠?

모든 세입자가 성실하고 선한 사람이라면 걱정 없겠지만 의외로 그렇지 않은 경우도 많습니다. 공실이 생기지 않게 하려다 보니 세입자가 마음에 들지 않아도 참게 되고, 처음에 그렇지 않아 보였는데 막상 세입자가 입주를 하고 나서 말썽을 일으킬 수도 있습니다. 주변 이웃들과 불화가 생기거나 시설물을 너무 과격하게 사용하는 등 해당 부동산에 피해를 주기도 합니다. 월세를 제때 내지 않아 세입자와 입씨름을 하는 경우도 많습니다. 월세가 원활하게 수금이 되지 않을 경우 임대인은 임차인에게 독촉해야 합니다. 독촉을 해도 해결되지 않는 경우에는 최악의 경우 소송까지 해서 내보내는 상황도 생깁니다. 은퇴 이후 가끔씩 발생하는 월세 문제로 스트레스를 너무 받아 머리카락이 빠졌다며 힘들어하시는 임대인도 종종 만나게 됩니다.

③ 정책의 변화로 인한 걱정

뉴스를 살펴보면 종종 부동산 정책이 발표됩니다. 그런데 자세히 들어보면 부동산 소유자에게 우호적인 뉴스보다는 압박하거나 세금을 더 걷기 위한 정책의 뉴스가 많습니다. 특히, 정권이 바뀔 때마다 이런 일이 발생합니다. 주거용 부동산의 경우는 다양하고 복잡한 정책이 계속 생기기 때문에 그때마다 좀 더 나은 방향을 찾기 위해 고민을 해야 합니다. 그래서일까요? 부동산과 관련된 세금 세미나는 언제나 만원입니다.

조금 드문 경우지만 내가 소유하고 있는 지역의 개발계획이 새로 생기거나 바뀌는 경우도 있습니다. 과거에는 내 소유의 부동산 지역에 이슈가 생기면 대부분은 호재로 작용해 부동산 가격에 긍정적인 영향을 미쳤지만 요즘은 부정적인 영향을 미치기도 합니다.

우리나라는 지난 수십 년간 '부동산 불패 신화'라 불릴 만큼 부동산이 재테크에 큰 도움이 됐습니다. 자고 일어나면 가격이 올라 경제적으로 많은 도움을 줬고 노후에 부동산을 갖고 있다면 아무런 걱정이 없습니다. 하지만 시대가 변해 이제는 부동산을 갖고 있다고 해서 모든 것이 순조롭지만은 않습니다.

41

부동산 간접투자의 두 가지 방법, 부동산 펀드 vs. 리츠

부동산 펀드란 무엇인가?

펀드는 투자를 하고 싶어하는 사람으로부터 돈을 모아 구성되며 다양한 분야에 투자됩니다. 흔히 주식 또는 채권에 투자된다고 알려져 있지만 부동산, 선박, 비행기, 석유, 금, 은, 탄소배출권, 날씨 등 여러 가지의 대상에 투자되고 있습니다. 부동산도 펀드를 통해 이뤄지는 투자 대상 중 하나입니다.

도심의 역세권이나 유명지역을 걷다 보면 무수히 많은 빌딩이 보입니다. 이런 빌딩들은 매우 큰 단위의 가격으로 형성돼 있어 개인이 소유하고 있는 경우는 드뭅니다. 대부분 회사의 소유이거나 투자를 위한 펀드의 소유입니다. 아마 펀드의 소유인 건물들이 있다는 사실은 잘 몰랐을 겁니다. 그중에는 꽤 유명한 랜드마크도 속해 있으며 유명 백화점 건물, 대형 마트도 있습니다. '저런 건물은 도대체 누구의 것일까?'라고 상상해 본 적 없나요?

이렇듯 부동산펀드는 투자자들의 크고 작은 돈이 모여 펀드를 구성한 회사에서 선정한 대상 부동산을 매입해 운영합니다. 많은 돈으로 움직이다 보니 개인들이 거래하는 작은 빌라나 아파트 같은 주거용 부동산보다 상업용 부동산인 빌딩에 투자하는 경우가 많고 호텔이나 리조트, 마트, 백화점 건물에 투자되기도 합니다. 또한 국내 부동산에 한정되는 것이 아니라 전 세계의 부동산에 투자할 수 있답니다.

화제를 모았던 펀드 중에는 이베이 오피스 건물 펀드나 벨기에 외무부가 장기 임차한 빌딩에 투자하는 펀드 그리고 미국항공우주국(NASA)이 장기 임차하기로 확정돼 있는 NASA 본사 빌딩을 매입하는 펀드를 비롯한 여러 사례가 있습니다. 일반적인 개인으로써는 꿈도 못 꾸는 그런 투자겠죠? NASA나 외무부가 임차한 빌딩이라니 월세가 밀릴 걱정은 없겠네요.

❖ 완판된 주요 부동산 펀드

펀드	기초 자산
신한알파플러스 특정금전신탁	벨기에 EU 오피스, 연 목표 투자수익률 6% 초반
하나대체투자 나사부동산투자신탁1호	미국 워싱턴 NASA 오피스, 수익률 6% 중반
하나대체투자 미국LA부동산 투자신탁1호	미국 LA 드림웍스 본사 매입, 수익률 6% 초반
LB 영국전문투자형 사모부동산투자신탁 제5호	영국 버밍엄 세인스베리 물류센터, 수익률 7.14%
LB 영국전문투자형 사모부동산투자신탁 제2호	영국 크루 BAE시스템스 물류센터, 수익률 6% 후반
하나대체투자전문투자형 사모부동산투자신탁 88~89호	미국 실리콘밸리 이베이 오피스, 수익률 6% 중반
미래에셋 맵스 호주부동산 투자신탁2호	호주 캔버라 연방정부 교육부 오피스, 수익률 6.26%
한국투자 벨기에코어오피스 부동산투자신탁	벨기에 외무부 오피스, 배당수익률 7%
이즈스글로벌오피스 부동산투자신탁	스페인 네슬레 사옥, 기대수익률 연 7.1%

출처: 매일경제(2018. 09. 27.)

부동산 펀드의 종류

전문가가 투자자를 위해 부동산을 선정하고 관리하는 방식인 간접투자는 기간을 정해 놓고 거래하는 부동산펀드 방식과 기간의 제약을 받지 않고 증권처럼 상장돼 거래하는 리츠 방식이 있습니다. 또한 투자 형태와 운용 방식에 따라 대출형, 임대형, 경공매형, 직접개발형이 있습니다. 이 중 임대형과 대출형 상품이 가장 많습니다.

① 대출형은 아파트, 상가 등 부동산 개발회사에 자금을 대여해 주고 대출이자로 수익을 얻는 방식으로 운용됩니다.
② 임대형은 상가나 빌딩과 같은 비주거용 건물을 매입한 후 임대해 발생하는 임대수익과 가격상승에 따른 매매 차익으로 수익을 올립니다.
③ 경공매형은 법원 등이 하는 경매나 자산관리공사 등의 공매 부동산을 매입한 후 임대나 매각으로 수익을 올립니다.
④ 직접개발형 펀드는 직접 개발에 나서 분양하거나 임대해 개발이익을 얻는데, 다른 방식에 비해 상대적으로 위험이 큽니다. 만약 해당 건물이 미분양되면 손실 가능성이 매우 높기 때문입니다.

부동산 펀드의 장점

① 소액으로 우수한 부동산에 투자 가능
입지가 우수한 부동산을 소액으로 투자할 수 있습니다. 개인이 투자하기에는 매우 부담스러운 규모이지만 매우 매력적인 부동산들이 있습니다. 대형회사의 매장이 들어서 있고 불경기라 하더라도 인기가 식지 않는 위치의 핵심 상가나 건물들은 투자하고 싶어도 거래하기 어렵습니다. 이런 `부동산을 소액으로 투자할 수 있습니다.

② 월세와 매매차익, 두 마리 토끼 잡기

월세와 매매차익을 동시에 기대할 수 있습니다. 보통 부동산 펀드들은 부동산을 매입해 월세로 수익을 올리고 수년 후(평균 5년 내외) 해당 부동산을 매각해 매매차익까지 기대할 수 있는 곳에 투자합니다. 평상시 월세를 안정적으로 받다가 적절한 시기에 매각으로 인한 추가 수익률을 추구합니다. 일반적인 주식형 펀드보다 수익률이 낮을 수도 있지만 예·적금에 비해 높은 수익률을 보여 주고 매매차익으로 인한 +@ 수익까지 고려해 보면 매우 매력적입니다. 무엇보다 꾸준하고 위험에 대한 변동성이 적은 편입니다.

③ 전문가에게 투자를 일임

부동산 투자에 대해 전문가에게 위탁하는 효과가 매우 큽니다. 평상시 부동산 전문가를 찾아다니며 조언도 얻고 책도 읽고 강의도 듣습니다. 정말 뛰어난 전문가는 만나기 어렵습니다. 부동산 펀드를 관리하는 전문가 그룹은 수년간 전문적으로 공부한 사람들이며 풍부한 네트워크와 정보력을 갖추고 있습니다. 주변 지인들에게 소문으로 건네듣거나 쉽게 만나볼 수 있는 부동산 관련 직종의 사람들과는 깊이가 다릅니다. 만약 이런 전문가들이 나라는 개인을 위해 투자를 도와주고 관리까지 해 준다면 매우 큰 비용을 지불해야 할 것입니다.

하지만 펀드는 수많은 사람의 돈을 모아 투자하기 때문에 이 비용 또한 함께 나눠 부담합니다. 그래서 약간의 수수료만으로 내 투자를 위탁할 수 있습니다.

④ 안정성이 높음

안정성이 매우 높습니다. 수익을 확정적으로 보장할 수는 없지만 보통 부동산 펀드의 경우 해당 건물의 임차인을 미리 확보해 놓고 5년 이상의 장기 임대 계약을 체결 또는 체결 예정인 상태로 투자가 진행됩니다. 대기업이나 공공기관 또는 임대료를 성실히 납부할 수 있는 대상을 임차인으로 선정하기 때문에 매우 좋은 조건의 임차인을 구할 수 있습니다. 따라서 공실이나 임대료 미납에 따른 공실률이 매우 적은 편이고 해당 부동산의 가치도 상승되는 경우가 많습니다. 만약 내 건물에 유명 프렌차이즈나 은행, 공공기관 등이 입점한다면 상권도 활발해지고 부동산의 가치도 상승하기 때문입니다.

부동산 펀드의 단점

① 중도환매 제한
상품에 따라 중도환매 제한이 있는 경우가 많습니다. 모인 돈으로 부동산을 매입했는데 매각 이전에 환매를 요청하는 일이 발생하면 부분적으로 돈을 찾을 수 없습니다. 수많은 투자자 중 소수 몇 사람 때문에 전체의 투자를 변경할 수는 없기 때문입니다. 그래서 최종적으로 매각하기 전까지 환매제한이 걸려 있는 경우가 있으며 펀드가 아닌 리츠는 중도에 펀드 매각이 가능하지만 원금 보장이 아니기 때문에 손해가 발생할 수도 있습니다.

② 수익 보장의 어려움
월세를 받는다고 해서 무조건 수익을 보장해 줄 수 있는 건 아닙니다. 정기적인 임대수입을 통해 펀드의 이익을 분배하기 때문에 생활자금으로 활용할 수 있는 적합한 투자 방법입니다. 하지만 공실이 발생하거나 경기에 따라 임대료가 하락하면 수익률이 하락할 수도 있습니다. 또한 부동산의 매매 시장 상황에 따라 매매가 원활하지 않아 펀드환매 시기가 좀 늦어지거나 매매 시 가격 하락이 발생할 수도 있습니다 .

리츠는 무엇을 의미할까?

부동산을 활용한다는 점에서 부동산 펀드와 리츠는 같지만 다른 점도 있습니다. 리츠(REITs, Real Estate Investment Trusts)는 투자자들에게 자금을 모아 부동산이나 부동산 관련한 곳에 투자해 발생한 수익을 배당하는 형태의 금융상품입니다. 크게 회사형과 신탁형으로 나뉘며, 회사형은 주식을 발행해 투자자를 모으는 형식으로 증시에 상장해 주식처럼 거래할 수 있습니다.

반면, 신탁형은 수익증권을 발행해 투자자를 모으며 상장은 금지돼 있습니다. 일반적으로 리츠는 ETF의 형태로 많이 거래하며 주식을 매수하는 것과 동일한 과정으로 투자합니다. 증권계좌를 통해 종목명을 검색한 후 1주당 매수금액과 몇 주를 매수할지를 결정해 투자금만큼 매수하면 됩니다. 리츠는 총 자산의 70% 이상을 부동산에 투자해서 운용해야 하며 임대료 등의 수익금은 90% 이상 투자자에게 배당해야 합니다. 또한 주식처럼 거래할 수 있기 때문에 언제든지 매매가 가능해 환금성이 자유로운 편입니다. 판매수수료나 환매수수료가 없기 때문에 운용보수만으로 투자할 수 있습니다.

❖ 2011년 이후 연간 미국 부동산/리츠의 수익률

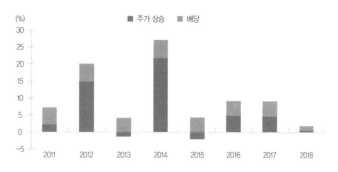

출처: NAREIT, KB증권

부동산 펀드와 리츠의 차이점

부동산 펀드는 부동산회사 주식을 사서 배당을 받는 리츠와 달리 부동산을 집합투자기구(펀드)가 직접투자하거나 부동산 관련 대출을 하는 방식입니다. 공모와 사모° 방식이 있으며 투자자들로부터 모은 자금으로 투자 대상을 정해 부동산을 직접 매입해 임대합니다. 그 후 임대수익이나 매매수익을 추구하는 형태가 많습니다.

특히, 특정 부동산 매입이라는 점에서 개인이 직접투자하기 힘든 건물에 주로 투자되며 국내뿐 아니라 해외의 유망한 부동산에도 투자합니다. 해외의 경우 일본 정부가 도쿄 핵심 업무 지역에 있는 '아리아케센트럴 타워' 빌딩을 사들여 도쿄전력과 후지쓰 등에 임대해 준 사례와 미국 연방 정부와 미국 항공우주국(NASA)이 미국 항공우주국 빌딩을 대상으로 임대차 계약을 맺은 사례가 화제가 된 적이 있습니다.

알 아 두 세 요

공모와 사모

공모는 불특정 다수의 투자자를 모집하는 것을 말하며 일반적으로 정보가 공개돼 있는 보통의 펀드를 떠올리면 됩니다. 사모는 소수의 특정 투자자들을 대상으로 하는 것을 뜻하며 대외적인 홍보 활동 없이 비공식적으로 투자자가 모집됩니다.

부동산 간접투자의 장점

❖ 2019년 출시 부동산 공모펀드

(단위: 억원)

펀드	투자 대상	운용규모	설정일
한국투자KINDEX싱가포르리츠부동산ETF	싱가포르 리츠 재간접	183	2019/1/24
KB와이즈스타부동산펀드1호	서울 KB국민은행 명동사옥	757	2019/2/18
한국투자밀라노부동산1	이탈리아 밀리노 오피스 빌딩	520	2019/2/22
현대유퍼스트부동산25	스코틀랜드 국민건강보험공단 청사	323	2019/3/8
대신재팬하임부동산	일본 도쿄 오피스 빌딩	763	2019/5/13
히어로즈미국물류포트폴리오부동산	미국 물류센터 투자하는 사모부동산펀드에 재간접투자	738	2019/5/17
한국투자도쿄한조몬오피스부동산	일본 도쿄 오피스 빌딩	609	2019/6/07
이즈스리테일부동산투자신탁 287호	서울 목동 트라팰리스	422	2019/6/14
한국투자벨기에코어오피스부동산2	벨기에 정부기관 본청	885	2019/6/14
이지스부동산280	서울 송파구 PF 선순위 대출채권	220	2019/6/21
한국투자룩셈부르크코어오피스부동산	룩셈부르크 오피스 빌딩	942	2019/6/25
KB와이즈스타부동산 2호	서울 종각타워	1118	2019/6/65
이지스글로벌공모부동산투자신탁	아마존 물류센터	2400	2019/9/9

출처: 한국펀드평가

이런 간접투자는 많은 장점이 있습니다. 그중 가장 큰 장점은 투자자가 임대나 세금 및 관리에 대한 부분에 대해 고민하지 않아도 된다는 것입니다. 그 이유는 집합투자기구(펀드)에서 직접 운용하기 때문입니다. 부동산 가격은 적정한지 해당 부동산이 유망한지에 대해 걱정하지 않아도 펀드의 전문가가 선정해 진행되며 미리 투자 대상을 알 수 있기 때문에 평소 관심 있었던 건물이라면 더욱 즐겁게 투자할 수 있습니다. 또한 임대사업을 직접할 때 겪는 스트레스가 없다는 점도 투자자들에게 환영받는 요소입니다.

부동산 간접투자의 단점

알아두세요

폐쇄형
펀드에는 '개방형'과 '폐쇄형'이 있습니다. 개방형은 투자자가 자유로이 환매청구를 할 수 있지만 폐쇄형은 투자자가 환매청구를 할 수 없습니다.

양도
타인에게 투자의 권리와 자산을 매매하는 것

이와 반대로 바로 환매되지 않는다는 단점도 있습니다. 부동산 사모펀드는 대부분 폐쇄형*이기 때문에 환금성이 떨어집니다. 가입 이후 3~5년간 투자되며 부동산을 매각한 대금으로 환매가 이뤄지기 때문에 시기를 투자자가 직접 선택하기 어렵습니다. 물론 양도*하면 가능하지만 이또한 쉽지 않습니다. 만약 급하게 자금이 필요하다면 이 수익증권을 담보로 평가해 대출을 받기도 합니다.

리츠는 이런 단점을 해결했습니다. 바로 거래소에서 매매할 수 있기 때문에 증권을 매도한다면 바로 유동성을 확보할 수 있습니다. 우리는 부동산 공모와 사모 그리고 리츠라는 세 가지 방식으로 간접투자를 할 수 있습니다. 각각의 특징과 장단점을 잘 확인해 내 상황에 맞는 투자를 선택해야 합니다. 특히 부동산 펀드는 개별성이 강하기 때문에 투자하기 전 상품에 대한 이해가 매우 중요합니다. 따라서 사전에 용어와 의미를 잘 숙지하고 상품 판매처에 설명을 꼼꼼하게 요청하는 것이 잘못된 선택을 하지 않는 지름길입니다.

부동산 펀드와 리츠는 부동산 투자보다 많은 장점이 있습니다. 또한 증시가 불안하거나 고수익이 아닌 꾸준한 수익을 원할 때 추천할 수 있는 투자 상품입니다. 리스크가 없는 것은 아닙니다. 공실이 생기거나 부동산 가격이 하락하면 손실이 생길 수 있고 해외부동산의 경우 환차익에 따른 리스크도 있습니다. 경기가 좋아 공실의 위험이 적을 때 추천하며 금리 인하 기간이나 시장의 자금 유동성으로 부동산 가격 상승이 예상될 때 투자하면 좀 더 좋은 결과가 예상됩니다.

부동산 펀드 가입하기

가입할 수 있는 펀드는 크게 세 가지로 구분되며 각각 가입하는 방법이 다릅니다. 창구를 통해야 투자할 수 있는 경우와 온라인을 통해 직접 가입해야 하는 경우로 구분됩니다. 현재는 사모형 부동산 펀드를 제외하고 계좌만 개설돼 있다면 모두 온라인으로 가입할 수 있습니다.

리츠(ETF 포함)

먼저 리츠(ETF 포함)는 주식처럼 거래합니다. 따라서 증권회사에 증권거래계좌를 개설해야 합니다. 증권 거래 프로그램을 설치한 후 다음과 같이 주식 거래 화면에서 검색해 매수하면 됩니다. 종목 찾기에 '리츠'라고 검색해 나오는 종목을 투자금액만큼 매수하면 됩니다. 신한알파리츠를 예로 들어 보겠습니다.

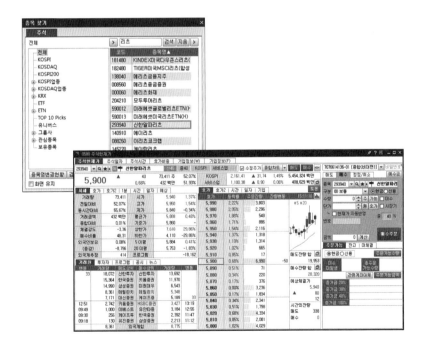

공모형부동산펀드(리츠재간접형 포함)

공모형 부동산 펀드(리츠 재간접형 포함)도 온라인으로 가입할 수 있습니다. 먼저 온라인에서 부동산 펀드에 대해 검색해 펀드를 선정합니다. 해당 펀드명을 아래 보이는 검색창에 입력해도 되고, 대부분의 부동산 펀드는 펀드명에 '부동산'이라는 단어가 포함됐기 때문에 '부동산'을 검색어로 입력해도 됩니다. 검색된 펀드 상품들 중에서 선택해 가입을 진행하면 됩니다.

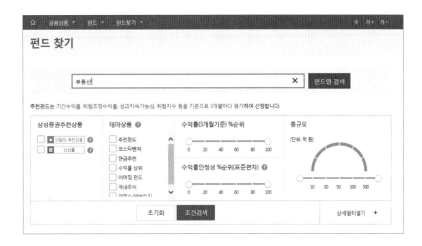

사모형 부동산 펀드

사모형 부동산 펀드 및 폐쇄형 부동산 펀드는 창구의 상담사를 통해서만 가입할 수 있습니다. 공모형 부동산 펀드의 경우도 화제가 된다면 오픈된 이후 가입이 어려울 수도 있습니다. 이런 경우 창구를 통해 사전 예약을 하면 투자모집액(부동산펀드는 모집액 한도가 있습니다)이 초과돼 가입하지 못하는 경우를 줄일 수 있습니다.

다섯째
마당

| 포트폴리오 |

나에게 딱 맞는
포트폴리오

10
장

내게 맞는
포트폴리오 작성법

42

투자는 도박이 아니다

싼 게 비지떡!

투자 대상을 찾아 정보를 수집할 때는 자칫 수익률의 함정에 빠지기 쉽습니다. 즉, 높은 수익률에만 집중하다 보니 값이 싼 대상을 찾게 됩니다. 이는 부동산이나 증권 모두 마찬가지입니다. 확인된 사실이 아닌 막연한 기대감으로 싼 것만을 찾으려 합니다. 분명 모든 가능성을 고려했지만 그 대상이 상대적으로 가격이 낮으면 마음이 끌리게 됩니다. 즉, 하락 가능성에 대한 근거들이 필터링돼 상승 가능성의 긍정적인 요소만 선택, 흡수해버리는 것입니다. 이는 나의 기대감과 욕심을 합리화하는 것입니다.

이런 사례는 매우 많습니다. 혹시 절대 가격이 낮은 싼 주식에 투자한 후 가격이 낮기 때문에 상승률이 높다고 기대한 적이 없나요? 복권이나 스포츠토토를 할 때도 이와 같은 기대를 하게 됩니다. 이는 합리적인 투자와는 거리가 먼 행동입니다.

경마와 포트폴리오 구성의 공통점

경마와 투자 포트폴리오 구성이 똑같다고 여기면 선택과 계획이 쉬워 집니다. 예를 들어, 1등하는 말은 배당률이 높지 않습니다. 그러나 꼴 등하는 말은 배당률이 매우 높습니다. 그 대신 우승할 확률은 매우 낮 습니다. 그런데도 수익률을 좇기 위해 후순위 말들로 포트폴리오를 구성하시겠습니까?

은퇴 재테크에서는 우승 확률이 높은 선순위 말들로 포트폴리오를 구성해야 합니다. 리스크는 낮고, 성공 가능성은 높기 때문입니다. 주식투자를 할 때도 주가의 숫자가 낮으면 해당 주식의 컨디션을 평가해 보지도 않고 싸기 때문에 많이 오를 것이라 기대하며 비슷한 유형의 주식들로 포트폴리오를 구성하는 경우가 많습니다. 그러나 이는 도박에 가깝습니다. 은퇴 재테크라면 1등 기업들로 당장의 큰 상승이 아닌 안정성과 꾸준한 성장을 기대하며 투자해야 합니다. 낮은 가격이라는 숫자에 흔들리거나 머릿속에서 리스크는 잊어버린 채 높은 수익 가능성만 맴돈다면 경마를 떠올려 보시기 바랍니다.

43

축적전략보다
인출전략의 시대다

인출전략의 수립 및 실천 방법

최근 들어 노후자산 축적전략이 아닌 인출전략*에 대한 문의가 많습니다. 이제는 자산 축적만 중요한 것이 아니라 인출에 대한 고민도 많이 생기고 있다는 것을 의미합니다. 인출전략은 그리 간단하지 않습니다. 마치 수학공식을 말하듯이 누구에게나 공통적으로 적용할 수 있는 방법은 없습니다. 그 이유는 개인마다 고려해야 할 변수가 매우 많고 추구하는 바도 다르기 때문입니다.

꼭 당부드리고 싶은 것은 '나만의 테트리스 맞추기'를 하셔야 한다는 것입니다. 국민 게임인 테트리스를 모르는 사람은 없을 것입니다. 테트리스에서 좋은 점수를 올리기 위해서는 빈틈없이 예쁘게 잘 쌓아야 합니다. 이와 마찬가지로 노후 자산의 인출전략을 세울 때는 인출 금액과 기간, 은퇴 이후의 다양한 소득, 가족관계(배우자의 유고 시 생존기간에 대한 고려나 유산), 세금 과세 여부에 대한 고려 등 다양한 요소를 구성해야 합니다. 그리고 그중 가장 적합하다고 판단되는 전략을 선택한 후 실행과 수정을 반복하시면 됩니다. 속 시원한 방법을 알려드

알아두세요

인출전략
나의 노후생활을 위해 쌓여 있는 자산에서 현금을 꺼내 쓰는 방법과 계획을 뜻합니다.

리지 못해 아쉽지만 그만큼 개개인에 따른 맞춤전략이 필요하기 때문입니다. 이전에 소개한 다양한 금융상품 지식과 전략들을 꼼꼼히 공부한 후 스스로 해 보시기 바랍니다. 많이 쓰이는 방법 세 가지를 소개해드리겠습니다.

고정 인출

은퇴가 시작되기 전까지의 자산 규모가 있을 것입니다. 이 자산에서 고정적으로 동일한 금액이나 동일한 비율로 인출하는 것입니다. 이 중 동일한 비율보다 동일한 금액을 인출하는 방법을 좀 더 많이 사용합니다. 예를 들어 60세에 은퇴해 90세까지의 삶을 예상하는 사람이 있습니다. 쌓여 있는 자산은 국민연금 및 기타 연금을 제외하고 3억원입니다. 동일 금액 인출전략이라면 매년 1,000만원씩 인출해 사용합니다.

만약 투자자산으로 운용하고 있다면 투자 성과를 고려해 인출합니다. 그렇게 예상 사망 시기까지 일정한 금액을 인출하는 방법입니다. 이때, 동일 금액을 계속 인출한다면 세월이 지남에 따라 화폐가치 하락으로 점점 사용할 수 있는 돈의 실질 규모는 줄어들게 됩니다. 은퇴 이후 점점 나이가 들수록 필요생활비가 줄어들게 되므로 돈의 사용가치 규모가 줄어드는 것과 자연스럽게 맞아떨어지게 됩니다. 동일 금액이 아니라 동일 비율 인출전략이라도 크게 다르지 않지만 좀 더 편하고 직관적인 계산법은 동일 금액 인출전략입니다.

인센티브 월급 전략

이 전략의 포인트는 '탄력적인 운용'에 있습니다. 우선 은퇴 시 매월 최소 생활비가 잘 측정돼야 합니다. 그래서 그 생활비만큼을 최소 인출 기준으로 하는 것입니다. 회사에서 직원에게 기본급 + 인센티브를 주는 것처럼 나의 은퇴생활비를 최소 생활비로 측정하고 나머지를 탄력적으로 사용하는 것입니다. 즉, 2개의 은퇴 통장을 이용해야 합니다. 한 통장은 고정적인 생활비를 인출하고, 나머지 통장은 그때그때마다 필요에 따라, 선택에 따라 추가 인출을 하는 것입니다. 나머지 통장은 투자를 해 인출 금액을 늘리는 것도 좋은 선택입니다.

이 전략을 사용할 때 주의할 점은 '통제'입니다. 특히, 나머지 통장의 경우 자칫 감정적인 선택이나 주변에서의 권유 때문에 잃을 수도 있습니다. 예를 들어, 아들이 아파트를 구매할 돈이 부족하다는 말을 듣거나 사업을 하는 데 필요하다는 말을 들었다면 통장에 돈이 있으니 거절하기 어렵기 때문입니다.

재테크 전략

이 방법은 가장 조심스러운 전략입니다. 축적된 자산을 여러 가지로 나누는 것입니다. 그래서 조금 복잡하기도 합니다. 먼저 투자 대상을 나눕니다. 연금처럼 고정적으로 소득이 나오는 자산과 투자성과를 목적으로 한 자산으로 나눕니다. 투자 성과를 위한 자산들은 다시 적정한 투자 기간별로 나눕니다. 즉, 기간에 따라 순서를 정해 인출하는 방법입니다. 이때는 투자 수익과 세금을 고려해 순서를 정해야 합니다. 예를 들어, 은퇴 이후에도 자산을 예금과 펀드와 비과세보험 그리고 부동산에 나눌 수 있습니다.

그렇다면 인출전략을 세울 때의 순서는 예금부터입니다. 기간이 길어져도 자산의 증가 가능성이 매우 낮기 때문입니다. 약 3년 이내 기간에는 예금을 인출하고 이후에는 성과를 내기 위해 3년 이상의 시간이 필요한 펀드입니다. 그리고 5년 이후에는 부동산의 매도나 다른 매물로 전환합니다. 마지막으로 10년이 넘는 장기기간은 보험에서 인출해 사용합니다. 이렇게 시간에 따라 인출하는 것입니다. 다만 이 전략은 복잡하고 변수가 많기 때문에 자신이 없다면 하지 않는 것이 좋습니다. 리스크가 동반되는 동시에 투자자산의 증가도 기대되는 방법입니다.

위에서 소개해드린 일반적인 방법 세 가지 이외에도 다양한 전략이 있습니다. 유산을 자녀에게 남겨 주기 위해 사전증여나 세금을 고려한 전략도 있고 세제혜택에 따라 시기를 조절하는 전략도 있습니다. 천편일률적으로 모두에게 좋은 방법이 있는 것이 아니기 때문에 꼼꼼하게 고민해 신중한 선택을 해야 합니다.

잠깐만요

은퇴설계와 전략, 전문가를 활용하라

해외에서는 이미 많은 은퇴 관련 전문가들이 활동하고 있습니다. 단순히 재정적 문제뿐 아니라 삶과 행복 그리고 건강에 이르기까지 다양한 분야의 전문가가 있습니다. 최근 국내에서도 고령화 시대를 맞아 많은 전문가가 생기고 있으며 각종 기관에서는 관련 전문 교육과 자격증도 생기고 있습니다.

그중 가장 전통적이면서 오래된 곳은 재무설계교육과 자격 관리 및 발행을 주관하고 있는 '한국FP협회'입니다. 종합재무설계사 시험에 세세한 은퇴설계 이론이 포함되며 매년 보수교육과 다양한 정보(포럼, 세미나, 컨퍼런스, 온라인 매거진 등)를 자격보유자에게 제공함으로써 그 명성을 유지하고 있습니다.

일반적으로 온라인에서 은퇴설계 전문가를 찾으면 상품판매를 목적으로 하는 보험설계사가 대부분입니다. 보험설계사 중에서도 전문적인 은퇴설계가 가능한 전문가들도 있지만 대부분은 그렇지 못합니다. 그래서 무료로 상담을 신청했다가 상품 가입 권유가 강압적으로 느껴져 실망하는 경우도 많습니다.

유료 상담의 경우 적게는 5만원에서부터 많게는 50만원까지 다양한 깊이와 형태로 은퇴상담이 이뤄지고 있습니다. 종합재무설계 상담에 은퇴설계를 포함해서 진행하는 경우도 있으며 별도로 은퇴설계 상담만 진행하기도 합니다. 혼자 은퇴설계를 하는 것이 어렵다면 전문가의 도움을 받아 보는 것은 어떨까요?

44

내 성향을 파악하고
포트폴리오 결정하기

금융상품 지식이 중요한 이유

지금까지 앞에서는 노후자금 마련을 위해 목표를 설정하는 방법과 다양한 상품의 특징에 대해 알아봤습니다. 그렇다면 좀 더 구체적으로 나에게 맞는 포트폴리오를 결정해 준비를 시작해야 합니다.

포트폴리오를 구성할 때 중요한 요소는 '내가 얼마만큼 잘 이해하고 있는가?'와 '내가 충분히 관리할 수 있는가?'입니다.

그래서 이번에는 각 상품군에 대한 기초지식은 앞에서 이해했다고 가정합니다. 개인의 성향이나 선호도에 따라 나에게 맞는 포트폴리오를 구성해 상황에 맞게 관리하는 방법을 살펴보겠습니다.

우선 은퇴를 준비한다면, 알아야만 하는 기초지식들을 충분히 이해해야 합니다. 많은 사람이 '금융회사나 전문가들이 알아서 잘해 주겠지.'라는 생각을 합니다. 하지만 금융회사들은 상품 판매에 집중할 뿐입니다. 전문가들은 고객을 충분히 이해하고 한 고객만을 위해 노후자산 관리에 집중하기 어렵습니다. 따라서 고객 스스로가 구체적으로 요구해야 하며 꾸준히 관심을 갖고 살펴봐야 합니다. 중요한 포인트는 고객이 전문가에게 요구할 때는 상품에 대한 이해가 선행돼 있어야만 내가 원하는 점에 대해 정확하고 세세하게 요청할 수 있습니다.

투자성향에 따른 포트폴리오 구성의 중요성

포트폴리오를 구성할 때 중요한 요소 중 하나는 꾸준히 잘 유지하고 관리할 수 있는지의 여부입니다. 심리적인 요소가 가장 큰 이유 중 하나입니다. 변동성이 큰 투자상품일수록 위험군으로 분류되며 변동성이 적을수록 안정상품군으로 분류됩니다.

예를 들어 안정추구형의 사람이 본인의 성향과는 다르게 수익률 변동성이 큰 상품에 투자하면 매일매일이 좌불안석일 것입니다. 투자 상품의 특성상 항상 우상향의 수익률만 있지는 않습니다. 하락하는 경우도 매우 빈번한데 그때마다 상품 해지를 고려한다면 포트폴리오는 유지되기 어려울 것입니다. 아무리 잘 짜인 포트폴리오라도 충분히 빛을 내기 전에 해지한다면 아무런 소용이 없습니다. 이는 고객의 성향에 맞지 않는 포트폴리오를 선택했기 때문에 발생한 것입니다.

이와 반대로 공격투자형의 사람이 변동성이 매우 적고 기대수익률은 매우 낮으며 원금 손실 확률이 적은 포트폴리오를 운용하는 것 또한 궁합이 맞지 않습니다. 이 사람은 전체의 증시가 상승할 경우 그 움직임을 좇아가지 못하는 포트폴리오에 매우 답답해할 것입니다. 결론적으로 최고의 포트폴리오는 수익률이 높은 것이 아니라 나의 성향에 잘 맞는 포트폴리오입니다.

변동성 견디기 레벨 테스트

많은 사람이 스스로의 성향을 추측과 생각만으로 판단합니다. 하지만 스스로의 생각과 실제 성향이 다른 경우가 매우 많습니다. 본인 스스로 충분히 위험에 대한 변동성을 잘 감내할 수 있을것이라 판단했지만 막상 그런 상황이 생기면 견디지 못할 수도 있습니다. 따라서 막연한 판단보다는 전문적으로 구성된 설문을 통해 성향을 파악하는 것은 매우 중요합니다.

증권사에 방문해 투자 상품에 가입하려 할 때도 투자성향을 의무적으로 체크하게 돼 있으며 많은 인터넷 웹사이트에서 설문을 제공하고 있습니다. 이전에 소개했던 국민연금 공식 홈페이지에서 제공하는 설문을 이용해 보세요.

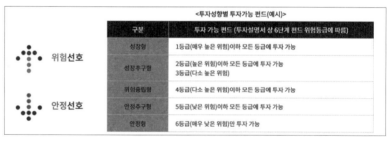

<투자성향별 투자가능 펀드(예시)>

구분	투자 가능 펀드 (투자설명서 상 6단계 펀드 위험등급에 따름)
성장형	1등급(매우 높은 위험)이하 모든 등급에 투자 가능
성장추구형	2등급(높은 위험)이하 모든 등급에 투자 가능 3등급(다소 높은 위험)
위험중립형	4등급(다소 높은 위험)이하 모든 등급에 투자 가능
안정추구형	5등급(낮은 위험)이하 모든 등급에 투자 가능
안정형	6등급(매우 낮은 위험)만 투자 가능

위험선호 / 안정선호

국민연금 공단 투자성향 진단(csa.nps.or.kr/self/invest.do)

나의 투자성향을 체크해 보셨나요? 각 투자성향에 따라 추천되는 상품군들이 달라집니다. 예를 들어 노후준비의 방법으로 펀드를 선택했다면 다음처럼 추천 펀드 유형이 달라질 수 있습니다.

이때 안정형이라 해서 저위험 상품만으로 포트폴리오를 구성해야 하는 것은 아닙니다. 안정형 추구 성향이라면 전체적인 비중에서 저위험 상품을 높게, 고위험 상품을 낮게 구성하면 됩니다. 성향에 따른 상품군 선택도 중요하지만 내가 추구하고 기대하는 수익률에 맞춰 다양하게 구성해 볼 수 있습니다.

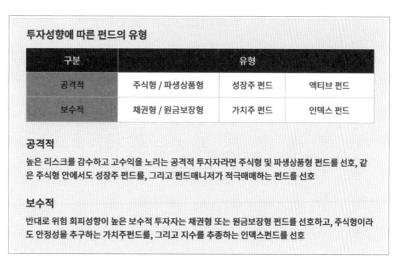

투자성향에 따른 상품군 – 국민연금공단(www.nps.or.kr) 화면

투자성향에 따른 상품군 – 머니클라우드(www.moneycloud.co.kr) 화면

다음은 제가 직접 추천하는 구성 예시입니다. 예를 들어 안정형의 성향을 갖고 있지만 내가 원하는 기대수익률이 일반적인 안정형 포트폴리오의 기대수익률보다 높다면 저위험 상품만으로 구성하는 것이 아니라 중위험과 고위험도 함께 구성하는 것이 좋습니다. 저위험만으로 구성돼 있다면 증시 상황이 좋을 때 상대적인 박탈감을 느낄 수 있고 자산증식의 속도가 너무 더딜 수 있기 때문입니다. 증시는 항상 호황과 불황을 반복하는데, 호황일 때가 수익률을 높여 자산을 증식할 수 있는 좋은 기회입니다. 그런데 이때 그 기회를 완전히 놓쳐버린다면 노후자금을 준비하는데 어려움을 겪을 수도 있습니다.

❖ 투자성향별 상품 위험도 구성

(단위: %)

	고위험	중위험	저위험
보수형	0	20	80
안정형	10	30	60
중립형	30	40	30
적극형	50	30	20
공격형	75	20	5

투자성향 체크하기

먼저 나의 투자성향 체크가 선행돼야 합니다. 다음 설문과 점수 계산을 통해 나의 투자성향을 파악해 봅니다. 여기서 전제는 본인의 성향이 안정형이나 보수형이라 하더라도 투자는 반드시 필요하다는 것입니다. 다만 투자 포트폴리오를 계획할 때 원금 손실 가능성이 높은 상품군의 비율을 낮게 구성하는 것입니다.

(점수의 합계 → 60점 이하: 안정형/60~70점: 중립형/70~80점: 적극형/80점 이상: 공격형)

1. 당신의 투자 스타일은?	점수	
① 가장 유망하다고 판단되는 곳에 집중 투자한다.	10점	☐
② 유망하다고 판단되는 여러 곳에 나눠 투자한다.	8점	☐
③ 수익률은 좀 떨어져도 확실한 곳에 투자한다.	6점	☐
④ 투자는 너무 어렵게 느껴져서 하지 않는다.	4점	☐

2. 당신의 자산 중 몇 %를 투자하려 하십니까?	점수	
① 80% 이상	10점	☐
② 60%	8점	☐
③ 40%	6점	☐
④ 20% 미만	4점	☐

3. 투자 시 고려하는 기간은 얼마나 됩니까?"	점수	
① 5년 이상	10점	☐
② 3년 이상 5년 이하	8점	☐
③ 1년 이상 3년 이하	6점	☐
④ 1년 이하	4점	☐

4. 당신의 투자 경험은?	점수	
① 주식을 포함한 직접투자 비율이 높다.	10점	☐
② ETF를 포함한 (해외)주식형 펀드 비율이 높다.	8점	☐
③ 채권형 펀드나 혼합형 펀드·ELS의 비율이 높다.	6점	☐
④ 주로 원금 보장형 또는 예·적금만 한다.	4점	☐

5. 원금 손실 가능성과 투자수익 가능성은 비례합니다. 선호하는 투자상품의 특징은?　점수

　① 원금손실의 가능성이 높지만 고수익이 기대되는 상품　10점　☐

　② 원금손실의 가능성이 있지만 예·적금보다 높은 수익률이 기대되는 상품　8점　☐

　③ 원금손실의 가능성이 낮지만 예·적금보다 약간 높은 수익률이 기대되는 상품　6점　☐

　④ 원금손실의 가능성은 거의 없고 예·적금 수준의 수익률이 기대되는 상품　4점　☐

6. 선호하는 원금손실 가능성과 기대수익률 궁합은?　점수

　① 원금손실 가능성 50%부터 기대수익률 100%까지　10점　☐

　② 원금손실 가능성 30%부터 기대수익률 50%까지　8점　☐

　③ 원금손실 가능성 15%부터 기대수익률 25%까지　6점　☐

　④ 원금손실 가능성 5% 이하, 기대수익률 5% 이하　4점　☐

7. 투자했던 펀드가 악재로 30% 하락했습니다. 당신의 선택은?　점수

　① 갖고 있는 예·적금(또는 비상금, 여유자금)을 해약해 투자한다.　10점　☐

　② 상황을 지켜보다가 어느 정도 상승하면 예적금(또는 비상금, 여유자금)을 해약　8점　☐
　　해 추가 투자한다.

　③ 다시 회복할 것이라 믿고 그냥 둔다.　6점　☐

　④ 더 하락할 수도 있으므로 해지하고 손실은 그걸로 멈추게 한다.　4점　☐

8. 3년을 계획했던 부동산 투자가 호재로 1년만에 20% 수익이 났습니다. 당신의 선택은?　점수

　① 당장 팔고 그 돈으로 또 다른 투자처를 찾아 빨리 투자하겠다.　10점　☐

　② 당장 팔지 않고 2년 동안 여유 있게 고민하고 싶다.　8점　☐

　③ 팔고 난 후 원금은 은행에 예금하고 이익금으로 다른 투자처를 찾아보겠다.　6점　☐

　④ 이익과 무관하게 3년을 채운 후에 회수하겠다.　4점　☐

9. 세계경제가 불황을 벗어나기 시작했다는 뉴스가 나옵니다. 당신의 선택은?　점수

　① 전문가들의 의견을 듣지 않고 스스로 투자 결정을 하겠다.　10점　☐

　② 전문가들의 의견을 참고해 투자 결정을 하겠다.　8점　☐

　③ 소액의 여유 자금으로 전문가의 의견을 듣고 고민해 보겠다.　6점　☐

　④ 나와는 상관없는 일이므로 신경 쓰지 않겠다.　4점　☐

10. 펀드 투자의 관점에서 세계 경제를 바라볼 때 당신의 생각은?　점수

　① 시간이 지나면 현재보다 경제는 성장하며 주식시장도 상승할 것이다.　10점　☐

　② 현재와 크게 다르지 않을 것이다.　8점　☐

　③ 경제와 주식시장 모두 부정적이다.　6점　☐

　④ 잘 모르겠다(또는 관심없다).　4점　☐

체크 결과가 중립형으로 나왔을 경우를 예로 들어 보겠습니다. 다음 표에 따르면 중립형 성향의 경우 '고위험 30%/중위험 40%/저위험 30%'를 제시하고 있습니다. 하지만 수익률이 중요하고 위험과 변동성을 충분히 인지하고 있으므로 좀 더 적극적으로 투자하기를 원합니다. 그렇다면 저위험에서 10%를 줄이고 고위험에서 10%를 늘려 줍니다. 즉, '고위험 40%/중위험 40%/저위험 20%'로 구성하는 것입니다. 그리고 그에 따른 상품군을 살펴봅니다.

만약 1,000만원을 투자할 예정이라면 비율에 맞게 나눈 후 현재 경제 상황이나 내가 투자하고 싶은 상품을 골라 포트폴리오를 구성하면 됩니다. 이때 세부적인 상품 선정이 어렵다면 미리 준비해 둔 포트폴리오를 기반으로 금융기관에 방문해 상담을 받거나 전문가에게 자문을 받는 것도 좋은 방법입니다. 상품 판매수수료가 발생하는 곳은 별도의 상담 비용이 없지만 상담이나 포트폴리오 자문을 전문으로 하는 전문가에게 상담을 받을 때는 상담 비용이 발생할 수도 있습니다.

❖ 위험성에 따른 추천 투자전략

고위험	중위험	저위험
인덱스펀드, EFE	ELS	채권형 펀드
주식혼합형 펀드	원금보존 추구형 펀드	국공채
대형가치주 펀드	채권혼합형 펀드	연금보험, 저축성 보험
주식형 변액보험	혼합형 변액보험	CMA
고성장추구형 펀드	하이일드펀드	회사채
성장형 펀드		정기예금

45

노후자금은
달타냥과 삼총사처럼

투자 포트폴리오 구성 방법

지금까지 노후준비를 위해 이용할 수 있는 다양한 투자 방법에 대해 알아봤습니다. 마치 공식처럼 모든 이에게 적용되는 투자 방식은 불가능합니다. 각자의 성향과 추구하는 바가 다르기 때문입니다. 또한 좋아 보이는 특정 상품군을 선택해 집중하는 것도 추천하지 않습니다. 노후준비는 장기간에 걸쳐 준비하고 소득이 없거나 적은 시기에 인출하기 때문입니다. 이 기간 동안 우리가 예상할 수 없는 많은 변수가 발생합니다.

현재 시점에 완벽하게 준비해 미래를 대비할 수는 없기 때문에 여러 상품 중 나에게 맞는 방법을 취사선택해 포트폴리오를 구성해야 합니다. 또한 필요 노후자금 계산을 통한 저축 계획에 따라 이미 확보된 자금과 앞으로 쌓아가야 할 자금들에 대해서도 각각의 상품 선택을 해야 합니다. 그중 나에게 가장 적합하다고 생각되는 메인 상품군을 정하고 두 세 가지의 보조적인 방법으로 보완하시면 됩니다.

달타냥은 절대 완벽하지 않습니다. 삼총사가 돼야 좀 더 강력한 힘을 발휘하는 것입니다. 국가에서 제공하는 노후보장제도들을 바탕으로 종신 수령 기능을 탑재한 연금상품군과 수익률에 강점이 있는 투자상품군을 동시에 준비함으로써 서로의 단점을 상쇄 보완할 수 있는 노후 포트폴리오를 구성하시기 바랍니다.

나만의 종합 투자 포트폴리오 만들어 보기

앞에서 달타냥과 삼총사를 노후준비를 위한 포트폴리오에 비유했습니다. 여기서 달타냥은 가장 기초인 국민연금에 해당합니다. 삼총사의 형태는 다양하게 구성할 수 있습니다. 개인연금, 부동산, 증권자산처럼 균형을 위해 서로 다른 형태의 상품군을 선택했지만 개인의 선호도에 따라 오피스텔, 아파트, 빌라나 변액연금(펀드연금), 리츠 , 주식형 펀드와 같이 한 가지 상품군으로만 구성할 수도 있습니다.

상품이나 투자 방법의 장단점은 앞에서 설명했기 때문에 생략하겠습니다. 다만 이해를 돕기 위해 다양한 예시를 보여드릴 테니 독자들도 한번 스스로 만들어 보시기 바랍니다.

주택마련과 노후준비를 하려는 30대 맞벌이 신혼부부

부부 모두 국민연금과 퇴직연금에 가입돼 있습니다. 아직은 젊기 때문에 적극적인 투자성향을 갖고 있는 이들 부부는 주로 공격적인 투자를 합니다. 추후 아이가 생기면 일시적인 외벌이가 돼야 하고 미래의 소득 규모를 예측하기 어렵기 때문에 차라리 위험을 감수하고라도 수익률을 우선으로 한 포트폴리오를 계획합니다.

퇴직연금은 원리금 보장이 아닌 펀드로 선택했으며, 앞으로 오랜 기간 유망하리라 예상되는 4차산업에 투자되는 펀드로 선택합니다. 개인연금이 필요하다고 판단해 오랜 기간 투자를 지속할 수 있는 변액연금보험에 가입했고, 리스크는 크지만 연금 수령까지 많은 시간이 남았기 때문에 신흥국 펀드를 선택합니다. 신흥국 펀드는 변동성이 매우 크기 때문에 하락을 많이 해도 시간이 지나면 반대로 상승도 한다고 판단하기 때문입니다.

2년 후에는 현재 살고 있는 집의 보증금에 돈을 보태 빌라를 구매할 계획입니다. 따라서 2년 후에 어떠한 손실도 발생하지 않아야 하기 때문에 적금을 선택해 매월 저축을 합니다. 당장 부동산으로 월세를 받으려면 큰돈이 있어야 합니다. 그래서 적은 돈으로도 투자해 월세를 받을 수 있는 배당 ETF를 선택해 매월 저축하기로 합니다. 시간이 흘러 규모가 커진 배당 ETF에서 발생하는 배당이 기대됩니다.

달타냥	삼	총	사
국민연금 + 퇴직연금 – 4차산업 펀드	변액연금 가입 – 신흥국 펀드	내집마련(부동산 연금) 목적 – 적금	금융 빌딩 월세 – 배당 ETF

투자 경험이 있으며 자녀가 있는 40대 외벌이 부부

현재 외벌이 중이기 때문에 저축 가능한 금액 중 일부를 아내의 국민연금을 납부합니다. 매년 환급보다 추징이 많아 소득공제와 노후준비가 동시에 가능한 연금저축 상품에 가입했으며 미국 나스닥 시장에 투자되는 펀드와 부동산에 투자되는 리츠에 나눠 투자합니다.

현재 거주 중인 아파트를 매수할 때 담보대출을 받았기 때문에 매월 대출금을 상환하며 아직까지 투자 목적의 부동산을 추가로 매수하기에는 자금력이 부족한 상태입니다. 그래서 일단 대출금을 성실히 상환하고 금융 투자자산이 커지면 일정 부분을 할애해 추가로 부동산 투자도 해 볼 계획입니다.

그동안 공부도 했고 조금씩 경험이 쌓여 본격적으로 주식투자를 시작했습니다. 주식시장은 변동성이 크므로 만일의 경우를 대비해 일부는 금에 투자합니다. 아파트를 매수하느라 목돈을 다 써버렸기 때문에 매월 적립식으로 투자합니다.

달타냥	삼	총	사
국민연금	소득공제용 연금저축 – 미국 펀드 + 리츠	아파트 담보대출 상환(주택 연금)	금융투자 주식 + 금 펀드

은퇴가 얼마 남지 않은 50대 부부

수익률이 높을 가능성이 있는 공격적인 투자보다는 위험은 적고 현금흐름이 발생하는 투자를 하고 싶습니다. 혹시라도 손실이 생기면 회복할 수 있는 시간적 여유가 없기 때문입니다. 매월 연금을 받아 생활하는 데 중점을 두고 싶어 아내 명의로 국민연금에 매월 납입하기로 하고 현재 은행에 가입돼 있는 예금을 해지해 일시납 연금보험에 가입하기로 합니다.

펀드로 운용되는 변액연금보험은 손실 가능성이 있어서 꺼려지고 매월 적립식으로 가입하는 상품들은 남편이 언제 퇴직할지 몰라 일시납 연금보험상품에 가입합니다. 당장이라도 퇴직하게 되면 매월 생활비가 필요하기 때문에 월세를 받을 수 있는 부동산에 투자하기로 합니다.

이제 성인이 된 자녀들은 출가했습니다. 지금의 큰 평수 아파트를 팔고 작은 아파트로 옮긴 후에 생긴 돈으로 오피스텔부터 투자해 볼 생각입니다. 당장 투자를 시작해야 하는 것은 아니기 때문에 지금부터 발품을 팔아 좋은 매물을 찾아보고 공부하기로 합니다.

오피스텔이나 연금보험은 매월 현금이 생기는 것은 좋지만 갑작스럽게 목돈이 필요한 상황에서는 유용하지 못합니다. 그래서 만일을 대비해 언제든 돈을 찾아 쓸 수 있는 투자처인 펀드를 선택해 지금부터 매월 저축하기로 합니다. 가입 기간 중에는 연금이나 월세처럼 정기적으로 펀드에서 인출금이 통장으로 들어오기 때문에 생활비로도 활용할 수 있습니다.

언제 갑자기 은퇴할지도 모르고 수익성보다 현금흐름에 중점을 둬 선택했고 퇴직 때 받게 되는 목돈인 퇴직금으로는 월지급식 펀드에 추가로 투자할 예정입니다.

달타냥	삼	총	사
국민연금	일시납 연금보험	오피스텔	월지급식 펀드

지금까지의 예시는 현실에서 흔히 있는 이야기입니다. 이 사례들을 참고해 다양한 투자 방법과 상품을 조합해 여러분만의 달타냥과 삼총사를 만들어 보시기 바랍니다.

46

혼자가 어렵다면
투자자문사를 활용하라

투자자문사의 자문서비스는 무엇인가?

투자자산에 대한 관리를 스스로 잘하는 분들도 있습니다. 하지만 반대로 어떤 상품을 선택할지, 경제상황이 변할 때마다 포트폴리오 변화를 어떻게 해야 할지 막막해하시는 분이 많습니다. 이럴 때는 투자자문사의 자문서비스를 이용하는 것을 추천합니다.

투자자문사마다 다르지만 고객에게 제공할 수 있는 서비스의 범위는 매우 넓습니다. 흔히 투자자문사라고 하면 '돈을 맡기면 펀드매니저처럼 주식을 매매하며 영화같은 결과를 내 주는 곳'으로 오해합니다. 그래서 돈이 많은 부자에게만 어울린다고 생각하는 사람들도 많습니다. 그러나 실제로는 그렇지 않습니다.

투자자문사의 역할은 고객의 금융자산에 대한 자문과 관리 서비스를 제공하며 금융사(은행, 증권사)와는 별개의 기관입니다. 말 그대로 고객의 자산에 대해 의견을 제공하는 자문서비스이기 때문에 직접 상품을 판매하지도 않으며 고객의 자산을 위탁받아 매매하거나 운영하지도 않습니다. 예를 들어 현재 고객의 여건과 상황에 맞춰 시중에 있는 금융상품을 추천합니다. 고객이 거래하는 금융회사의 상품군에 맞춰 포트폴리오를 제공하기도 합니다. 하지만 직접 판매나 매매는 하지 않습니다. 고객 중심의 가이드 서비스일 뿐, 관리로 발생하는 수익(인센티브 수수료)을 요구하지도 않습니다. 서로 사전에 합의된 자문보수만을 받고 모든 서비스는 제도권 내에서만 이뤄집니다.

제공하는 서비스의 범위에는 우리가 일반적으로 알고 있는 금융회사에서 판매되는 금융상품, 퇴직연금 같은 노후자금들 그리고 거래소를 통해 거래하는 ETF나 채권 , 사모펀드 등이 있습니다. 자문형 랩이나 사모펀드를 자산운용사와 함께 상품화해 출시하기도 합니다.

자문서비스 이용 방법

자문사의 자문서비스를 이용하기 위해서는 증권사의 계좌가 필요합니다. 서비스의 세세한 진행 방식은 각 증권사마다 다르지만 여기서는 삼성증권을 예로 들어 소개하겠습니다. 먼저 증권사의 애플리케이션을 다운로드합니다. 여기서 자문사연계계좌개설을 클릭해 계좌를 개설합니다. 계좌를 개설하기 위해서는 신분증과 OTP 그리고 인증을 위한 타 금융기관의 계좌가 필요합니다.

계좌개설 완료 후 로그인을 한 후 [자문사서비스]를 클릭하면 관련 서비스에 대한 안내가 나오면서 선택 가능한 자문사들을 볼 수 있습니다. 각 자문사의 소개와 서비스 내역에 대해 살펴볼 수 있습니다. 자문사에 따라 온라인으로만 진행되는 곳이 있고 전화나 오프라인 미팅을 통해 상세한 상담 진행 후 개인에 맞는 맞춤별 포트폴리오를 제공받을 수 있는 곳도 있습니다.

평균적으로 자문을 의뢰한 자산의 연 1%를 12로 나눠 매월 12분의 1%를 수수료로 지불하게 됩니다. 자문사에서는 경제 상황에 따른 포

삼성증권 자문사서비스 화면

트폴리오 관리 이외에도 판매보수가 저렴한 상품들을 찾아 안내해 주기도 합니다. 같은 상품이라 하더라도 각 판매사(금융회사)마다 판매보수가 다르기 때문입니다. 즉, 공장에서 만들어지는 같은 TV의 가격이 판매점마다 다른 것과 동일한 원리입니다.

판매사(증권, 은행, 보험)의 상담사는 상품 판매를 중심으로 판매수수료를 지급받습니다. 그러나 자문사는 판매보수를 받는 것이 아니라 자문수수료를 받기 때문에 저렴한 판매보수로 고객들의 상품 구성을 안내할 수 있습니다. 이것이 가능한 이유는 조금이라도 판매보수가 저렴한 상품을 안내해야 판매수수료가 줄어들어 자문계좌의 적립금이 커지기 때문입니다. 자문계약을 맺은 적립금(고객의 자산)이 커질수록 자문보수를 더욱 많이 받을 수 있습니다. 보수가 저렴한 상품을 찾아 포트폴리오를 구성하는 것이 고객과 자문사의 윈-윈전략인 셈입니다.

개인에 따라 판매사의 상담사와 자문사의 상담사에 대한 선호도가 다릅니다. 자문서비스는 시행한 지 오래되지 않아 업체에 대한 정보나 검증이 충분하지 않을 수 있으므로 온라인보다는 오프라인에서 직접 상담을 받은 후 결정하는 것을 추천합니다. 또한 금융위원회에 등록된 정식 자문사인지도 확인해 보시기 바랍니다.

— 11 장 —

은퇴준비자들의
실제 포트폴리오 구성 사례

47

27세 미혼 남성의
저축·투자와 노후준비

현재 중소기업에 다니고 있는 미혼 남성입니다. 5년 후를 바라보고 재무 설계를 하려고 합니다. 현재 적당한 저축 방법이 없어서 입출금 통장에 돈을 모으고 있습니다. 노후준비 목표는 현재의 화폐가치를 기준으로 60세부터 매월 200만원으로 정했습니다(미혼이기 때문에). 이 중 40%를 직접 준비하고 나머지 60%는 배우자와 공적연금으로 해결하려 합니다.

① **분석**

■ 가족 현황 ― 미혼 남성 27세 직장인

■ 월소득 ― 세후 210만원

■ 현재 보유 자산 ― 1,000만원

■ 투자성향 ― 위험 중립형으로 중위험 포트폴리오가 적합

■ 매월 생활비 합계 ― 105만원은 상담 전후 변동 없음

■ 매월 저축 가능 금액 ― 105만원

■ 재무 목표 ― 5년 후 주택 자금 6,000만원, 7년 후 자동차 구입 2,500만원, 결혼 자금 2,000만원, 10년 후 주택 구입 1억원(나머지 대출), 60세 노후준비 목표(현재 기준 월 200만원) 중 83만원

■ 우선순위 — **주택마련과 결혼 자금 마련**

② 재무 목표 시뮬레이션 결과(주식형 펀드 8%/혼합형 펀드 6%/주식형 ETF 10%/리츠 및 배당 ETF 6%)

- 5년 후 자산 7,120만원(펀드 자산) 달성 후 주택 자금 6,000만원 사용
- 7년 후 자산 4,050만원(펀드 자산) 달성 후 자동차 2,500만원/결혼 자금 2,000만원 사용(주택 자금 6,000만원 미반영)
- 10년 후 자산 4,840만원(펀드 자산 3,540만원 + 청약통장 1,300만원) 달성 후 주택 구입에 1억원 사용(주택 자금 6,000만원 포함) + 주택담보대출 발생

③ 은퇴 목표 시뮬레이션(변액연금 6%, 물가상승률 1.3% 가정)

- 27세: 25만원 변액연금 10년 납입
- 32세: 10만원 변액연금 20년 납입
- 34세: 30만원 변액연금 10년 납입 + 연금저축 20년 납입
- 37세: 50만원 변액연금 10년 납입
- 42세: 40만원 변액연금 10년 납입

▶ **상담 전**

현금흐름				비중	
–	–	–	–	장기	–
–	–	–	–	중기	–
–	–	–	–	단기	–
합계			**–**	**합**	**0**

자산					
단기	입출금 통장	은행		10,000,000	이동
합계				**10,000,000**	

비중	
장기	–
중기	–
단기	100.00
합	**100.00**

▶ 상담 후

현금흐름		
장기	주택청약	100,000
장기	변액연금	250,000
중기	주식형 펀드	350,000
중기	혼합형 펀드	300,000
합계		1,000,000

비중	
장기	35.00
중기	65.00
단기	–
합	100.00

자산					
중기	주식형 ETF	증권	4차산업	4,000,000	신규
중기	리츠	증권	부동산	3,000,000	신규
중기	배당형 ETF	증권	배당성장	3,000,000	신규
합계				10,000,000	

비중	
장기	–
중기	100.00
단기	–
합	100.00

④ 정리 및 현재 진행 상황

- 투자성향 결과는 위험 중립형이었지만 희망하는 재무 목표와 저축 가능 금액, 기간을 계산해 보니 목표 달성 금액이 부족해 투자를 공격적으로 하기를 희망함.

- 현재 결혼이나 주택마련이 시급하지 않기 때문에 5년이라는 시간을 갖고 투자 포트폴리오를 구성해 계획을 실행하기로 함(현재 연평균 수익 10% 진행 중).

- 목표를 달성하기 위해 소비를 적극적으로 늘리지 않고 매년 연봉 상승이나 진급 시 추가로 생기는 소득을 모두 저축을 하겠다는 심리적 목표를 세움.

- 은퇴 후 희망하는 은퇴생활을 위해 필요한 자금을 계산한 결과, 현재 25만원의 연금 가입은 불가능하기 때문에 저축 금액을 단계적으로 늘리고 42세의 증액까지 실행하면 원하는 노후자금의 40%를 직접 준비한다는 재무 목표(현가 매월 83만원 연금)를 달성할 수 있음.

⑤ **포인트**

- 현재 직장이 있는 지역은 공공주택 정책이 계속 확대되고 있으므로 청약통장을 적극적으로 활용할 것을 추천하며 앞으로 발생할 추가 소득을 적극적으로 저축하기를 바람.

- 젊은 연령이라는 장점을 살려 보수적인 투자보다는 적극적인 투자를 권장함.

48

34세 외벌이 공무원
신혼부부

결혼한 지 얼마 안 된 신혼부부입니다. 저는 현재 공무원으로 외벌이 중이고 아내는 1년 후 출산을 목표로 현재 휴직 중입니다. 성실하고 꼼꼼한 성격한 성격이라 현재의 자리에 안주하지 않고 더 나은 미래를 위해 노력하고 있습니다. 소득을 늘리기 위해 시험 준비를 하고 있고 경제 지식도 풍부합니다. 현재 보유 자산도 많고 아내도 향후 사업을 시작해 소득이 늘어날 예정이지만 50대 이후의 삶에 대한 불안감이 큽니다. 특히, 현재 지역에서 주택을 구입하기 위해 장기 대출을 받으면 50대 이후에 대출을 모두 갚은 집만 자산으로 남게 될까봐 걱정됩니다. 공무원은 정년이 보장되지만 남들보다 빠른 퇴직을 해 즐거운 은퇴생활을 하기를 원하고 연금 이외에 자산에서도 소득이 발생했으면 합니다.

① **분석**

■ 가족 현황 — **신혼부부, 34세 공무원 남편과 31세 아내**

■ 월소득 — **세후 400만원**

■ 현재 보유 자산 — **2억 5,860만원(임대보증금 1억, 금융자산 1억 5,500만원), 신용대출 1,000
  만원**

■ 투자성향 — **적극 투자형이며 경제에 대한 이해도가 높음.**

■ 매월 생활비 합계 — **225만원(신용대출 1,000만원을 즉시 상환해 대출 상환금이 10만원 줄었**

고, 그 돈으로 보장보험을 보완함)

- 매월 저축 가능 금액 ― 175만원
- 재무 목표 ― 1년 후 출산 및 기타 3,000만원, 3년 후 주택 확장(또는 구입) 3억원, 7년 후 차량 구입 4,000만원, 10년 후 현금성 투자 자산, 65세 은퇴 준비 목표(현재 기준 월 313만원) 중 94만원
- 우선순위 ― 주택 구입과 투자자산 확보

② 재무 목표 시뮬레이션 결과(혼합형 펀드 6%/ETF 8%/변액보험 5% 가정)

- 펀드 자산으로 즉시 신용대출 1,000만원 상환
- 1년 후 자산 2억 4,300만원(임대보증금 1억원 포함) 달성 후 출산 및 기타 3,000만원 사용
- 3년 후 자산 2억 6,600만원(임대보증금 1억원 포함) 주택 자금 2억원 사용, 부족 자금 대출 실행
- 7년 후 자산 9,700만원 달성 후 차량 구입 4,000만원 사용
- 10년 후 자산 7,700만원 투자자산 확보

③ 은퇴 목표 시뮬레이션(연금저축 8%, 물가상승률 1.3% 가정)

- 34세: 10만원 연금저축 30년 납입
- 42세: 10만원 연금저축 20년 납입
- 43세: 120만원 적립식 펀드 20년 납입

▶ 상담 전

현금흐름		
장기	공제회	600,000
장기	변액보험	300,000
장기	청약저축	30,000
중기	주식형 펀드	550,000
중기	혼합형 펀드	100,000
합계		1,580,000

비중	
장기	58.86
중기	41.14
단기	―
합	100.00

자산					
장기	공제회	공무원공제		94,000,000	유지
장기	변액보험	보험		21,000,000	유지
장기	청약저축	은행		4,000,000	유지
중기	거치식 펀드	은행	국내주식	30,000,000	변경
중기	거치식 펀드	은행	국내채권	10,000,000	해지
합계				159,000,000	

비중	
장기	74.84
중기	25.16
단기	–
합	100.00

▶ 상담 후

현금흐름		
장기	공제회	600,000
장기	변액보험	300,000
장기	청약저축	100,000
장기	연금저축	100,000
중기	주식형 펀드	550,000
중기	채권형 펀드	100,000
합계		1,750,000

비중	
장기	62.86
중기	37.14
단기	–
합	100.00

자산					
장기	공제회	공무원공제		94,000,000	유지
장기	변액보험	보험		21,000,000	유지
장기	청약저축	은행		4,000,000	변경
단기	거치식 펀드	증권	글로벌배당	20,000,000	신규
단기	거치식 펀드	증권	미국 ETF	10,000,000	신규
합계				149,000,000	

비중	
장기	79.87
중기	–
단기	20.13
합	100.00

④ 정리 및 현재 진행 상황

- 여러 분야에 걸친 재테크 지식이 풍부했고 경제 공부를 계속 하고 있는 중이므로 적극적이고 공격적인 투자를 희망함.
- 전체 포트폴리오의 성격을 혼합 및 배당투자를 70% , 공격적인 주식형 투자를 30%로 배분함.
- 공무원이라는 직업의 특성 때문에 공제를 통해 은퇴 준비의 40% 이상을 해결하고 나머지는 개인 투자자산으로 노후준비를 희망했음.
- 연봉을 고려해 세액공제와 노후준비를 동시에 하는 연금저축을 시작하고 그 외 저축 가능 금액은 공제 불입금이며, 이외에는 펀드 자산으로 운용하기로 함.
- 주택 구입 이후 모인 종잣돈을 통해 부동산에 투자하거나 월지급식 펀드, 배당 펀드 등을 통해 매월 현금흐름이 발생하는 투자를 하기로 계획함.
- 출산 이후 자녀가 유치원에 다닐 시점부터 맞벌이를 할 예정이고 늘어난 소득은 주택담보대출 상환을 우선으로 하고 본인의 늘어난 소득은 종잣돈을 모으기 위해 저축할 예정임.

⑤ 포인트

- 노후자산 포트폴리오 중 연금 자산은 공무원 공제로 하고 나머지는 적극적인 자산운용으로 투자자산을 늘리는 것을 목표로 함.
- 투자를 위해 앞으로도 활발한 정보 수집 활동을 하기로 함.
- 지출 내역 집계 결과 미파악(무계획) 지출이 17만원으로 확인돼 이후 저축 금액에 포함시키기로 함.

매달 적자가 시작된
30대 부부와 유치원생 자녀

유치원생 자녀가 있는 30대 부부입니다. 통장에 잠들어 있는 목돈을 효율적으로 관리해 자산도 늘리고 은퇴 대비도 함께 하고 싶습니다. 노후준비를 일찍 시작하고 싶다고 결심하게 된 계기는 남편의 부모님 때문이었습니다. 현재 은퇴를 앞두고 노후준비가 전혀 되지 않은 부모님은 방법을 찾지 못해 어쩔 수 없이 자녀에게 경제적으로 의지해야만 했습니다. 하지만 아내의 부모님은 달랐습니다. 미리 일찍부터 준비하신 덕분에 전혀 걱정 없는 노후를 맞이했고 개인연금까지 수령하고 계셔서 전혀 걱정이 없었던 겁니다. 자녀들의 손을 벌리기는커녕 손주의 용돈을 포함해, 자녀들의 생활에 역으로 도움을 주고 계십니다.

① **분석**

- 가족 현황 — **평범한 33살 직장인 남편과 32살 아내 그리고 유치원생 자녀**

- 월소득 — **세후 300만원**

- 현재 보유 자산 — **3억 6,300만원(아파트 3억 2천/금융자산 4,300만원)**

- 투자성향 — **남편은 위험 중립형 , 아내는 안정 투자형**

- 매월 생활비 합계 — **360만원(부모님 생활비 포함)**

- 매월 저축 가능 금액 — **금액 없음**

■ 재무 목표 — 3년 뒤 종잣돈 4,000만원

　　　　　　　6년 뒤 사업자금 5,000만원

　　　　　　　15년 뒤 자녀교육자금 4,200만원

　　　　　　　70세 노후준비 목표 (현재 기준 월 300만원) 중 120만원

■ 우선순위 — 우선순위: 종잣돈(투자금) 마련

② 재무 목표 시뮬레이션 결과(혼합형 펀드 8%/ETF 6%/예·적금 1.8% 가정)

- 3년 뒤 자산 4,700만원(주택자산 제외) 달성 후 종잣돈 4,000만원 투자

- 6년 뒤 자산 5,000만원(주택, 투자자산 제외) 사업자금 5,000만원 사용

- 15년 뒤 자산 1억 1,500만원(주택, 투자, 사업자금 제외) 달성 후 자녀교육 자금 4,200

  만원 사용

③ 은퇴 목표 시뮬레이션(연금저축 8%, 물가상승률 1.3% 가정)

- 33세 : 10만원 연금저축 20년 납입

- 36세 : 20만원 연금저축 20년 납입

- 39세 : 70만원 변액연금 10년 납입

- 48세 : 99만원 변액연금 20년 납입

▶ 상담 전

현금흐름		
장기	청약저축	80,000
단기	변액보험	200,000
–	–	–
합계		280,000

비중	
장기	28.57
중기	71.43
단기	–
합	100.00

자산					
장기	청약저축	은행		3,000,000	유지
단기	입·출금 통장	은행		40,000,000	이동
합계				43,000,000	

비중	
장기	6.98
중기	–
단기	93.02
합	100.00

▶ 상담 후

현금흐름			비중	
장기	연금저축	100,000	장기	14.29
중기	주식형 펀드	200,000	중기	57.14
중기	혼합형 펀드	200,000	단기	28.57
단기	정기적금	200,000	합	100.00
합계		700,000		

자산					
장기	청약저축	은행		3,000,000	
중기	ETF	증권	4차산업(나스닥)	20,000,000	
중기	ETF	증권	리츠 + 배당	10,000,000	
중기	ETF	증권	금 + 채권	10,000,000	
합계				149,000,000	

비중	
장기	6.98
중기	93.02
단기	–
합	100.00

④ 정리 및 현재 진행 상황

- 이들 부부는 70세 은퇴하고자 현재의 직장이 아닌 사업화할수 있는 일을 준비하겠다고 함.
- 6년 후 사업을 위해 자금도 모으고 싶어함.
- 독특한 점으로는 남편의 부모는 생활비가 해결되지 않은 상황에서 돈을 끌어모아 아들 결혼에 아파트를 사줬고, 그래서 이들 부부는 부모님의 생활비를 계속 드리고 있었던 것.

- 현재의 재정 현황으로 계속된 적자는 피할수 없었고 부모님의 생활비 역시 챙겨드려야 했기 때문에 아내도 맞벌이로 취직하기로 결정.
- 부부 모두 적자인 재정현황을 개선하고 저축을 시작할 의지가 강했으며 투자도 적극적으로 시작하고 싶어함.
- 3년 후 모인 종잣돈으로 새로운 현금흐름이 발생하면 재정상황은 더욱 개선될 예정.

⑤ 포인트

- 현재의 소득과 맞지 않는 지출이 문제였고 부모님 생활비라는 어쩔 수 없는 문제가 포함돼 있었던 점.
- 개선을 위해 아내의 취직을 선택했고 향후 계속된 점검과 현금흐름(월소득과 사업 등)이 바뀔 때마다 주기적으로 재무설계를 다시해 목표 갱신 및 현황 점검을 계속하기로 함.

50

45세 공기업 남편과
41세 간호사 아내, 두 자녀

현재 맞벌이 부부이고 월소득도 많으며 대출 없는 아파트도 소유하고 있습니다. 과연 현재 상태로 계속 지내게 될 경우 자녀들의 학자금과 결혼자금 그리고 노후준비까지 할 수 있을지 의문이 생깁니다. 주 거래 은행을 통해 여러 상품을 조금씩 가입했지만 어떤 의도가 있어 가입한 것이 아니라 은행 창구 직원의 권유로 무작정 가입했습니다. 점점 가입한 상품들은 늘어가는데 잘 가입한 것인지, 우리 부부에게 적합한 것인지, 앞으로 어떻게 체계적으로 관리해 나가야 할지 막막합니다. 또한 충분히 상환이 가능한데도 저축 상품을 많이 갖고 있으면 좋을 것이라는 막연한 기대감 때문에 대출 2,000만원도 남겨 놓고 있습니다. 15년 후의 은퇴를 희망하며, 희망 은퇴생활비인 부부 기준 현재가 매월 243만원의 40%인 97만원만 개인연금으로 준비하고자 합니다.

① **분석**

■ 가족 현황 ─ 45세 공기업 남편, 41세 간호사 아내, 초등생 자녀 둘

■ 월소득 ─ 세후 820만원

■ 현재 보유 자산 ─ 4억 9,000만원(거주 아파트 4억원, 금융자산 9,000만원), 대출 2,000만원

■ 투자성향 ─ 남편 안정 투자형, 아내 공격 투자형

■ 매월 생활비 합계 ─ 420만원

- 매월 저축 가능 금액 — 400만원

- 재무 목표 — 2년 후 자동차 구입 4,000만원, 8년 후 자녀 학자금 1억원, 10년 후 자녀 결혼 자금 1억원, 60세 노후준비 목표(현재 기준 월 243만원) 중 40%인 97만원

- 우선순위 — 자녀 학자금, 자녀 결혼 자금, 노후자금

▶ 상담 전

현금흐름		
장기	장기주택마련저축	300,000
장기	연금저축	350,000
장기	청약저축	400,000
장기	저축보험	100,000
합계		1,150,000

비중	
장기	100.00
중기	–
단기	–
합	100.00

자산					
장기	장기주택마련저축	은행		18,900,000	해지
장기	연금저축펀드	은행		40,000,000	변경
장기	청약저축	은행		3,200,000	유지
장기	저축보험	은행		10,000,000	유지
중기	주식투자	증권		16,600,000	유지
합계				88,700,000	

비중	
장기	81.29
중기	18.71
단기	–
합	100.00

▶ 상담 후

현금흐름		
장기	저축보험	100,000
장기	연금저축	350,000
장기	변액연금	700,000
단기	정기적금	300,000
중기	적립식펀드	1,400,000
합계		2,850,000

비중	
장기	40.35
중기	49.12
단기	10.53
합	100.00

자산					
장기	저축보험	은행		10,000,000	유지
장기	연금저축펀드	은행		40,000,000	변경
장기	청약저축	은행		3,200,000	유지
합계				**53,200,000**	

비중	
장기	100.00
중기	–
단기	–
합	**100.00**

② 정리 및 현재 진행 상황

- 만기가 지난 장기주택마련저축은 은행 창구 직원의 권유에 잘 따져보지도 않고 방치해 두고 있었음. 그냥 보유만 하고 있어도 좋은 혜택과 높은 이자를 받을 수 있을 거라는 막연함 때문임. 이 상품의 환급금과 남편의 주식투자 자금 일부로 대출금 2,000만원을 정리했음.

- 중구난방으로 가입돼 있는 연금저축펀드를 해지하지 않고 펀드를 정리한 후 재투자하기로 했음. 이 부분에 대해 은행에서 지속된 펀드관리와 포트폴리오 변경 서비스를 기대했지만 별다른 연락을 받지 못했기 때문에 포트폴리오 자문 서비스를 지속적으로 받았음.

- 주식투자자금은 처음부터 잃어도 좋다는 마음으로 투자한 것이기 때문에 현상태 그대로 유지하기를 희망했음.

- 앞으로 주택 분양 계획이 없지만 많이 납입하면 좋을 것이라는 기대감으로 납입하던 청약저축은 불입을 중지하고 그만큼 적립식 펀드를 하기로 했음.

③ 포인트

- 지출관리만 정상적으로 해도 모든 재무계획을 달성할 수 있지만 가장 큰 문제는 파악되지 않은 지출이었음.

- 상담 시 집계된 모든 지출 내역은 420만원이었지만 실제로 매월 현금이 부족해 카드나 마이너스 통장을 이용하는 상황이었음. 전부 카드로 인한 지출이 아니라 현금

성 지출이었다는 점이 특이점.

- 카드를 사용하지 않는다고 자부하고 있었지만 실제로 기분에 따라 현금을 마구 사용해 파악되지 않은 금액이 300만원 정도였음. 이 금액만 저축해도 원하는 재무 목표 달성이 가능함.

- 시뮬레이션상 달성이 가능하지만, 지출을 잘 관리하지 못하면 아무런 소용이 없었기 때문에 지출 관리에 대한 당부가 최우선이었음.

- 추후 확인 결과 네 가족이 일주일에 4일 이상을 외식으로 해결했고 남편은 여러 취미활동을 통해 많은 돈을 썼으며, 아내 역시 과도한 쇼핑을 반복함.

- 확인된 내역과 확인되지 않은 내역을 포함해 남편의 용돈은 200만원이 넘었음. 계획의 실행보다 지출 통제에 익숙해지는 것이 최우선 과제임.

51

46세 동갑내기 맞벌이 부부와 초등학생, 중학생 자녀

💬 서울에서 결혼해 열심히 직장생활을 했던 부부입니다. 집값이 치솟고 직장 동료와 주변 지인들이 아파트를 구입하자 이들도 대출을 활용해 아파트를 매수했습니다. 그때가 마침 둘째가 태어난 지 얼마 안 됐던 시기라 이제는 내집이 필요하다 생각했고 좀 더 넓은 집이 필요하다고 판단했습니다. 맞벌이로 열심히 직장생활을 하며 담보대출도 갚아 나갔습니다. 그런데 월소득에서 각종 지출을 제외하니 아파트를 제외한 현금은 없고 몸과 마음은 점점 지쳐갔습니다. 결국 아파트를 팔고 수도권 외곽으로 생활터전을 옮겼습니다. 도심을 벗어나니 아파트를 판 돈으로 앞마당이 있는 넓은 주택을 구매할 수 있었습니다. 소득은 줄었지만 지출도 줄어들었고, 무엇보다 넓은 집에 자녀들은 마음껏 뛰어놀며 지낼 수 있는 집이 생겼습니다. 현재 우리 부부의 고민은 자녀의 학자금 준비와 은퇴시기를 조금 앞당겨 여유로운 전원생활을 하며 사는 것입니다. 아이들이 성년이 되면 텃밭농사로 먹거리를 해결할 수 있는 곳으로 이사를 하려고 합니다.

① **분석**

■ 가족 현황 ─ **46세 맞벌이 부부와 두 자녀**

■ 월소득 ─ **세후 600만원**

■ 현재 보유 자산 ─ **4억 5,500만원(주택 2억 8,000만원/금융자산 1억 7,500만원)**

■ 투자성향 ─ **부부 모두 공격투자형**

- 매월 생활비 합계 ─ 510만원(사교육비와 부모님 용돈 포함)

- 매월 저축 가능 금액 ─ 90만원

- 재무 목표 ─ 3년 뒤 자녀학자금 7,000만원

  10년 뒤 금융자산 4억

▶ 상담 전

현금흐름		
장기	연금보험	300,000
장기	교육보험	200,000
중기	적립식펀드	300,000
합계		800,000

비중	
장기	62.50
중기	37.50
단기	─
합	100.00

자산					
장기	연금보험	은행		49,000,000	유지
장기	변액연금	보험		30,000,000	유지
장기	교육보험	보험		18,000,000	유지
장기	적립식펀드	증권		48,000,000	변경
중기	주식투자	증권		30,000,000	변경
합계				175,000,000	

비중	
장기	82.86
중기	17.14
단기	─
합	100.00

▶ 상담 후

항목		현금흐름
장기	교육보험	200,000
장기	연금저축	200,000
중기	적립식펀드	500,000
합계		900,000

비중	
장기	44.44
중기	55.56
단기	0.00
합	100.00

자산					
장기	연금보험	은행	4차산업	49,000,000	유지
장기	변액연금	보험	부동산	30,000,000	유지
장기	교육보험	보험		18,000,000	유지
중기	ETF	증권	배당성장	78,000,000	신규
합계				175,000,000	

비중	
장기	55.43
중기	44.57
단기	–
합	100.00

② 정리 및 현재 진행 상황

- 시뮬레이션 결과 3년 뒤 자녀학자금과 10년 뒤 금융자산 4억원 달성 가능.
- 기존에 보유하고 있는 연금상품들은 연금 개시 시점까지 잘 관리해 연금으로 수령하기로 함.
- 기존에 중구난방식으로 가입해 수익률이 계속 제자리 걸음이거나 마이너스 상태인 펀드자산과 주식을 ETF 투자로 변경하기로 함.
- 이 부부는 맞벌이 부부로 둘다 국민연금에 불입중이었고 그 외 별도로 개인이 준비하고 싶은 매월 은퇴생활비는 100만원이었음.
- 금융자산 중 펀드자산으로 2억원이 준비될 경우, 연 6%를 목표로 월지급식 펀드로 운용하면 매월 약 100만원씩 수령 가능하므로 개인연금 이외에도 이 부부가 원하는 매월 100만원은 10년 뒤 충분히 달성 가능하다는 결론.

③ 포인트

- 기존에 연금과 교육보험으로 매월 50만원씩 꾸준히 불입하고 있던 저축이 금융자산 형성에 많은 도움이 됐음.
- 또한 여유롭게 재무목표를 달성할 수 있었던 이유 중 하나는 바로 주택이었는데, 본인들의 수준에 맞게 재정리한다는 생각으로 주거지를 선정했고 그 판단이 경제적인 여유를 가져다 줌.

- 은퇴시기를 앞당기고 싶어했기 때문에 자녀들의 사교육비를 조정해 본인들의 미래를 위해 저축하기로 결심한 것도 목표 달성에 많은 도움이 됨.

52

56세 부부의 노후준비

10년 후인 남편의 나이가 65세가 되는 시점에 경제적 은퇴를 희망합니다. 남편은 임금피크제를 통해 퇴직 시기를 원래보다 늦춰 놓은 상태이고 중간정산을 받은 퇴직금으로 제(아내)가 임대 사업을 운영 중입니다. 기대했던 것보다 임대사업으로 인한 소득이 적고 앞으로 가급적 일보다는 취미생활을 즐기며 여유 있는 노후를 보내고 싶습니다. 보유하고 있던 개인연금들에 대해 해당 보험회사에 확인해 본 결과, 65세에 개시하면 매월 50만원이 예상돼 매우 낙담했습니다. 이 상황을 개선해 연금을 늘리는 방법을 찾고 있습니다.

① 정리 및 현재 진행 상황

- 상품의 구조는 가입 당시에 정해짐.

- 이미 가입한 연금은 공시이율형으로 수익률에 대한 개선이 불가하기 때문에 일부를 해지하기로 결정.

- 이렇게 확보된 1억 8,400만원으로 은퇴 전까지 10년간 적극적으로 ETF를 운용해 월 지급식 펀드 재원을 마련하기로 함.

- 주식형/배당형/리츠형 등 여러 ETF에 분산투자해 연 8% 수익을 목표로 하고 65세의 시점에 3억원을 만들어 연 5%의 수익 배분을 하는 것이 목표임.

- 3억원의 연 5%는 1,500만원이므로 매월 125만원의 수익을 배당받는 플랜을 준비한다면 기존의 매월 234만원에서 309만원까지 약 75만원의 매월 생활비를 추가로 확보할 수 있음.
- 또한 투자원금이 없는 기존의 연금상품과 달리 운용자금은 그대로 두고 수익금을 중심으로 인출한다면 3억원의 목돈도 그대로 남아 있게 됨.
- 현재는 적극적인 운용 결과 연 10%의 수익률로 연금을 해지한 자금이 운용되고 있음.

▶ 현재 상태(현재까지 적립금 1억 8,400만원 보유)

연도별	연령	국민연금	연금보험	연금보험 추가	합계(만원)
2018	56				
2024	60		50		50
2025	61		51		51
2026	62		52		52
2027	63	129	53	연금준비 일시금	182
2028	65	130	53	24,800	234
2029	66	132	54	50	236
2030	67	133	55	50	238
2031	68	134	56	50	240
2032	69	136	57	50	242
2033	70	137	58	50	244
2034	71	138	58	50	247
2035	72	140	58	50	248
2036	73	141	58	50	249
2037	74	142	58	50	251
2038	75	144	67	50	261
2039	76	145	67	50	262
2040	77	147	67	50	263
2041	78	148	67	50	265
2042	79	150	67	50	266
2043	80	151	67	50	268
2044	81	153	67	50	269
2045	82	154	67	50	271
2046	83	156	67	50	273
2047	84	157	67	50	274
2048	85	159	67	50	276

▶ 변경 후

연도별	연령	국민연금	연금보험	ETF	합계(만원)
2018	56				
2024	60		50		50
2025	61		51		51
2026	62		52		52
2027	63	129	53	월지급식 펀드	182
2028	65	130	53	30,000	309
2029	66	132	54	125	311
2030	67	133	55	125	313
2031	68	134	56	125	315
2032	69	136	57	125	317
2033	70	137	58	125	319
2034	71	138	58	125	322
2035	72	140	58	125	323
2036	73	141	58	125	324
2037	74	142	58	125	326
2038	75	144	67	125	336
2039	76	145	67	125	337
2040	77	147	67	125	338
2041	78	148	67	125	340
2042	79	150	67	125	341
2043	80	151	67	125	343
2044	81	153	67	125	344
2045	82	154	67	125	346
2046	83	156	67	125	348
2047	84	157	67	125	349
2048	85	159	67	125	351

② 포인트

- 기존 노후준비 방식을 시뮬레이션한 결과가 마음에 들지 않는다면 더 늦기 전에 다른 방법을 찾는 것이 좋음. 특히, 내가 원하는 연금액보다 작은 연금이 예상되는데, 단순히 2% 정도의 이자만 받는 공시이율형 상품들이라면 펀드로 전환해 2%보다 높은 수익률을 추구하는 방법을 추천함.

노후를 위해
무엇을 준비할 것인가?

쉬고 싶은 당신, 30년 쉬면 지겹다

경제활동을 하는 워킹족은 쉬고 싶다는 생각을 많이 할 것입니다. 월요일 아침에 눈을 뜰 때도, 일하다 스트레스를 받을 때도, 밤 늦게까지 일할 때도 누구나 지칠 때면 그런 생각을 하기 마련입니다. 어떤 사람은 하루 빨리 은퇴해 편히 살고 싶다고 말합니다. 취미생활이나 하며 가끔 지인들과 만나 여유 있게 술도 마시고 일상적인 이야기를 나누는 것을 꿈꿀 것입니다. 물론 경제적으로 노후준비는 잘돼 있어야 하겠죠?

현재 대한민국에서 일하는 직장인들은 평균적으로 60세 전후에 퇴직을 하게 됩니다. 물론 퇴직 이후에도 여전히 일하는 분들이 있지만 마땅한 일자리가 없습니다. 출산과 육아를 병행해야 하는 여성은 그만큼 경제활동 기간이 짧습니다. 남성의 경우는 20대 후반부터 일을 시작하기 때문에 퇴직까지 대략 30년간 일하게 됩니다. 어느 세대든 30년간 일해야 한다는 사실 자체를 지겨워하며 일하지 않고 쉴 날만을 손꼽아 기다립니다.

그러나 요즘은 평균 100세 시대이기 때문에 퇴직 이후 평균 30년 이상을 쉬면서 지내게 됩니다. 정신 없이 일해야 하는 30년도 힘들어하는데 만약 30년을 쉰다면 어떨까요? 취미생활과 여행을 하며 지내겠다고 하는 사람들이 많은데 30년간 여행을 한다면 아마 유명한 여행지는 이미 몇 번씩 다녀왔을 것입니다. 나에게 즐거움을 줘야 하는 취미생활이 일하는 것보다 더 지겨울지도 모릅니다. 70세까지 활발히 경제활동을 한다 하더라도 최소 20년 이상을 쉬면서 지내야 하는 이 시기를 대비해야 합니다. 30년간 쉬는 것은 매우 지겹고 고통스러우며 재미없는 시간이기 때문입니다. 질리지 않고 오랫동안 즐길 수 있는 취미를 갖고 있어야 합니다.

비재무적 은퇴설계도 준비하자

은퇴생활은 크게 일과 여가생활로 나눌 수 있습니다. 은퇴 이후에는 생계가 아니라 삶의 가치 실현이나 꿈을 이루기 위해 일하는 것이 바람직합니다. 한국FP협회의 은퇴설계에서 제시하고 있는 비재무적 은퇴생활의 요소는 꿈, 일, 건강, 인간관계, 취미, 봉사활동, 평생학습 그리고 어디서 살 것인지, 어떻게 죽을 것인지입니다. 은퇴 후 라이프 스타일을 잘 유지하기 위해서는 나에 대한 분석이 선행돼야 합니다. 예를 들어 앞의 요소들 중 건강, 취미에 대해 분석하려면 현재의 취미나 운동이 노화가 진행된 이후에도 계속 할 수 있는 것인지, 비용이나 주변 환경 등에 영향을 받는 것인지 점검해 봐야 합니다.

노후준비라고 하면 흔히 재무적인 요소만 떠올립니다. 그러나 비재무적인 은퇴설계도 재무적 요소만큼이나 중요합니다. 비재무적 요소로 노후에 이루는 꿈 목록을 준비해 보세요.

찾아
보기

상식사전 시리즈 베스트셀러

우용표 지음 | 584쪽 | 17,500원

예·적금, 펀드, 주식, 부동산, P2P, 앱테크까지 꼼꼼하게 모으고 안전하게 불리는 비법 152

▶ 대한민국 월급쟁이에게 축복과도 같은 책!
  두고두고 봐야 하는 재테크 필수 교과서
▶ 펀드, 주식, 부동산은 물론 연말정산까지 한 권으로 끝낸다!
▶ 바쁜 직장인을 위한 현실밀착형 재테크 지식 요점정리

백영록 지음 | 580쪽 | 17,500원

전·월세, 내집, 상가, 토지, 경매까지 처음 만나는 부동산의 모든 것

▶ 계약 전 펼쳐 보면 손해 안 보는 책, 20만 독자의 강력 추천!
  급변하는 부동산 정책, 세법, 시장을 반영한 4차 개정판!
▶ 매매는 물론 청약, 재개발까지 아우르는 내집장만 A to Z
▶ 부동산 왕초보를 고수로 만들어 주는 실전 지식 대방출!

김민구 지음 | 548쪽 | 16,000원

기초 이론부터 필수 금융상식, 글로벌 최신 이슈까지 한 권으로 끝낸다!

▶ 교양, 취업, 재테크에 강해지는 살아 있는 경제 키워드 174
▶ 2020 최신 경제 이슈 완벽 반영!
  누구보다 빠르고 똑똑하게 경제 지식을 습득하자!
▶ 경제공부가 밥 먹여 준다!

주식, 어렵지 않아요

윤재수 지음 | 420쪽 | 18,000원

100만 왕초보가 감동한 최고의
주식투자 입문서

▶ 100만 왕초보가 감동한 최고의 주식투자 입문서

▶ HTS 활용은 기본! 봉차트, 추세선, 이동평균선까지 완벽 학습

▶ 독자 스스로 해답을 구할 수 있는 실용코너가 한가득!

윤재수 지음 | 276쪽 | 16,000원

한 번에 잃을 걱정 없이
작은 돈으로 시작하는 주식투자

▶ 주식은 무섭고, 고수익은 탐나는 왕초보를 위한 안전투자!

▶ 종목 선정에 지친 개미투자자, 펀드와 주식의 장점만 모은 ETF가 정답이다!

▶ ETF의 개념부터 매매 방법, 종목을 고르는 안목까지!

강창권 지음 | 360쪽 | 20,000원

실전투자대회 6관왕의 투자법 대공개

▶ 차트 보기, 급등주 찾기, 테마주 올라타기, 손절하기까지!

▶ 따라하면 누구나 무조건 돈 버는 고수의 비법

▶ 실전에서는 화려한 차트분석보다 거래량 & 호가가 이긴다!

부동산 투자 완벽 가이드

이현정 지음 | 424쪽 | 18,000원

왕초보도 실수 없이 권리분석하고 안전하게 낙찰받는다!

▶ 물건 고르기, 권리분석, 현장조사, 입찰, 명도까지
  부동산 경매의 A to Z
▶ 저자의 실전 노하우 대방출, 읽다보면 경매가 쉬워진다!

이현정 지음 | 400쪽 | 16,800원

돈 없는 당신도 집주인, 상가주인, 땅주인이 될 수 있다!

▶ 새로운 시장에 대응하는 62가지 경매 노하우
▶ 100% 실제 물건으로 배우는 깊고 풍부한 지식
▶ 고수들은 반드시 챙긴다는 공매 & 세금

박희용 지음 | 260쪽 | 17,000원

사두면 오르는 아파트, 서울을 거치는 신설 역세권에 있다!

▶ 역세권이면 무조건 만세? 진짜 호재는 따로 있다!
▶ GTX, 도시철도 연장선 호재 분석부터
  수익을 실현하는 실전 매매전략까지 한 권에 담았다!